北京大学地理科学丛书

走向开放的乡村：地方可持续转型

童 昕 著

国家科技支撑计划课题"村镇建设用地再开发关键技术研究与示范"资助
（项目编号：2013BAJ13B00）

科学出版社

北 京

内 容 简 介

本书以北京、长江三角洲和珠江三角洲几个都市周边的村庄为例,展现城镇化过程中乡村转型的不同道路,着重从地方社区变迁与生产消费模式转型两个角度,剖析村落在走向开放过程中实现地方可持续发展所面临的困境,并提出以扎根社区的合作行动作为推动地方可持续转型的具体切入点。

本书可供地理学、社会学、城市规划与管理、乡村研究、公共政策等领域的研究者和实践者参考。

图书在版编目(CIP)数据

走向开放的乡村:地方可持续转型/童昕著. —北京:科学出版社,2017.9
(北京大学地理科学丛书)
ISBN 978-7-03-054323-3

Ⅰ. ①走… Ⅱ. ①童… Ⅲ. ①城市化–研究–中国 Ⅳ. ①F299.21

中国版本图书馆 CIP 数据核字(2017)第 214755 号

责任编辑:彭胜潮 丁传标 / 责任校对:张小霞
责任印制:肖 兴 / 封面设计:图阅社

科学出版社 出版
北京东黄城根北街 16 号
邮政编码:100717
http://www.sciencep.com
天津市新科印刷有限公司 印刷
科学出版社发行 各地新华书店经销

*

2017 年 9 月第 一 版 开本:787×1092 1/16
2017 年 9 月第一次印刷 印张:10 1/2
字数:216 000
定价:68.00 元
(如有印装质量问题,我社负责调换)

作 者 简 介

　　童昕（1975—），女，四川成都人，博士，北京大学城市与环境学院副教授。2003年毕业于北京大学环境学院，获得博士学位，并留校任教。研究方向为工业地理与工业生态学，近期的研究兴趣为地方制度与绿色创新之间的关系；实证研究包括地方产业集群的可持续发展，生产者延伸责任制度、绿色社区营造，以及可持续生产与消费行为研究。著有《全球化视野下的生产者责任——电子废物跨境转移及我国的对策研究》，独立或与人合作在《地理学报》《北京大学学报》《城市规划》《应用基础与工程科学学报》《人口资源与环境》《战略与管理》《科技导报》《经济地理》等中文学术期刊，以及产业生态学领域的国际学术杂志 *Journal of Industrial Ecology*、*Ecological Economics*、*Resources Conservation and Recycling*、*Journal of Cleaner Production* 和城市区域研究类杂志 *Economic Geography*、*Area*、*Cities* 上发表相关研究论文。

《北京大学地理科学丛书》编委会

(按姓氏汉语拼音排序)

《北京大学地理科学丛书》序

正如所有现象都在时间中存在而有其历史一样，所有现象也在空间中存在而有其地理，地理和历史是我们了解世界不可或缺的两个重要视角。以人类环境、人地关系和空间相互作用为主要研究对象的地理学，是一门包容自然科学、人文社会科学和工程技术科学的综合性学科，已建立了相当完整而独特的学科体系。钱学森院士倡导建立地理科学体系，认为地理科学是与自然科学、社会科学、数学科学、系统科学、思维科学、人体科学、文艺理论、军事科学、行为科学相并列的科学部门，将地理学推向了一个新的境界。

地理学的研究与教学涉及从环境变化到社会矛盾的广阔领域，其价值源自地理学对地球表层特征、结构与演化的研究，对自然与人文现象在不同地方和区域空间相互作用的过程及其影响的研究。处理这些问题虽远远超出任何一门学科的能力与见识，但这些问题都包含着地理学的基本方面。

对认识和解决当今世界许多关键的问题，例如经济增长、环境退化、全球变化、城市和区域发展、民族矛盾、全球化与本土化、人类健康、全民教育等，地理学都作出了特殊的贡献。地理学对于科学发展观的树立，对于统筹人与自然、统筹城乡发展、统筹区域发展、统筹经济与社会发展、统筹全球化与中国特色思想的普及，起到了独特的作用。它在满足国家社会经济发展对科学技术的若干重大需求上，已经发挥并将继续发挥越来越重要的作用。

当前人类面临的许多重大问题还没有得到根本解决，这与我们认识上的缺陷有很大关系，其中包括地理认识的缺陷。无论在世界尺度、国家尺度、区域尺度，还是地方尺度和个体尺度，对许多问题的决策过程尚不能充分驾驭地理复杂性，存在一些"地理空白"，这使得在达到经济繁荣和环境可持续的双重目标方面，乃至在个人健康发展方面，都可能要付出高昂的代价。

因此，加强地理学研究和教育，提高地理学者自身、决策者以至广大民众的地理学认识和能力，是摆在地理学界面前的一项崇高职责，任重道远。北京大学的地理学工作群体也义不容辞。

北京大学的地理学可以追溯到 19 世纪末京师大学堂设立的地理教学计划，可惜由于诸多原因，这个计划未能实施。1929 年清华大学成立地理学系，后因增加地质学研究与教学而改名为地学系。抗日战争期间，北大、清华、南开三校合称西南联合大学，北大地质学系与清华地学系合并，并增设气象学研究与教学，称地质地理气象学系。抗日战争胜利后，恢复了北京大学、清华大学、南开大学。并在清华大学设地学系、气象学系。地学系下设地质组和地理组。1952 年全国院系调整，由清华大学地学系地理组和燕京大学部分教员联合成立北京大学地质地理系。先设自然地理学专业，1955 年、1956年、1994 年、1997 年相继设立地貌学、经济地理学、环境学、地图学与地理信息系统专业，成为国内地理专业和方向、硕士点、博士点和重点学科最多的地理系。1978 年国家改革开放之始，北京大学撤销地质地理学系，分别成立地质学系和地理学系。1984 年北京大学以地理系遥感教研室为基础成立了遥感技术与应用研究所（1994 年易名遥感与地理信息系统研究所），1988 年地理系为了充分体现为国家社会经济发展服务的工作实质和适应招生的需要，采用双名法，在国内称"城市与环境学系"，在国际上称 Department of Geography，并逐步形成了人文地理（人文地理、历史地理、城市规划、区域经济）—自然地理（综合自然地理、环境地学、地貌与第四纪）—地理信息科学"三足鼎立"的格局，发展欣欣向荣。

"北大是常为新的"，北大的地理学也是常为新的。顺应科学发展和社会需要，北大地理学在不同历史时期相继率先开拓出综合自然地理、城市规划、环境保护、遥感等重要方向。进入 21 世纪，北京大学进行院系调整，原地理系主体进入了环境学院，形成资源环境与地理学系、城市与区域规划系、生态学系、历史地理研究所四个研究和教学实体，遥感和地理信息系统进入了地球与空间科学学院。北大地理学科在新的组织框架下，以地理科学研究中心为纽带，继续高举地理学大旗，促进北京大学地理科学整体水平的提高，推动北大地理学与国内外同仁的学术交流与合作，为建成一流的地理学教学与科研基地而努力。

　　作为实现上述目标的一种途径，我们与科学出版社合作推出《北京大学地理科学丛书》，至今已陆续出版了多部著作，并且一再重印，表明它确实符合学界和社会的需求，并逐步形成了自己的品牌。我们将继续把这件很有意义的事情做得更大，做得更好。兼收并蓄是北大的传统，我们欢迎国内外同仁加盟。

北京大学地理科学研究中心

2004 年 6 月 5 日

序

这是我的学生童昕出版的第二本书。她已经从北京大学本科毕业 20 年了，2003 年在我指导下由硕博连读获得了博士学位，在北大留校任教也有十几年之久。早在童昕写博士学位论文时，就特别关注由于生产者和消费者在各自的决策中都不考虑废物处理问题，助长了大规模生产、大规模消费和大规模废弃的生产消费模式。关于电子废物问题的研究将她的研究方向引向了从废物管理入手考察生产和消费割裂所带来的产业发展悖论。她关注的延伸生产者责任制，是将废物排放纳入生产消费的成本计算，从而实现废物增长与经济增长"脱钩"的重要制度创新。但是，基于多年针对中国延伸生产者责任制度发展历程的观察，她发现生产者责任延伸制度有一个重要的假定——生产者在整个生产消费过程中居于主导地位。然而这个假定在生产全球化和片段化的背景下，恰恰是需要质疑的。她去年刚出版的博士学位论文《全球化视野下的生产者责任》基本反映了十多年前她对这一问题的理解。

当她把这第二本书稿发给我，并请我作序的时候，我一方面高兴地答应下来；另一方面也对书名颇为意外。我前后用了将近一个月的时间，认真阅读了她的书稿，逐渐理解了她的努力——试图融合工业地理与产业生态学的研究思想，探讨大城市附近的村庄在现代化过程中生产与消费的关系。今天提笔，就该书写一点我的感言。

我相信，只有带着高度的社会责任感做科研，才可以使科研成果落地、生根、开花。从童昕这本书的字里行间，我感觉到了她的这种责任感。这些年来，尽管世界各国相关学界、商界和政界都在讨论低碳经济，讨论绿色经济，讨论可持续转型的目标，探索如何使经济增长与资源消耗"脱钩"(resource decoupling)，让经济增长与环境恶化"脱钩" (impact decoupling)，但是很多时候经济增长的目标仍然压倒了其他社会目标，资源消耗和环境污染问题在很多地方不断恶化。中国 30 多年的高速经济增长带来了日益严峻的本地环境污染，也增加了全球资源环境的紧张。基于这样严酷的现实，她不断地进行思考和探索行动。

相对十几年前的博士学位论文来说，这本书中她的认识有了飞跃，从主要向国外学习概念方法，转向扎根中国的现实，观察并提取经验。她延续了对全球生产网络复杂性的认知，感悟到生产环节日趋片段化对可持续生产消费模式的阻力；她和她的研究小组历时四年（2012~2016 年），扎根地方，开展微观调查，包括北京昌平的东小口村、郑各庄村和辛庄村，无锡市的钱桥镇，以及广州和深圳的几个城中村，获得了鲜活的一手资料。

可持续消费与生产，是联合国确认的与消除贫困和保护自然资源并列的可持续发展三大支柱之一，旨在降低自然资源消耗和污染物排放的同时，满足人类的基本需求并改善生活的品质。它期望实现经济增长能够与资源消耗脱钩。而这一全球目标的实现，需要开放、创新、包容与协作的具体行动，并与人们的日常生活紧密相连。

这本书立足地方可持续发展，可以说为创新设定了某种超越个体竞争的价值标准。可持续发展是当今人类最具广泛号召力的目标。可持续发展所追求的基于人类共同命运的合作，与创新环境研究中所期待的地方合作是相通的。我很高兴地看到作者在书中将两者有机结合起来，从地方集体合作的角度，考察了以资源消耗与增长脱钩为目标的发展机制转型的问题。这个角度是创新研究重要的发展方向。正如书中所说，开放的社会没有办法回到封闭的自给自足的社会，但可持续转型的行动却有可能在地方社区扎根。

我对这本书的研究方法颇为欣赏。20 世纪 80 年代以前，国际上针对工业化转型的研究大多采用宏大叙事的视角，把西方的工业化看作人类必经的共同发展道路。近年来批评西方中心主义视角的研究越来越多，扎根地方经验的微观研究逐渐盛行起来。我自己也一直长于微观研究，采用企业访谈方法，调研过不少从乡村发展起来的地方产业集群。我经常提到地方的社会文化历史对地方产业集群的发生和演化往往有着持久而深入的影响，同时在与外部的交流互动中碰撞和磨合。每一个地方的发展都呈现出独特的个性，创新的空间一定是开放的空间，根植于地方社会文化的空间，能容纳多样性和变化的空间。

微观研究一方面重在"见微知著"；另一方面则强调"行动导向"。该书的研究方法鲜明地体现了这两个特点。作者把分处于全球生产网络不同位置而呈现不同发展路径的村庄的经验串联起来，把观察和体验到的零碎的局部图景拼接起来，揭示了生产与消费割裂在不同尺度的空间上所带来的制度困境。这是经济地理学从特殊的地方经验出发理解普遍性的全球变迁的常用方法。比较有创意的是，这本书将几个村镇近期的发展历程放到较长的区域历史背景中来考察，并与当前有关中国明清早期工业化的一些热点学术讨论联系起来，视野更加开阔，立意也更深远。从我自己的学术研究经验来看，地理学者的研究工作不能只局限在地理学的圈子里，人文社会科学具有广泛的通识性，只有打破学科藩篱，博采众长，才能不断推进学科创新和发展，扩大地理学的学科影响。这方面值得继续探索。

更难能可贵的是，童昕对地方可持续转型的研究不仅是中立者的旁观，而且积极参与了其中一些特定的地方动议。古人云"纸上得来终觉浅，绝知此事要躬行"，"知行合一"是学者追求的最高标准。

万事开头难。开拓性的研究和探索总是会有这样或那样的不足，该书在将几个村庄的调研串起来的过程中，还需要做更加精确的概念提炼和更加深入的理论剖析。相信童昕和她的研究小组会继续探索，积累知识，走向成熟。期待童昕的"零星社会工程"能进一步开花结果，落地生根。

北京大学 王缉慈

2017 年 8 月写于台州

前　　言

　　我成长在农村里的非农社区——"三线建设"的国有企业。尽管空间距离上非常贴近农村，然而社会的分隔却恍若两个世界。多年以后，当我在课堂上接触到"城乡二元结构"这个词的时候，才慢慢理解这种两个世界的对比，有着何其深刻的社会经济成因。在多年的工业地理教学中，一个重要的议题是工业化转型，也就是一个地区从传统农业社会转变为现代工业化社会的过程。工业化是人类社会有史以来最重要的社会转型之一。但是以西方为中心的工业化发展所代表的现代化进程是否就是社会进步的必然？针对这个问题，在不同的时期，有着不同的价值判断。

　　工业化建立在商品生产的社会劳动分工的基础之上。在给人类社会带来前所未有的物质丰裕的同时，工业化过程也打破了传统自给自足的小农社会安稳自足的生活世界。工业化所基于的资本主义商品生产模式依赖不断的资本循环和扩大再生产，其在空间上保持着扩张和某种游牧的特性，使得短短数百年时间里，工业化的前沿在全球范围内不断推进。不同地方，不同文化，不同社会背景的人群，或被动或主动纷纷卷入其中。虽然常常遭遇地方传统意识的抵制，但工业化变革在世界各地的推进总体上突破了各种抗拒力量，汇聚成当下既高度一体化，又充满变动和紧张的全球化社会。

　　工业化带来的一个重要的空间表现是城市化，人口和产业活动的地理集聚是现代城市化发展的主要驱动力。城市化和工业化可以看作现代化的表和里，城市化的空间形态和生活方式变迁是现代化过程的直观呈现，是我们能从切身的日常生活中体验到的转变。而工业化的生产组织方式和技术进步则支撑了这种转变。从个人短暂的生活体验来看，一切变化仿佛都是应然而生。而从一个区域的变迁来看，则"一切固定的东西都烟消云散"了。

　　我们曾经如此艳羡现代化的工业社会，然而当超过50%的人口已经进入城市，关于乡土社会、田园生活的想象又开始变成萦绕不去的梦想。人心中的期待会塑造未来，塑造的结果又会带来新的期待。

因为参与几个相互交叉的研究课题，我和我的研究小组在 2012~2016 年，接触到国内沿海地区大城市周边的几个村镇，分别是北京昌平区的东小口村、郑各庄村和辛庄村，长江三角洲无锡的钱桥镇，以及珠江三角洲广州和深圳的几个"城中村"。这些村庄在改革开放的过程中，由于靠近中心城市，把握不同的市场机遇，走上非常不同的城市化道路，折射出全球化大背景下，地方不平衡的发展并非只发生在遥远的区域之间，反而如此切近的就在身边，就在眼前，就在彼此为邻的共同世界里。

需要强调的是，本书所讨论的这些村镇，在调研期间所面临的挑战已经不同于 20 世纪 90 年代。那是一个市场经济大潮逐渐展开的时代，物质条件从贫瘠到富足的转变，足以驱使着每个人本能地去抓住生活中倏忽而逝的种种机遇，去实现个人发家致富的梦想。能够顺应和整合这种人心的村集体，在市场竞争中如虎添翼，脱颖而出。而本书调研时期，这些城市附近的村庄已经经历了市场经济高速增长的洗礼，在利益诱惑面前，很多依靠传统社会纽带维系的共同体逐渐分崩离析了。社会的分化与断裂在空间上逐渐形成某种阶层的固化。很多村庄在这样的过程中，的确无可挽回的消失泯灭了。在我们调查的这些村镇中，却始终有一种无形的力量在勉力支撑和自我延续，力图抵抗来自内部瓦解和外部拆迁的各种摧毁力量，有的成功，有的失败。这些看似不同的道路，是否最终能通往某种可持续转型之路呢？

在这些各不相同的地方努力之中，我们尝试寻找一些能超越时代的共同参考系，比如"集体"这个以往村庄变迁研究中已经被深入探讨的概念，以及"（去）物质化"这个产业生态学领域关注可持续发展的客观评价指标。这两个维度构成了本书的基本框架，用来给多样化的地方实践提供某种"地图"定位，从中获得关于开放世界里，地方如何实现可持续转型的一些启发。正如大卫·哈维所言"地理学是自然与文化的统一，而不是通常所错误呈现的某些无意识的自然交互与反馈，……割裂自然属性和人文属性的错误看法造成了人类社会的各种政治和社会灾难①。本书尝试在村镇尺度，将自然与文化的统一付诸研究实践。

本书是我和我的研究小组，以及产业地理学、人文地理学研究方法、营销地理学和产业生态学课程的学生，在过去几年中一起工作学习的部分成果汇总。教学相长于我而言是莫大的幸运，感谢这些学生以年轻人特有的热情投入看似微薄的小尺度研究实践之中，其中蕴含了超越个人命运的人文关怀，以及对共同美好未来的希望。

无锡钱桥镇是科技支撑项目选定的示范区。我们研究小组 2015 年和 2016 年连续两个暑假在这里开展了实地调研。研究生李竞妍和李沫整理了实地调研报告。本书在这些资料的基础上，从中国市场经济改革的大背景，重新审视了这一地区转型过程对于中国市场化改革的普遍意义。

科技支撑项目选择的另一个重点示范区是广州白云区。项目组的实地调研也是在 2015 年和 2016 年暑假期间开展的。研究生谢莹主要参加了白云区"三旧改造"的调研和资料整理。李沫参加了广州白云区的竹料、良田工业区的调研和资料整理。任宣澄开展了广东省塑料产业变迁的历史回顾，并结合竹料、良田工业区的塑料产品加工企业转型完成了本科毕业论文。除了项目示范点的考察，我们在珠江三角洲的其他地区也进行了不同的研究，从而能够从整个珠江三角洲外向型加工业转型的整体视角，审视示范点更新改造项目背后的社会经济转型机制。其中，我和谢莹、蔡一帆一起开展了深圳创客空间的研究，该研究的部分内容也发表在了《科技进步与政策》杂志上，谢莹在此基础上完成了她的硕士学位论文。关于深圳大芬村油画社区，早在 2005 年我的导师王缉慈老师就带领当时的研究团队开展过调研。2011~2012 年，我的研究生蔡一帆在深圳研究生院学习期间，对这里产生了浓厚的兴趣。在回顾王缉慈老师团队之前工作的基础上，蔡一帆利用业余时间开展实地访谈和观察，逐步完成了一篇有意思的研究论文，发表在《人文地理》杂志上。在本课题开展的过程中，大芬村在珠江三角洲产业转型中的典型性和独特性也日渐显露。2012~2016 年，我每年在深圳研究生院教课都会带领选课的学

---

① [美] 大卫·哈维. 世界的逻辑 (Kindle 位置 215). 中信出版社. Kindle 版本。

生利用周末时间去大芬村油画社区实地考察，由此获得了对这一案例更加深入的理解和认识，也更加坚定了产业升级在于劳动者对自身作为人的价值的内在认同和提升。

最后，有关北京废品村的调研是我在另外一个有关电子废物循环利用的研究中遇到的特殊案例。2008 年，我指导李君婷同学在本科论文中对北京八家村与东小口村的电子废物回收分拣拆解企业进行了实地访谈。这一研究兴趣持续了很多年。2013~2015 年，我指导研究生陶栋艳与牛津大学的冯卡罗一起又对东小口村做了深入细致的田野调查，研究成果部分发表在《国际城市规划》杂志上。作为科技支撑计划的实验点，我们 2013 年起在北京郑各庄村开展了全面的调研，并发起了一个绿色社区实验项目，参与的学生有王恂、孔卉、蔡一帆、陶栋艳、谢莹、王蔚、李竞妍、李沫、文布帆、冯凌、王涛等，完成了一系列论文，发表在《生态经济》和《北京大学学报（自然科学版）》上。北京辛庄村则是我在郑各庄村实验面临持续开展的困境时遇到的一个令人振奋的案例。七个母亲依靠百折不挠的坚持，在这个以草莓种植为主业的村子里自发实现了垃圾分类和大幅减量。2016~2017 学年的人文地理学研究方法课程上，我与学生们一起在这里开展了初步调研。由于之前在东小口村、郑各庄村的工作，辛庄村的经验强烈地吸引了我的注意，使我对之前的城市废物管理问题的理解，有了巨大的转变。

在上述教学与科研中，与众多学生共同开展的工作由我融合进本书的整体框架之内，尝试为大家呈现中国沿海大城市周边农村在后工业化转型阶段的一些共性和分异。在成书的过程中，研究生王涛和罗朝璇为本书制作了精美的插图。

本书提到的每一个村子的故事都可以写成一本书。正如费孝通先生在《江村经济》的后记中所说的那样，进行微型调查的学者，"不要以局部概论全体，或是满足于历史的切片，不求来龙去脉"。村镇具有共同性，同时也有各自的特殊性，需要把各个地方的共性和个性实事求是的讲清楚。受制于调研的条件，我们在每个村镇的观察深浅不同，客观上也需要实事求是将有限的认知拼接在一起，组装成对理解大时代变迁有意义的局部图景。

　　为了将我们在所有这些村镇中观察和体验到的零碎的局部图景拼接起来，我们将这些村镇置于城镇化前沿这样一个既包含实体空间位置，又影射社会时代变迁的背景中，探讨开放以求物质丰裕与维系地方认同之间的调和与冲突。然后，以曾经凭借集体经济发展乡镇工业而闻名的苏南模式为起点，用无锡钱桥镇钢铁工业集群的实例，揭示乡镇工业转型的曲折历程。接下来，将视野转向中国改革开放的前沿——珠江三角洲，针对近期全球工厂退潮的背景，介绍广州白云区"三旧改造"的实践。重点考察了创客空间和文化产业两种转型道路的典型案例，以及这些转型经验在推广到普通村镇时面临的困境。在这两个区域中，我们尝试将村镇在现代开放过程中经历的变化回溯到不太久远的明清时期工业化的背景之中。这样一个小小的透视，将当下观察到的经济地理现状与当前工业化和技术史研究中的热点连接了起来。这一跨学科对话的尝试还比较粗浅，但对加深产业集群研究的历史深度颇有裨益。而且只有从更幽深的历史回照现代，探索可持续发展模式的意义才更加突出。

　　最后，回到我们自己所在的北京，介绍北京昌平区的三个空间距离很近，但发展命运截然不同的村庄——东小口村、郑各庄村和辛庄村。我们在北京这几个村庄的研究超越了中立者的旁观，而是参与了特定的地方动议，成为转型过程的行动者之一。在这一过程中，村落不仅仅是一幕幕人间喜剧的演示舞台，更是可以塑造行为规范的社会空间，其中每个接触到的人都有着鲜活的个性。不同机构的参与和支持使实验得以维系超过三年。其中各种信息与情感的交流，丰富了研究者对现实行动与废物问题背后的结构性矛盾的理解。恰恰因为三个村庄地理上如此靠近，而社会构成又如此不同，为我们展现了垃圾这个现代社会特有的公共事务上的现实分裂，以及未来可能的社区尺度上的融合。

　　将上面这些分散的切片组合在一起，构成了本书的主旨——在开放的世界里，村庄并非只有通往终结一条道路，乡村重新承载起人们对安稳和谐世界的期望，其中既包含对集体认同的渴望，也是重塑可持续生产-消费模式的场所，更是包容本地居民和外来劳动者的共同家园。

目　　录

第 1 章　城镇化前沿

1.1　村 庄 巨 变

2007 年全球居住在城市的人口第一次超过了居住在农村的人数。根据联合国的预测，到 2050 年城乡人口的比例将达到 65%以上（UN_DESA，2015）。伴随城镇人口增长，城市面积不断扩大，且面积增长的速度显著快于城市人口的增长速度。根据世界人口和经济发展预测，未来城市人口增长和空间扩张都将主要发生在发展中国家和地区（Angel et al.，2011；Seto et al.，2012）。城镇化不仅仅是人口和经济活动空间分布的变化，更意味着社会经济结构和生产生活方式的深刻转型，并且给整个地球生态系统带来广泛而深入的影响。联合国可持续发展目标将可持续的城市与社区纳入到人类共同的发展目标之中，正是因为认识到城市化发展的道路选择不仅对未来环境健康有着至关重要的意义，而且城市与社区正是人们实现可持续发展的行动出发点。

改革开放之初，中国人口只有不到 20%是城市居民，经过三十多年的快速增长，到 2012 年城镇居民已超过人口总数的 50%。改革开放带来深刻的社会结构变迁。20世纪的 90 年代中期，这种社会结构的变迁开始转化为势不可当的市场经济动能，开启了快速的城镇化进程（图 1-1）。进入城镇的居民，因身份、进入途径等差别，在城镇的生活状态展现出巨大的差异。既有现代化都市新生活的光鲜一面，也有社会底层挣扎求存的艰辛一面。在城市扩张的过程中，社会分层与空间区隔相互交织，特别是其中逐渐被现代化都市所包围并深刻影响的村庄社区，其外在景观和内部社会结构都呈现出让人惊异的独特性。这些村庄一方面延续着传统的社会经济联系，本能的抵御着外来冲击；另一方面又很难抵挡市场经济的大潮，只能或被动或主动的打开原本封闭的社会空间，接纳外来涌入的人口和新的生产生活方式。这两种力量相互交织，使得这些城市化了的村庄既不像完全依照正规城市规划建设出来的现代城市，也不像传统的农村社区。这些原本均质的村庄，在这个转变过程中，呈现出剧烈的变异和分化。这些村庄是城市扩张的边缘，又是城镇化转型的前沿，被冠以"城中村""城乡结合部"等特殊名称，在各种管理政策中常常需要被作为例外处理，因而也普遍被作为某种不确定的，暂时的，过渡的状态。

尽管有着相似的时代背景，这种空间的突出特点恰恰是丰富的多样性和鲜明的地域特色。李强等按照关键推动主体的差别，总结了中国城镇化的三大驱动力，包括：①城镇化的政府动力，也就是通过行政手段和政策引导等政府行为对城市发展的土地、基础

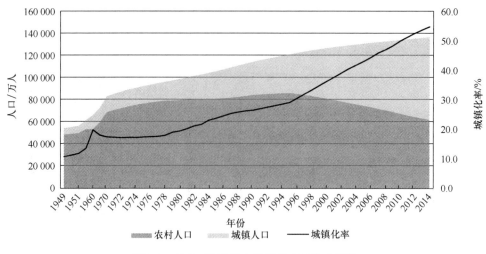

图 1-1　1949~2014 年中国城乡人口构成变化

数据来源：中国统计年鉴，2015 年

设施、优惠政策等进行调控，从而推进城镇化按照规划的空间秩序发展；②城镇化的市场动力，依靠市场机制推动城市发展，通过市场配置资源、调节供需，按照资本寻求利润最大化的理性原则，实现劳动分工的差异格局和动态变迁；③城镇化的民间社会动力，强调社会内在的转型动力，依靠一个个分散的社会成员、家庭单元或者村庄集体，其内在的改善生活水平、改变生活方式、向往文明社会、接受城市文明的动力，推动城镇化的转型（李强，2012）。这三种动力，在不同的地区、不同的时期、不同的地方文化背景下，以不同的组合方式影响着各地的城镇化转型过程。

这种地域差异首先体现在发达地区与欠发达地区之间。直到 20 世纪 90 年代中期，内地欠发达地区的农村还普遍缺少城镇化转型的自发动力。曾经在计划经济时代建立起来的集体协作组织，在市场经济条件下大部分都瓦解了，经济活动的基本单元回归到农户（李小建，2009）。农户最重要的生产活动还是农业生产，构成乡村空间的主体，农户的居住生活空间与农业生产空间紧密结合，以河南省的典型村落黄庄为例，农户的耕作半径仅为 300~500m（李小建，2009）。这种高密度的居住和小规模的家庭种植构成了历史悠久的东亚农村经济的基本特征，代表了某种具有可持续性特点的传统自然农耕文明（富兰克林，2011）。以农业生产为根基，针对本土市场形成的农村工商业空间规模也相对较小，自然经济有限的市场空间限制了社会分工与专业化的扩大与深化。

在讨论世界各地为何在走向工业化的道路上出现分异这个问题时，布罗代尔（1997）尝试了一种从历史生活细节发现社会变迁轨迹的叙述方法。在布罗代尔所描述的三个层次的社会中，第一个层次是人类最基本的"物质文明"只要小范围自给自足的经济活动就足以支撑，偶尔发生的以货易货，以及局限于熟人之间的互惠服务，将人们各自封闭在狭小的地方社区之中。这样的世界在漫长的历史中稳定的存在着，并且在大部分时候占据人类交往方式的主流。第二个层次是基于商品生产和交换的市场经济，意味着开放与自由的流动，在前现代社会这种市场经济的交换关系并不是整个人类社会的主流，但它仍然在世界各地不同的文明之间建立起广泛联系。第三个层次则是资本主义，垄断资本逐渐控制了分散的商品交易过程，反过来阻碍平等的市场经济发展。400 年工业化转型的宏大历史就蕴藏在老百姓日常生活的平凡欲望之中。

相比于西方发达国家风起云涌的工业化转型，在小农社会居于主导地位的传统中国，在东部的长江中下游地区，高度繁荣的商品经济并非舶来之物。早在明清时代，江南地区就已经处于当时全球最大的东亚贸易圈的中心地位。由于这种地位，在包括中国在内的东亚地区的劳动分工与专业化发展中，江南逐渐成为丝绸加工、瓷器生产、茶叶制造等高附加值工业的中心（王国斌，1998；彭慕兰，2003；李伯重，2010）。

在布罗代尔看来，中国前工业化时代的市场经济并没有向西欧那样转变为由少数垄断资本控制市场交易的"资本主义"，是因为国家的干预和阻碍。传统国家在价值观上选择站在小农社会的一边，维系社会的稳定，结果也抑制了市场交换和专业化的发展。然而，即使如此，从历史延续的角度来看，江南地区这种立足于商品贸易的中心地位仍然具有穿越历史的持久生命力，在经历战乱变革的数百年间，江南农村的工业化过程经历起起伏伏。在 20 世纪的 80 年代改革开放之初，江浙地区的农村工业化又以块状经济、乡镇工业的形式显现出蓬勃复兴的生命力（费孝通，1984）。其自下而上的发展动力与半个多世纪前，费孝通先生在江南村落中观察到的乡土变革一脉相承（费孝通，2002）。在改革开放的实践探索中，江南农村涌现出丰富多样的乡村发展模式（冯健，2012）。

而同一时期，中国传统历史另一个对外商品贸易的中心珠江三角洲的农村则在全球化的浪潮下经历了更加剧烈的社会转型。对外开放的商品贸易大潮席卷之处，人口大量涌入，工厂取代农田，乡村社区的熟人社会也被外乡的陌生人所重构。然而，如果回到历史，相似的情景其实就根植在珠江三角洲"桑基鱼塘"的兴衰演替之中。

工业化与城市化转型离不开一个外在的全球化背景。而在城市化转型的过程中，原有的村庄自发探索，以适应新的开放社会，其所呈现的空间形态与政府主导的开发区、城市新区等发展模式形成鲜明对比。这些自下而上的发展常常超越了政府的预期，推动各级政府做出相应的调整和改变。在这里，我们似乎看到了 Polani 所说的在市场与政府之外，一直力图保护自己的社会力量（Polanyi，2001）。

上述宏观的区域差异映射到城市周边，乡村在更小的空间尺度上展现着上面所说的发展不平衡，其差异化与多元性往往在空间上并不遥远的村庄之间表现出恍若隔世的差别。各种社会力量以不同的方式呈现出来，塑造着人们切身感知的日常生活空间。以外来流动小业主聚居为特征的北京"浙江村"，曾经引起社会研究者的广泛关注（王春光，1995；项飚，2000）。外来人口的涌入不仅改变了当地村庄的社会构成，也给城市管理带来深刻的挑战。而在差不多同一时期，以拾荒者聚居为特征的"河南村"受到的关注就要少很多（唐灿和冯小双，2000）。两者所体现的外来人口融入城市的机制何其相似，但是由于来源地的社会经济纽带将异乡人导入不同的专业化分工领域，带来的社会分层结果迥异，进而直接影响了这些人所落脚的乡村所呈现出来的景观变迁。尽管身处同一个城市，这些村落的变迁成了折射更大范围城乡差异和区域不平衡发展的镜子，成了某种"断裂社会的连接带"（权小娟和王宏波，2007）。

作为城市的边缘社会空间，这些"城中村"或者"城边村"原本相对封闭的本地社区在很短的时间里经历快速的变化。全球生产的商品经济联系越强，由此带来的人员、资本和物质流动也越剧烈。针对社会环境的变化，地方做出的反应也总是快于正规体制的应对与调整。例如，作为中国改革开放的前沿，广东很多对外开放的"第一"来自乡镇基层的自发实践（田丰，2015）。在从传统封闭的农业社会向外向型的工业化生产组织转型的过程中，村集体表现出极大的灵活性。一方面，乡村族群的联系纽带在与跨国资本、全球市场的互动中继续延续着某种乡土的共同体关系（Saich and Hu，2012）。另一方面，公司化的组织方式被融入村集体的组织体系之中，重新整合土地和劳动力资源参与招商引资的市场活动，逐步演变为珠江三角洲村庄谋求外向型发展的普遍模式（折晓叶，1997）。进而以村集体为基本空间单元，将外来人口纳入到城中村的社会经济体系中去。在社会巨变的大背景下，村庄中的本地居民、外来住户、还有城市管理者，彼此带着不同的目标，以及对村庄应然的想象，参与着对村庄空间的重塑过程。其结果是不同主体对村庄改造方向的尖锐对立，以及变与不变之间的两难（李培林，2010）。

以 20 世纪 90 年代中期为分割点，改革开放经过 15 年探索，内部的社会结构发生显著改变（孙立平和王汉生，1994）。这种改变在世纪之交与全球化的市场经济大潮汇合，终于在接下来的十几年里带来每个人切身感知的急剧变化。在这个过程中，在越来越多的学者眼里，中国农民的终结也同世界其他地方曾经经历的一样不可避免（孟德拉斯，1991）。当然，村落的终结与农民的终结有着不同的机制。在市场经济改革的大背景下，中国学者探讨村落终结，其出发点当然会关注农民身份和经济活动的非农化，其本质是生产力与生产关系变革带来的经济结构变迁。然而，一旦社会经济结构变迁的概念模式真正落实到土地上，关注点便无可避免的指向土地和村集体经济产权的重新界定（李培林，2002；刘守英，2008）。发展商品经济，首先需要明晰产权，而传统村落中的集体产权界定不清，无疑成了伴随束缚农村土地资源向资本化方向转变的瓶颈。

与经济学家的关注点不同，社会学者更关注城中村中的社会联系纽带。因而他们看到的是另外一种村落的终结——社区的消失。例如，项飙在 20 世纪 90 年代观察北京"浙江村"时，就感叹这些被城市化过程所裹挟的农村社区的"封闭性越来越弱，'根'越来越浅，变动越来越剧烈、频繁……能被看作整体社会的具体而微的社区确实在消失"（项飙，2000）。事实上，以村界为范围的社区空间还在，但社区的人口构成和社会活动的内容发生了变化。

关于城镇化的高歌猛进和村落终结的断言在 2008 年前后达到顶峰。此后，随着全球金融危机的寒流袭来，外向型经济发展的动力减弱，城镇化三大动力失去了外部牵引，而内部的政府推动与群众自发对美好生活的追求之间因方向和目标的错位，再次陷入迷茫和困顿。在那些远离城市的村庄，人口外迁和农业生产活动日渐衰落，形成越来越多的"空心村"。而地方政府关注"空心村"的一个重要动力来自对土地资源的整合。希望在耕地保护的现有框架之内，通过"空心村"的整治，实现农村宅基地退出和人口的完全城镇化。土地配额的空间置换再次用市场方式在远离城市与靠近城市的乡村之间建立起"断裂社会的连接带"。

然而，尽管政府大力推动城镇化，老百姓此时对城市生活的美好想象却日渐失落。外来人口，特别是底层劳动者始终难以真正融入所在的城市。在动荡和失序的迁移生活中，村落和乡村情怀带着自身历史的记忆和当下人们对故乡的想象，开始以某种"乡愁"和"家园"的面貌重新回到公众的视野。就像熊培云所描绘的那个江南村落，曾经记忆中的大树、田园、小屋的印象符号，一个个在现实中消失了，然而人们心中对那逝去的家园和乡村的怀念，却更强烈的将其折射为"中国的缩影"（熊培云，2011）。在这样的背景之下，特色小镇带着某种对"新常态"下的地方产业升级和可持续发展的共同想象，一种"城"与"乡"的新的结合方式，进入政策的主流话语（盛世豪和张伟明，2016）。

在短短的 30 年里，物质景观的变迁已经让人瞠目结舌，价值观的跌宕起伏更让人手足无措。每个村庄的故事固然血肉丰满，但是要把这些故事整合在一个分析框架里，理解时代变迁的整体脉络，终究不是一件容易的事。借用双维度四象限的归类方法，杜赞奇在《文化、权力与国家:1900～1942 年的华北农村》一书中，用生活的富裕或贫穷，与距离城市、宗教社区的远近两个维度将当时他所研究的中国村庄分成 4 种理想类型（杜赞奇，1994）。这种归类方法将社会经济的物质条件与特定的城乡空间联系结合起来，反映了在城镇化的进程里理解乡村，必须关注城与乡无法割裂的互动与联系。然而如同大多数宏观尺度的城乡经济社会研究一样，城与乡被建构成两种相互对立的社会经济系统，而乡在其中总是处于被动从属的地位。

王汉生等在 1990 年针对中国当时农村社会分化的调查结果，用"工业化"程度和"集体化"程度两个维度构架出 4 种村落或农村区域理想类型，即高集体化-低工业化类型、低集体化-低工业化类型、高工业化-低集体化类型和高工业化-高集体化类型。其中工业化反映了第二产业在村经济中的比例，而集体化则反映村落内部社会的分化程度，集体化程度越高则社会分化程度越低（王汉生和阎肖峰，1990）。这里面强调的两个维度，"工业化"反映了除种植业以外的商品生产的内容，"集体化"则反映了社区中的社会组织和人际关系的内容。毫无疑问，在这种分类中，村庄被置于工业化进程中，自发向工业化社会转变的实体。在村庄这样一个有具体空间范围的社会经济单元中，生产是居于主导地位的，集体组织则以生产的效率为目标。在农村市场化改革的进程中，高集体化低工业化的村庄很快就不复存在了，反而高工业化-高集体化的村庄成为市场经济转型中村集体地位得以强化的前提条件。

随着市场经济深化，乡村社区的社会经济结构变化还受到外部市场环境的影响。以第二产业为标志的工业化发展已不足以描述乡村生产功能的转型。以农户为单位的商品农业生产与分散的乡村小工业具有类似的规模经济瓶颈。而与此同时，集体的内涵也发生了变化，计划经济时代的集体组织一边以公司的形式承担新的经济职能，另一边又以社区组织的形式延伸到生活和消费空间，形成"集传统家族文化、地缘关系、群体基础结构、行政组织单位、社会实体、情感归属与社会归属于一体的综合性概念"，形成社会意识、关系模式、组织方式上的某种"新集体主义"（王颖，1996），或者"都市村社共同体"（蓝宇蕴，2005）。因此，无论是"集体"，还是"工业化"，这两个参照维度的内涵都发生了变化。

本书所考察的几个村镇位于北京、无锡、广州和深圳的郊区，空间上都靠近大都市，在时间上则跨越了工业化转型和后工业化转型两个阶段。这些村庄自20世纪80年代改革开放以来，都经历了从农业生产到乡镇工业化，再到去工业化的过程；经历了从封闭的农村社区到开放的城镇社区空间的转变过程；经历了从"鸡犬之声相闻，老死不相往来"的自足社会，到融入相互依赖的专业化分工与交换网络的城市社会的过程。在这个过程中，村集体经济组织作为最基层的公共管理机构，在应对政策变动，组织村民行动方面发挥着各不相同的作用。为此，我们也延续双维度框架的基本思路来考察这些城市边缘的乡村。我们发现"集体化"的维度似乎在新的地方治理机制中呈现出特别有弹性的内涵，在我们考察的这些村庄，村集体大多数并没有消失，而且村集体的能力对村庄的变动具有至关重要的影响。以往很多研究把村庄的成功归于个别的"能人"，但是透过能人的个体因素，恰恰是如何组织集体合作的能力区别了不同的村庄。因为很多村庄都并不缺乏作为个体来看发展颇为成功的能人，但能组织起村集体共同发展的村庄却凤毛麟角。

至于另一个维度，我们用"物质化"替代了"工业化"。工业化本身的成就之一是实现了人类社会对物质贫乏的突破。也正是因为这个原因，工业化本身在相当长的一段时期成为某种发展的目标。突破自身受物质贫乏的局限本身就足以成为社会谋求发展的理由。由此，"工业化"往往贴上了"现代化""发展""进步"等标签。人类社会的工业化过程其实包含了生产组织的社会化分工协作和物质丰裕的结果两个方面。前者将原本系于血缘、地缘的集体纽带打碎，重新按照劳动分工的逻辑组成新的社会共同体。而后者正是推动这种转变的现实激励。不过，当我们贯穿工业化与后工业化的整个发展过程来审视"工业化"这个维度时，社会对这两个方面的价值判断显然并不总是一致的。人们对物质丰裕的需求是有可能达到饱和的，超过一定的限度，继续追求物质产出增长所带来的弊端就越来越突出了。当社会寻求的价值与物质消耗增长脱钩的时候，个体与集体的关系仍然是非常重要的维度。当商品生产的积累方式出现危机的时候，是脱离社会化大分工，回归相互独立的、分散的、自给自足的生产模式，还是能够以一种新的集体合作方式谋求转型？这个问题毫无疑问是当代全球化面临的道路选择困境，但是其答案也许就蕴藏在一个个小小的村落之中。

1.1.1　村社集体的兴衰

正如大卫·哈维在《希望的空间》一书中所揭示的，现代生活中的很多空间形式及其社会构成都来源于曾经的乌托邦理想。但形式往往脱离了乌托邦理想所追求的人类自然平等的解放内核，反而内化了身份歧视、社会冲突和商品拜物等元素，变成了现实中的歹托邦[①]（哈维，2006）。要理解当下中国的农村集体经济组织，特别是农村集体经济组织在城市化过程中复杂的现实表现，就不能不回到 20 世纪 20~30 年代，以梁漱民为代表的新农村建设实验中所包含的乌托邦理想。针对当时农村凋敝的现状，新农村建设运动立足地方自救，期望通过技术推广、生产组织形式再造，乃至文化重塑，达到中国传统的"伦理本位"与西方现代化的"职业分立"能够"交相为用"的目标（梁漱民，2011）。也就是将一盘散沙的传统村落，重新汇聚成社会进步的力量，实现民族复兴。这种立足乡土文明的更新，而非重蹈西方工业化覆辙的道路，获得当时一大批社会志士的认同。全国各地先后有 600 多个团体投入这一实践潮流，代表人物包括梁漱溟、晏阳初、黄炎培等（郭云波，2009）。包括费孝通先生所著的《江村经济》也折射了这场运动深入到当时农村社会最基层的深度和广度。其主要特点就是在乡村建立某种基层合作组织，通过自下而上的社会化分工合作，提高劳动生产效率和农户的市场抗风险能力。这种合作模式并不希望彻底颠覆传统社会组织，而是期望能将开放的商品经济生产模式与扎根本土社会的传统伦理相结合。

上述新农村建设实验以自下而上的基层实践为特征，然而历史在当时并未给这种基层实践走向正规化的国家制度以机会。杜赞奇所著的《文化、权力与国家》一书对这一历史的吊诡给予了令人唏嘘的阐述。20 世纪上半叶新中国成立前的中国现代化运动，并未给基层乡村社会带来根本变化。反而在连年战乱之中，地方的政治、经济和文化传统共同作用，将地方治理引向了"政权内卷化"（state involution），也就是本土的乡村精英（士绅阶层）或选择离开乡村，或仅仅为了避免与上层的国家权力合谋，压榨本乡村民，而逐步退出了地方政治舞台。相反，在战争耗费的巨大压力下，追逐盈利的国家经纪人取而代之，控制了基层村政，加大了对农户和乡村社会的盘剥（杜赞奇，1994）。这种现代国家组织的正规化和内卷化之间的冲突激化了乡村的社会矛盾，埋下了基层乡村治理与国家干预之间持久冲突的种子。

20 世纪 50 年代初，城乡广泛推行合作化运动，可以看作新农村建设理想的某种复兴。起初农村合作化运动主要是在传统的自然村中由农民自愿联合，组成初级社，将原本分散于各家各户的生产资料，包括土地、较大的农具、牲畜等交给集体，共同组织生产经营，以期实现集体劳动中的分工合作、各尽所能、按劳分配。但随着某种自上而下的追求集体化规模的风气取得上风，自愿分散的合作渐渐为激进变革所取代。初级社很快合并为高级社，高级社进而合并成人民公社，最终形成计划经济体制下"政社合一"的农村基层组织（沈延生，1998）。生产活动由全社统一核算、分级管理。公社下设生产大队，生产大队再以自然村为基础设生产队。大型牲畜、农具、耕地、自留地等一切与农业生产相关的生产资料全部收归集体所有，统一组织生产，分配实行按劳动工分计算的口粮供给制。这种村政体制彻底改变了中国封建社会"皇权不下县"，乡村主要依

---

① 歹托邦（Dystopia）从乌托邦（Utopia）变化而来，乌托邦表达了人们对理想、正义、公平世界的期望，传递了对现实不公正的批判。而歹托邦则是表面上按照乌托邦理想建设出来的现实世界，实际上却固化了新的非正义和不公平。

靠家族、宗教和乡约等地方自治的传统，实现了对农民生产、生活的直接管理。这样的乡村治理机制，创造了一种另类的社会动员机制，将分散的农民整合到集体公社之中，开展集体劳动。但其实质还是利用农村的生产剩余，用于支持国家的工业化积累，因而也使社会陷入更深的二元分隔（秦晖，2007）。

直到 20 世纪 70 年代末到 80 年代初，改革开放才逐步在个人发展与国家现代化之间取得某种行动目标上的一致。农村改革成为对内改革的先声。以农地制度为代表，自下而上的制度创新代替了国家强制性的制度安排。由此产生了地方千差万别的农地制度（姚洋，2000）。总体上，家庭联产承包责任制将土地经营权包干到户，集体生产资料也大多重归各家各户。乡村经济活动的决策单位重新回到农户。但 1984 年的宪法修订案中确定了村集体作为土地所有者的身份，这一农村最重要的生产资料，至少在名义上，仍然归属于集体。国家、集体与农户就农地使用的决策与责权利的划分机制也成为农村改革关注的焦点议题。在处理这个问题上，各地自发实践产生了如下六种典型的制度类型（姚洋，2000）：

（1）农户经营加"大稳定、小调整"。这是最普遍的一种类型，在中等发达地区最为普遍，一般是在农民自发要求下形成的。体现了农民在作为村集体成员的集体保障下对公平的诉求，体现了为集体生存而做出的集体理性选择。

（2）两田制。这种类型为山东平度县首创，其核心思想是通过土地招租的形式来模拟土地市场交易。具体做法是将口粮田以外的土地全部收回集体控制，然后面向农户招租。招租的过程显示了农户生产能力和愿望，因此，在一定时期内，这种办法基本上可以达到市场配置的效果，即土地的边际产出在全体农户间趋于一致。但是，经过三五年之后，由于人口和其他经济因素的变化，经营意愿可能会发生变化，就需要重新招租。

（3）机械化集体耕作。这种模式以苏南模式为典型，放弃家庭生产。生产组织和分配接近土地股份制，农户与土地之间不再保持直接的权属关系。大量农民进入集体所有的乡镇工业，反过来又由工业补贴支持资本密集型的机械化耕作。

（4）"生不增、死不减"模式。这种模式是在集体所有制下最具个人化特征的农地制度。在 20 世纪 90 年代在贵州全省推广，确定耕地承包期 50 年不变，非耕地承包期 60 年不变。

（5）市场租赁模式。以浙南，特别是温州最为典型。与两田制不同，温州模式不是由政府组织招租，并且不对土地产权进行大范围的调整，仅依靠民间的土地租赁市场，就实现接近苏南模式的土地经营集中程度。

（6）土地股份制。以广东南海为代表，每个农户拥有一定的集体土地的股份，但此股份并不具体对应某一相应的地块。这样一来，集体所有制被个人化了，但个人化之后的产权并没有对经营规模的扩大形成约束，因为集体可以将土地统一发包给当地或外地的农民。

上述六种类型，前三种都偏向于维护集体产权，后三种则突出市场化决策的个体性。土地作为农村社区最基本的生产资料，其制度安排深刻影响了市场经济转轨的发展路径。有意思的是，在经济发达的地区，无论是偏向集体的制度安排（苏南模式），还是偏向个人化的市场安排（温州模式、南海模式），土地经营权的集中度都提升了，反映了生产规模化与土地集约经营之间的某种相关性。这种产权制度安排的差别和发展后果的趋同在土地从农业用地转变为非农业用途的过程中尤为突出。从某种角度上说，正是村民针对土地产权这一最根本的制度类型的选择，反映出个体在市场化的自由意志与集体化的身份认同之间的权衡。在市场经济扩张的上升阶段，决策的天平逐渐倒向个体化的制度安排，能为以农户为单位的生产组织提供有效激励的模式获得市场的认可（蒋省三和刘守英，2003）。但随着市场交易逐步触及一些权利的边界，进入到普遍难以明晰产权的领域，如集体土地与国有土地之间转换的决策权，形势又发生了扭转。由于在城市土地征用中，村庄处于相对的劣势地位，在捍卫土地权益的斗争中，很多地方原本已经高度分散个体化的村民，反而又在村集体的旗帜下，重新整合在一起争取更大的土地权益。

从本质上来说，土地开发中平衡眼前的经济利益与长期的可持续发展能力不仅仅是村庄所面临的挑战。土地征用不过使村庄因面临更加紧迫的资源状况，而使个体倾向于寻求集体的庇护。实际上，在经历了高速城市化的大拆大建之后，持续提供公共服务，维系土地上的营生质量不断提升，是所有土地开发和经营都将面临的问题。单纯依靠盈利最大化的土地经营模式显然不能解决长久问题，反而蕴藏了更大的风险和危机（刘守英和蒋省三，2005；陶然和汪晖，2010；陶然和王瑞民，2014）。

针对上述问题，产权界定仍然是当前农村土地问题考虑的核心，但新产权理论已经突破了所有权和使用权的两分法（陶然，王瑞民 2014）。也就是不把土地使用简单区分为"私有化"的土地资源配置，和通过国家征收完成土地资源整合的"国有化"两种模式。而是超越两分法的制度设计，在特定背景下关注具体权利的运作机制。在承认土地利益基于集体身份权的特定背景下，集体土地以及村落社区的某种"公地"的属性日渐突出。需要跳出产权的经济学语言，探讨集体的社会范畴——社区的公共目标和价值认同。没有对集体价值的基本认同，个体化的理性决策就失去了理性评价的基准，即便是"自利"这一最本能和看似显而易见的理性化目标，也往往需要参照特定的社会规范和习俗认同，才具有切实的意义。而这种价值认同首先是我们对工业化和城市化转型目标的认同——基于脚下的土地，我们到底需要一种什么样的生活，以及这种生活是否可以持续？

1.1.2　物质丰裕的代价

将矛盾聚焦于土地，忽视了驱动农村土地用途非农化的根本动力是生产消费模式的转变。工业化生产使得土地上的产出不再完全受制于土地要素的投入。1 亩[①]玉米地的产

---

① 1 亩 ≈ 666.7m²。

出从 500kg 增加到 1000kg,对于农业技术而言已经是革命性的进步。早在将近 100 年前,
韦伯就在其工业区位论中阐述了相比于农业,土地资源投入在工业生产的成本中所占的
比例大大降低。在工业革命时代,一家年产 1200t 的纱厂只需要 2.5 英亩①的土地,即使
土地租金从 100 美元增加到 500 美元,在生产成本中所占的比例都几乎可以忽略不计(阿
尔弗雷德·韦伯,2010)。然而,支持着 1200t 纱厂所需要的棉纱仍然需要从其他地方运
送来。工业化生产将生产过程中的资源投入,从脚下的土地,扩展到更加广阔的空间范
围。由此,工业化生产方式在空间上形成一个高效的生产中心和一个为之提供原料和消
费市场的外部边缘——城与乡的分化由此被强化。在这一空间分化的过程中,劳动者为
就业而从乡间涌入工厂,生产的集聚激发了城市的人口增长。

与此同时,工业化发展促进了劳动分工不断深化。在这个过程中,生产与消费的关
系发生了根本性的变化。工厂劳动者专注于专业化劳动的某个片段,同时消费活动独立
出来,依靠市场化的商品供给。正如亚当·斯密在《国富论》中描述的那样,劳动分工
带来的生产效率的提升是受到消费市场规模的限制的。市场的规模决定了劳动分工的深
度。劳动分工反过来也会创造市场需求,两者之间存在正反馈循环。因此,在工业化生
产方式的基础上建构起来的城市生活消费模式,反过来又成为驱动生产扩张和生活方式
转型的动力。扩大消费成为维系工业化生产不断扩大的手段,并进而变成政府和企业都
刻意追求的目标。对于很多地区来说,能否进入这样一个正反馈循环,就是能否实现工
业化起飞的关键点。而进入正反馈循环的关键点,就在于立足本地的比较优势,进入更
大范围劳动分工的网络,围绕商品生产,重新组织本地的社会经济系统。

劳动分工的深层机制带来日常生活方式转变的外在表象。与工业化发展密切相关的
城市化生活方式以工业化生产的物质产出效率大幅度提高为前提。自工业化以来,人类
生活方式的改变带来了物质消耗的大幅度增长。由于资源环境问题从本质上讲均与人类
生产生活过程中对物质材料使用的方式有关,因此以物质消费增长为特征的社会经济发
展难以避免与资源环境压力的增长挂钩。图 1-2 比较了原始社会与现代社会人均物质流
的差别,从生物需求层面,物质流的变化并不显著,大部分物质流是与支持现代生活方
式的产品、基础设施、建筑联系起来的。因此,城镇化的发展是一种新生活方式的塑造,
包含了土地开发、基础设施建设、建筑形态、耐用产品消费,以及日用品和食物消费等
全新的物质生活环境的构建。生活消费模式进而塑造了与之相应的社会行为模式,以及
商品消费中的文化认同。

人类社会发展一直面临着资源环境的压力,在村庄尺度,这种变化尤为贴近个人生活
体验。人类历史上,因为自然资源管理不善,导致地方生态系统退化,进而造成文明衰落
的例子比比皆是。工业化社会将物质生产建立在更大范围的资源供给和产品流动的地理空
间之上,地方社区的生产消费只是整个生产消费网络中的细小片段。在这样的背景下,现
代化在提供地方更加丰裕的物质生活条件的同时,在以下两个方面让地方社区付出代价。

---

① 1 英亩≈0.004 047km²。

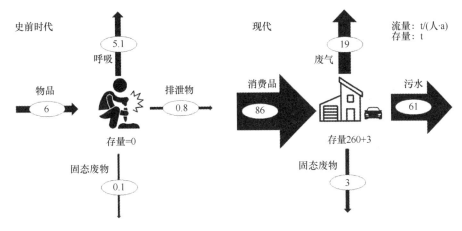

图 1-2　生活方式改变对人均物质流的影响

资料来源：Brunner and Rechberger，2004

1. 生产环节

随着社会经济发展，农村经济活动日趋丰富。特别是随着乡镇工业的发展壮大，农业生产在农村居民经济活动中的比例大幅度下降。在沿海发达地区，农村工业化呈现以专业化产业集群为特色的区域发展模式，形成"一乡一品""专业镇"等不同规模的地方特色产业集群（盛世豪和郑燕伟，2004）。我国村镇发展的地方产业集群存在依赖外资的外生型产业集群和依靠本地民营企业的内生型产业集群两种类型。前者以珠江三角洲最为典型，而后者以江浙一带最为典型（王缉慈和童昕，2001）。外商投资看重村镇廉价的土地资源和劳动力，并且在改革开放初期，村镇招商引资政策具有较大的灵活性。这些企业通过发展"三来一补"的出口加工业，形成劳动密集型的加工产业集群。内生产业集群的创业者则大多就是本地农民，往往承袭历史上流传下来的手工业传统，从家庭手工作坊逐步发展壮大，因此大多也是从乡镇起步，以就地工业化的方式，形成离土不离乡的工业发展模式。尽管最初的发展动力不同，但自 20 世纪 80 年代后期以来，支撑快速工业化的动力都来自出口导向的外部市场驱动。无论是"资金、技术、原料、市场"四头在外，还是"原料、市场"两头在外，都是靠加工环节加入国际大循环，激活了土地、劳动力等地方资源。

但由于缺少有效的环境监督与管理，乡村分散的工业生产存在广泛而严重的环境污染问题（李周和尹晓青，1999）。乡镇企业一方面企业规模小，市场竞争激烈，企业对环境治理的投入面临资本不足和技术缺乏的困境；另一方面，由于企业分散，经济活动变动频繁，也使得政府难以有效监管。乡镇企业发展带来的环境问题自 20 世纪 80 年代就已得到重视。1989 年和 1996 年，由农业部牵头，多部委合作，开展过两次全国范围乡镇工业主要污染行业污染源调查，结果显示乡镇工业污染排放在全国工业排放中的比例大，增长速度快（表 1-1）。其中尤以固体废物排放最为突出，固体废物产生量占全国工业固体废物产生量的比例也就 1/3 左右，但排放量接近全国工业排放量的 90%。排放量的增长速度也快于产生量。这反映了当时市场经济转轨过程中，乡镇工业在快速发展的同时，环境保护投入落后，资源循环利用方面与国有企业、外资企业等相比存在较大的差距，发展循环经济的挑战大，潜力也很大。根据这次调查，废金属矿物制品、纺织、食品加工、金属制品、化工、机械六大行业的污染源总数占乡镇工业污染源总数的 64.9%。就地区而言，按产值比例计算的污染源分布集中在浙江（17.5%）、江苏（15.5%）、山东（11.8%）、广东（10.1%）、福建（5.4%）和上海（5%）等沿海发达省（市）。此后，我国的工业污染源普查不再区分乡镇工业与其他工业。

表 1-1 乡镇工业主要污染行业污染排放情况

项目	1995 年排放量/万 t	占当年全国工业排放量比例/%	与 1989 年相比增长幅度/%
工业烟尘	849.5	50.3	56
工业粉尘	1325.3	67.5	182
二氧化硫	441.1	23.9	23
工业废水	591000	21	12.1
COD	6113	44.3	24.6
固体废物（排放量）	18000	88.7	55.2
固体废物（产生量）	38000	37.3	39.6

资料来源：全国乡镇工业主要污染行业污染源调查 1990 年，1997 年。

乡村工业化发展直接影响到地方社区的物质流构成。现代加工工业的原料与农业时代的传统原材料很不同，易于大批量标准化加工的塑料、金属等材料逐渐替代了木材、石材等天然材料。塑料和金属加工的原料来自遥远地区的矿产开发。材料加工过程需要消耗大量的能源。由原料加工成制成品的过程往往规模经济显著，集中生产再销往世界各地也需要依靠高能耗的运输过程。产品使用废弃以后，产生的废弃物也往往难以在自然环境中降解，形成持久积累的废物问题。

以现代制造业重要的原材料——塑料为例。塑料是从石油加工而来。石油化工提供了当代工业社会的能源——燃油，与肌肉——塑料。然而塑料的大范围使用，也造成生产消费系统中的代谢难题。首先，塑料的生产过程消耗大量化石能源，其本身是石油产品的一部分，生产裂解的过程需要消耗能源。其次，随着高分子有机材料科学的不断进步，塑料的品种、材质不断改善，用途越来越广，替代了很多传统材料。最后，塑料很难降解，也很难循环利用，由于塑料产品非常便宜，往往被制成快速消费的产品，短暂使用后就变成废物被抛弃。

塑料大规模进入生产与消费，是工业快速发展的一个典型的特征。2000 年以来，中国塑料制品的产量翻了 7 倍（图 1-3）。

在工业发展从下游组装加工向上游原料供给延伸的背景下，中国的塑料物质流格局持续变化（图 1-4），2008~2014 年，中国塑料制品的产量增加了将近一倍。塑料工业的原料是石油，2014 年我国初级塑料产量超过 7000 万 t，占当年石油加工量（5.02 亿 t）

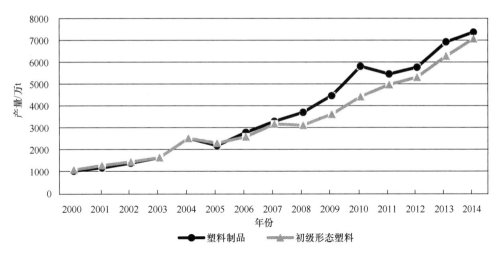

图 1-3　2000~2014 年全国初级形态塑料及塑料制品年产量

数据来源：中国工业统计年鉴

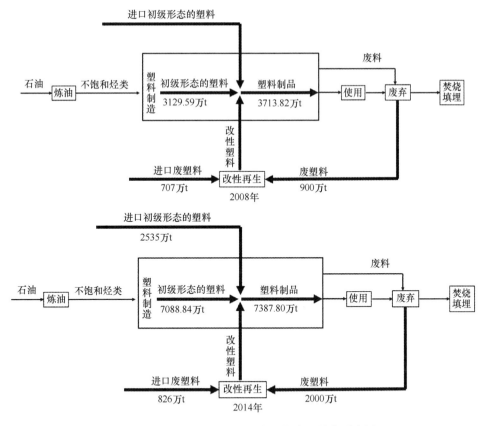

图 1-4　中国 2008 年、2014 年塑料产业链物质流图

数据来源：中国工业统计年鉴 2009 年、2015 年，中国海关进出口统计

的比例达到 13.5%。由于使用寿命的限制，塑料产品往往很快会废弃，变成废塑料。经过仔细分拣的废塑料可以作为工业原料循环利用，但大多数情况下是降级使用。在全球

塑料产业链上，中国成为废塑料消纳的第一大国（图 1-5），废塑料的再生利用主要依赖农村非正式经济的小作坊。2014 年王久良拍摄的纪录片《塑料中国》，用镜头记录下了废塑料再生产业链上的黑暗现实。也激起了中国更加严厉的进口洋垃圾监管措施，包括绿篱行动和国门利剑行动。然而，短期来看，只要生产有需求，控制废塑料进口，则必然需要原生塑料替代。而从图 1-4 中可以清晰地看到，从 2008~2014 年，进口废塑料从 700 万 t 增加到 826 万 t，增长不足 20%；而进口初级形态塑料的量则达到 2535 万 t。另外，国内废塑料的产量激增，从 900 万 t 增长到 2000 万 t，翻了一番还要多。

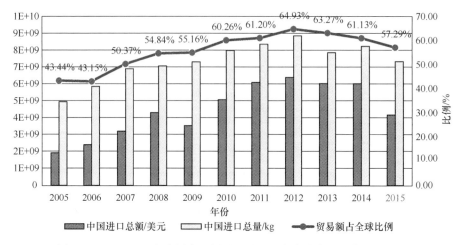

图 1-5　2005~2015 年中国废塑料进口总量及占全球废塑料贸易的比例
资料来源：UNCTAD 数据库

在现代加工工业中，塑料生产与工业产出密切相关。珠江三角洲和长江三角洲作为出口加工业集聚的地区，对初级塑料的原料需求尤为旺盛。随着产业结构调整转型，塑料产品产量增长近两年有所放缓，但随着产业升级，产业链向上游原料加工延伸，初级形态的塑料产量仍然保持增长，并且高度集中在工业化最集中的地区（图 1-6），形成上游资本密集型的炼油–乙烯装置布局于临港正规的工业区，塑料产品加工生产的中小企业广泛分布在城乡各类工业园区，塑料消费覆盖城乡各个角落，废塑料的回收和循环处理依靠乡村非正式部门的等级化的空间格局。

由于计划经济向市场经济转轨的过程中，民营企业在原材料供给方面，相比国有企业处于不平等的地位，很多计划调拨的生产资料都难以从市场上以合理的价格获得，由此很多乡镇企业转向可再生资源。图 1-7 展示以长江三角洲相关的特色产业群为例，反映了这样一种基于市场自发形成的跨行业的再生利用循环经济联系。长江三角洲沿海港口附近不少地区都存在进口洋垃圾加工活动，其中台州发展时间较长，集聚性显著，因而也较为知名。周边地区如宁波、余姚、慈溪的塑料制品产业群，永康的五金制品产业群，温州柳市的低压电器产业群，在发展之初都不同程度依赖了当地资源再生行业提供的再生原材料。

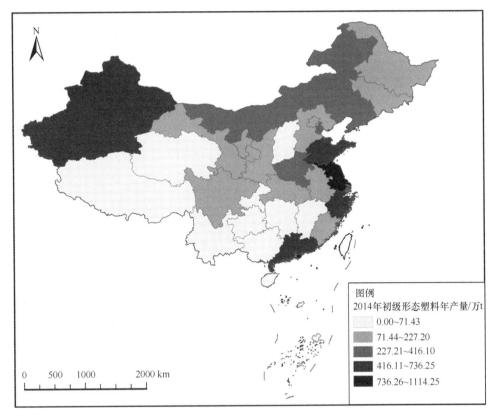

图 1-6 2014 年全国各地区初级形态塑料年产量

数据来源：中国工业统计年鉴（2015 年）

注：香港、澳门和台湾资料暂缺

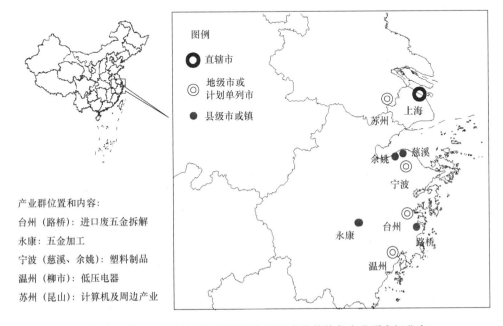

图 1-7 长江三角洲部分与资源再生利用有关的特色产业群空间分布

　　塑料只是各种高能耗的工业材料生产中的一个典型例子，类似的发展在钢铁、有色金属、非金属、化工等领域均有体现。针对再生原材料的使用，产业升级转型存在一定的悖论。一方面，再生原材料生产过程本身存在严重的环境污染和健康风险，很多地方产业集群在升级和转型的过程中，将减少低端的再生料，增加高质量的原生材料，作为自身产品升级的表现，客观上降低了对循环再利用的需求。另一方面，从整个系统的角度来看，这种升级和转型又加剧了生产消费中原生资源的消耗。这一生产网络中的宏观物质流矛盾在微观的地方劳动分工体系中又呈现出巨大的环境负担分配的不平衡。

2. 消费环节

　　从全生命周期的角度，材料进入消费环节，在一定时期内成为社会存量，直到产品废弃，而进入废物流环节。相比于全球化生产带来的宏观物质流变化，消费模式的转变直接影响当地废物排放的状况。传统农业经济条件下，农村生活垃圾主要通过直接还田等途径实现就地处理与循环利用。这种方式在目前我国的典型农业地区仍然是农村最主要的垃圾处理途径。根据姚伟等（2009）针对我国典型农业地区所做的问卷调查，农业生产性垃圾的产生量尽管远远高于生活垃圾产生量，但大部分可以通过还田方式实现回收利用。农村每人日均生产性垃圾量为 2.03kg，其中养殖业垃圾占 44.11%，秸秆杂草垃圾占 33.36%，生产性垃圾中 83.44% 被收集，能够直接再利用的占 46.31%，以高温堆肥方式处理的占 26.29%。而人均每日生活性垃圾量为 0.86kg，不到农业生产性垃圾的 50%，其中适宜就地填埋的有机垃圾含量较高。

　　在经济发达地区，农民的消费模式已越来越接近城镇居民。根据高海硕等（2012）对广东省 33 个县（市、区）256 个行政村开展的调查，人均垃圾产生量与工业化和城镇化水平密切相关，生活方式改变带来垃圾产生量的增长，珠江三角洲地区村镇垃圾已经主要依靠集中收集外运处置。其中，超过 90% 为生活垃圾，垃圾处置的行为模式与城市居民并没有太大差别。农户人均生活垃圾产生量最高的是东莞市 0.82kg/d，其次是广州市 0.75kg/d，相比之下，广东省山区经济欠发达的茂名和清远地区，户均垃圾产生量仅为 0.31kg/d，不到珠江三角洲发达地区的一半。

　　经济模式的变化对农村生活垃圾的产生量和构成都产生重要影响，难以自然降级的工业合成成分增加且日趋复杂，如包装材料、化纤织物，以及其他非耐用消费品。由于农村地区居住分散，建立类似城市废物管理的基础设施成本相对较高。不过，在一些发达地区，随着城乡统筹发展的推进，日常的垃圾清运服务正在逐步在农村地区推广。例如，根据刘永德等（2005）对太湖地区典型村庄春季两个月的调查，通过乡村垃圾清运系统收集的生活垃圾达到人均每日产生量 255g 的水平，约为周边城市的 1/3 左右。生活垃圾的组成以食品废物和包装物残余为主，其中易腐的食品废物产量较为稳定，而包装废物的产生量增长较快，比例已经接近周边城镇地区。除此之外，通过对家庭垃圾处理行为的调查显示，农业生产活动的自然消纳仍然是乡村生活垃圾处理的重要途径，特别是有机垃圾的减量和消纳。但随着乡村经济结构的转变，通过农业活动自然降解的消纳空间正在逐渐萎缩。

农业生产活动的逐渐萎缩，减少了传统垃圾的消纳途径。而生产生活方式的改变，又增加了排放物构成的复杂性。乡村的城镇化转型在物质流动的层面上是一个从相对封闭的小系统走向开放交流的大系统的过程。而大系统的状态毫无疑问又与小系统的运行模式密切相关。因此，物质流动的变迁与社会运行的动态是紧密联系，无法分割的。这其中，生产与消费活动共同塑造了日常的地方生活，而开放恰恰意味着这种地方生活将无可避免的受到来自外部世界的各种影响和冲击。

1.1.3　价值参照的变换

全球生产体系将村落的地方社区嵌入到更大的跨地区的商品联系之中。地方通过生产的专业化为自身在全球生产网络中寻找定位。传统的村庄里，生产与生活融为一体。但在工业化和城镇化的大潮下，作为生产活动的就业与作为生活消费的居住空间相互分离，成为社会转型的一个特别重要的空间表现。马克思在《资本论》中就对工业化过程中，这种生产场所从家庭手工作坊到小规模的手工工场再到机器大工厂的转变过程，有过深入细致的描述（马克思，2013）。这一转变是作为劳动的个体不断放弃自主性，而加入片段化的社会劳动分工的过程，是劳动异化的过程。而列斐伏尔则进一步将消费空间的生产也纳入资本空间再生产的逻辑之中，从而将空间生产的表面形态与其内在的资本逻辑联系了起来：通过空间的生产，使得处于空间之中的具体的生产活动构成"一种流动经济"（economy of flow），一方面能量之流、原料之流、劳动力之流与资讯之流串联起工业与农业生产的各种单位，彼此"不再是相互独存与孤立的"；而另一方面私人财产和交换的需求却又造成空间破碎化（pulverization of space）和片段化（fragmentation）。不同的空间彼此嵌套，但空间的邻近也许并不一定代表社会经济地位接近。由分工和专业化造成的"中心／边缘"体系在不同的空间层级上都有所反映（列斐伏尔，2002）。

在这样的空间分化过程中，个人背井离乡，到城市谋生存是为了追求更大的选择自由。这种选择的自由在城市不仅汇集成大规模的生产集聚，也带来拥挤、肮脏和罪恶的集聚。对这种现实的不满，带来人们对更美好城市的追求。但每个时期对什么样的理想城市才是值得追求的，观点并不相同，体现了不同时期人们对城市的技术理性、文化生活和生态环境等价值的侧重点不同（陈忠，2014）。

1. 生产与生活空间的分与合

从传统社会到工业化社会，再到后工业社会，城市的就业–居住经历了从功能混合，到功能分化，再向功能混合回归的变化过程。这种物理空间上的配置变化，体现了上述城市价值追求的异趣。现代城市规划的起源很大程度上与工业化过程中，人口向工业城镇集聚，居住与工业生产混合，以及由此带来城市环境恶化有关。而城市规划的解决途径就是通过功能区划，实现产业与居住功能分离。这种物质空间的功能分区自 20 世纪 20 年代以来逐渐主导了城市规划实践，并且在第二次世界大战后城市的快速重建中被广泛采用。在工业化上升阶段，对生活空间的规划显然是从属于生产的。因为各种生活设施布局均需要考虑服务的人口规模，而人口的空间集聚，很大程度是因为工业化带来的就业集聚。由此，生产布局决定了基本就业人口，基本就业人口的规模决定了为之服务的第三产业人口，城市规划为总人口的生产、生活进行合理的空间配置。这种规划理性集中体现了柯布西耶的城市技术理性。技术已经成为现代性和现代城市的基础。当代城市"必须让自身适应于机械速度及其各种伴随的产物"。生产效率主导了城市规划的价值（勒·柯布西耶，2009）。

然而随着发达国家步入后工业化时代，城市规划千篇一律采用的机械的功能分区方法受到广泛批评。单一功能区的规模不断扩大，而人的日常生活被机械切割，分配在彼此隔离的功能区内，依赖机动交通联系，功能区内部社会活动单调机械，城市活力丧失。简·雅各布斯（2006）在 20 世纪 60 年代所著《美国大城市的生与死》深刻揭示了这种僵化的功能分区所带来的诸多问题。城镇是多种功能的综合体，多元化的功能聚合符合城镇的发展规律，也是城镇生活的魅力之所在。城市空间的多样化给予生活其中的人们以丰富意义（凯文·林奇，2001）。城市不仅仅是提供生产生活所需的物质实体空间，更是生产、储存和传递文化的社会空间（刘易斯·芒福德，2005）。这种强调社会文化的价值取向，将人的日常生活尺度作为重建功能混合的城市空间的着眼点，强调将居住、工作、商业与娱乐设施结合在一起，形成一种紧凑的、适宜步行的、功能混合的新型社区。这种针对人的消费多样性需求的空间塑造，成为后现代建筑和空间设计的突出特点，也为资本盈利打开了新的空间（哈维，2003）。

2. 人工环境与地理本底相协调

20 世纪 90 年代以后，随着可持续发展思想的广泛普及，对城市的生态环境关注度越来越高。生态城市转向乡村寻求理想城市的投影。早在霍华德（2010）对田园城市的描绘中就可以发现这种兼具城市的便利与乡村的秀美的人类居所的理想。这种理想中首先包含了对人类自身整个生命周期不同阶段的身心需求的正视，在焦虑的现代社会中寻求一种平衡和包容的生活方式（伯顿和米切尔，2009）。此外，由对人自身健康的关注，进一步扩展到对自然生态系统健康的体察——城市不仅仅需要满足人类日益膨胀的需求，更需要在与自然环境的和谐共处中，找到自身平衡发展的参照系（瑞吉斯特和理查德，2002）。

在此，需要特别强调与霍华德田园城市所强调的围绕城市居民的需求塑造田园城市的乌托邦相对的另外一种生态城市理念——有机城市的概念。有机城市将社会的自然地理本底、人文历史与当下的社会经济结合起来，寻求的是一种包含人在其中的生态系统平衡的生长理念。其代表人物在西方可以上溯到 20 世纪初苏格兰的地理学家兼规划师

Patrick Geddes。在 Geddes（1968）看来，规划需要建立在对地方深入调查的基础之上，对地方人–地关系演化深刻理解的基础之上，这种理解"不仅仅是对过去的简单回顾，……在罗列了事物发展由来，以及搞清楚人们当下如何生活和工作之后，简单粗暴的考虑下一步如何如何，而是静观（地方系统整体）演化的方向，从微小的征兆中预见和准备未来的转折和重生。"这种将城市和人类居所本身当作一种生命有机体，反对粗暴干预，倡导顺应自然和地方特点，循序渐进实现改善的理念，深深影响了 20 世纪 70 年代以后以可持续发展为目标的社区规划实践。

3. 社区尺度功能混合的微观机制

在人日常生活的尺度上实现生产、生活和生态空间的平衡是规划管理实践的一个重要目标。不同时期对这三种空间考虑的优先顺序不同。在工业化上升时期，生产空间的效率是规划的优先目标。而后工业化社会，为有消费潜力的人群提供有吸引力的生活消费空间成为地方发展的关注点。而生态空间在以人为中心的发展过程中逐渐成为生活消费空间某种特别奢侈的外延。

生产、生活与生态空间到底在多大的空间尺度上进行平衡配置，往往与规划决策的尺度有紧密的关系。我国改革开放以来，工业化与城市化快速发展。尽管功能综合的平衡布局思想一直贯穿着新中国以来的城市规划实践，但随着市场经济体制转轨，基于平衡布局思想的规划设计在现实中却面临落实实施的种种困境。在短短二三十年间，城市蔓延、职住分离、交通拥堵、环境恶化、社区多样性和活力丧失等问题在诸多城市蔓延。这种弊端在城市快速扩张的城乡结合部尤为明显，许多城市边缘的规划新区在十来年的时间里，迅速演变成规模庞大的单一功能区——或动辄数十万人的大型居住区，或绵延数十平方千米的工业区。

由此，基于村镇建设用地上的空间演化与经过正式城市规划形成的城市功能分区形成鲜明对比。城市快速发展中出现的大规模单一城市功能分区，与村镇自发建设形成地块破碎、建筑密集、人口集聚、生产和生活混杂的城中村（或半城市化地区），往往相伴而生。两者相映成趣，刚好折射出资本积累推动下的空间生产自我复制与分裂破碎的两面。

在快速城市化地区，村镇建设用地生产、生活混杂的现象比较突出，看似类似西方工业化初期城镇发展所面对的问题。但相比西方发达国家的发展历程，中国的工业化和城镇化进程在时间上又大大压缩了，短短 30 年，发达地区的许多城市周边的乡村就经历了从快速工业化到大规模去工业化的起伏更迭。以降低生产–生活相互干扰为目标的功能分区尚未完全实现，去工业化带来的经济活力丧失的问题就已经凸显出来。"功能混杂"与"功能混合"，一字之差，反映了空间规划和管理的进退维谷。看似虚无的空间和有形的物质资源一样，面临着如何更好地循环利用和再开发的挑战。

1.2　走向开放的可持续转型

可持续的消费与生产模式。历史悠久的传统乡村尽管可以提供一些世外桃源的理想寄托，但现代经济无可避免的要在一个开放的相互依赖的交换体系下运行。可持续消费与生产模式是在现有全球经济体系的基础上，寻找改善途径的努力之一，是联合国确认的与消除贫困和保护自然资源并列的可持续发展三大支柱之一①。可持续消费与生产是指在降低产品或服务整个生命周期的自然资源消耗，以及污染物排放的前提下，满足人类的基本需求并改善生活的品质。

可持续消费与生产模式在物质层面期望实现从线性经济到循环经济的转变，也就是改变从自然界获取原料，经过人类的生产消费后，直接变成难以降解，或存在毒性的废物排放到大自然的资源利用方式，转而倡导材料循环和能源梯次利用，最终的废物也能容易为环境所消纳，不会对自然生态系统造成持久的损害。在经济发展层面，期望实现经济增长与资源消耗脱钩，在满足和提升人类生存和发展品质的同时，减少对生态环境的负面影响。在社会进步层面，提倡包容协作，将地方行动与全球共同的发展目标联系起来。这些目标在村落的尺度上与人的日常生活相联系，宏观的转变恰恰需要落实在微观的具体行动之中。

1.2.1　循环经济：从地球到村庄

循环经济思想最早由美国经济学家鲍尔丁提出，1966 年他发表《未来宇宙飞船地球经济学》（*The Economics of the Coming Spaceship Earth*）一文，文中叙述了一种"宇宙飞船经济模式"，这种经济模式要求人类社会彻底抛弃原有的线性单向经济发展模式，代之以物质闭环的经济社会发展模式（Boulding, 1966）。循环经济思想的发展反映了环境保护思潮的变化。20 世纪 70 年代以前，环境保护往往处于同工业发展相对立的地位，采取的方法主要是一些限制废物排放，强制对有害废物进行排放前处理等被动途径，这种环保观念又被称为"浅绿色"的环境保护主义。70 年代以来，环保观念出现了重要转变，被动的、局部性的环境保护观念开始转向积极的、整体化的改造思路，面向产品的全生命周期，从生产到消费实现系统转型（诸大建，2000）。由此形成的可持续性概念，相比最初的循环经济思想更加开放和弹性，但可持续性的具体衡量和操作标准也变得模糊不清。

由此，Pearce 和 Turner（1989）将环境问题与人类生产消费活动中的物质转化过程联系起来，考察资源作为生产投入进入人类的生产与消费系统，然后被废弃的过程，提出了闭环的资源流动与开放线性的资源消耗之间的差别。这种循环经济观念在物质流动

---

① World Summit on Sustainable Development（WSSD），Johannesburg Summit, South Africa, 2002, https://sustainabledevelopment.un.org/milesstones/wssd.

的层次与"宇宙飞船经济模式"相似,都强调了地球自然资源的有限性,但对经济系统的调控则还需要考虑经济活动的运行规律。在考虑人类经济系统与自然生态系统的平衡时,自然生态系统的可修复性对资源的经济价值评价就具有很重要的意义,而不能仅仅考虑短期的资源供需平衡。

循环经济在世界各地从理念到实践经历了广泛的发展,形成了"自上而下"与"自下而上"相结合的发展策略(Lieder and Rashid,2016)。一方面,国家和各级公共部门从社会需求出发,在立法、制度、政策和公共支出等方面推动循环经济的发展目标落实到行动。另一方面,以企业为主体的私营部门通过循环经济实践,节约生产成本,改善企业品牌形象,建立新的市场竞争优势。两方面的努力公同推进了循环经济在现实中的实践(图 1-8)。

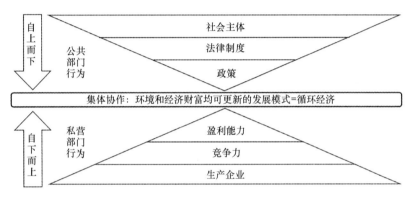

图 1-8　"自上而下"与"自下而上"相结合的循环经济实践策略

资料来源:根据 Lieder 和 Rashid(2016)修改

根据循环经济实践的侧重点,产业生态学、环境经济分析与可持续的技术转型分别提供了技术层面、经济系统与社会结构三个层次的研究视角。三者之间交叉融合,在日常生活的地方尺度,汇聚成行动的聚焦点,也由此与我们所关注的村镇实践结合起来。

1. 产业生态学

产业生态学方法是可持续物料管理体系的理论基础。产业生态学主张人类生产系统需要向自然生态系统学习,通过建立复杂的物质交换网络,既保持产业生态系统的活力,又维持产业系统与自然生态系统之间的平衡((Graedel and Allenby,2004;袁增伟和毕军,2010)。这一学派的研究方法以物质流分析为核心。在物质流分析的基础上,针对产品开展生命周期环境影响评价。具体研究路线是在深入细致的描画生产–消费过程的物质流基础上,发现和识别物质流动的环境影响,并评估其环境风险,进而提出流程改善或技术防治的操作化建议。

产业生态学方法将环境问题与人类生产消费活动中的物质转化过程联系起来,包括资源消耗、污染物排放、生物毒性等。例如,臭氧层的破坏是与特定的臭氧层破坏物质的使用有关,二氧化碳的排放则与使用的不可再生能源有关。物质流分析的空间尺度跨越分子尺度的化学过程到全球尺度的大规模物质流动，时间跨度则从微秒级的化学反应过程到跨越百年的工业化进程。全球尺度的物质流分析揭示了废物的产生贯穿于整个生产消费过程，虽然随着经济发展水平的提升，城市生活垃圾的增长触目惊心，但相比之下，支持这种生活方式的工业生产和开采过程中产生的隐性废物更远远高于消费后产生的垃圾数量。而物质流构成的变化又深刻反映了生产消费过程所依赖的技术系统，包括什么样的材料被广泛使用，以及是否能被循环利用（Frosch，1995）。对材料的特殊关注导致产业生态学实践起初主要针对工业设计领域，特别是材料的选择，以及材料加工过程的污染预防，从而实现产品从"摇篮到摇篮"的材料循环目标（McDonough and Braungart，2002）。

产业生态学将传统上分散在生产和消费不同环节的污染控制和废物管理整合成为综合的面向产品（服务）全生命周期的可持续物料管理（sustainable material management）。其基本思想在于物料消耗的快速增长是以工业化为基础的现代社会的特征，大部分环境问题是物料在人类经济系统中流动的过程中发生的，因此与我们使用的物料以及使用的方式有关。能源、水的消耗其实也跟物料的使用密切相关，如我们今天大量使用的金属、塑料等材料，本身生产过程就是高能耗的，而当今全球除农业生产用水以外，最大的耗水部门就是发电，发电用水在美国等发达国家甚至超过农业用水。对远距离产品的依赖，也导致交通能耗的增长。因此，从物料的角度考察资源环境问题，才能切中资源环境问题的根本。为此，从实践的角度，可持续物料管理要求：①基于生命周期评价管理产品和物料；②评估支持未来社会发展所需要的物料基础；③鼓励公共部门与私营部门合作，通过长期努力根本改变当前普遍的材料使用的方式，实现更加环保、韧性、有竞争力的生态经济①。

为了支持和推广可持续物料管理的实践，美国环保局以美国为例开展了一系列针对产品的物质流分析，从生命周期的角度考察产品材料的环境影响，包含生物毒性、对土地资源的占用、温室气体、消耗臭氧层气体、人体毒性、淡水生态毒性、淡水沉积物生态毒性、海水生态毒性、海洋沉积物生态毒性、陆地生态毒性、光化学烟雾、酸雨和富营养化等 13 个评价指标（EPA 2009:Appendix）。表 1-2 显示了基于上述评价指标评估，生产过程直接排放、中间投入带来的间接排放，以及最终消费过程中产生的排放，三种情景下环境影响最大的 20 种产品。从中可以看出，环境影响大的产品主要有 3 个方面：第一是电力、天然气、石油等能源基础设施；第二是工业化的农产品生产，特别是畜禽类食品；第三是新建建筑，包括住宅、工业厂房、道路基础设施等，而在最终消费领域，零售、餐饮的环境影响也不容小觑。

近年来，随着与社会经济等其他领域学科交叉，工业生态学对社会动力机制也越来越关注，以提高工业生态分析的现实操作性（石磊和陈伟强，2016）。跨越企业边界的合作催生了生态工业园（生态产业园、工业生态园）的兴起（李有润等，2001），通过

---

① EPA. Sustainable Material Management: The Road Ahead. http://www.epa.gov/smm/pdf/vision2.pdf.

规划和促进区域工业共生体系，发展废物交换网络，为公共政策干预提供了着眼点。

表 1-2　可持续物料管理评估的产品生命周期环境影响排名

直接排放	得分	中间投入	得分	最终消费	得分
电力服务	56.30	电力服务	52.21	电力服务	54.24
棉花	28.85	棉花	21.37	外购原料制作的服装	27.43
无机和有机工业化学品	22.76	无机和有机工业化学品	21.32	炼油	22.82
原油和天然气	19.17	原油和天然气	18.37	机动车	22.51
煤炭	19.06	炼油	15.62	餐饮场所	21.52
动物肉	16.39	动物肉	15.20	餐饮以外的零售业	17.26
造纸	14.57	造纸	15.07	肉类加工厂	16.46
炼油	14.45	新建一套住房	14.96	新建一套住房	14.71
麦片	13.43	煤炭	14.71	医院	13.54
新建一套住房	11.49	纺织工厂	14.67	新建高速路、桥梁	12.40
纸浆厂	11.18	肉类加工厂	11.57	自住场所	11.75
摄影器材及配件	10.45	机动车	11.23	天然气供应	11.07
麦片	10.15	外购原料制作的服装	10.30	其他新建构筑物	10.93
石材	9.98	天然气供应	10.26	摄影器材及配件	9.31
天然气供应	9.09	麦片	9.84	批发业	7.49
各种谷物	8.84	餐饮场所	9.21	新建商业建筑	7.46
砂石	8.79	钢铁厂	8.79	屠宰场	7.17
原铝	8.65	房地产经纪	8.31	房地产经纪	7.05
奶制品	7.92	批发	8.14	食品加工	6.26
禽蛋	7.10	原铝	8.02	牛奶	5.81

资料来源：EPA，2009。

2. 环境经济分析

在市场经济体系下，产业活动主要围绕市场的供给和需求而开展，因而技术上的改善离不开经济成本和效益的权衡。西方主流经济学将资源环境问题纳入市场经济体系的分析框架之内，强调环境污染预防与治理的成本与收益。其中，污染的外部性是最核心的概念。外部性作为一个经济学概念，由英国经济学家庇古（2006）正式引入新古典经济学的分析框架，是指在经济活动中，没有主动参与交易的一方，在没有造成相关的收益或成本的情况下，却承担了相应的收益或成本（Buchanan，Craig，1962）。环境污染问题常常作为一种经济系统的负面外部性来处理。针对外部性问题，在主流经济学理论的范围之内，以庇古为代表的福利经济学理论将政府的干预作为解决市场失败问题、协调社会公共利益与微观个体经济目标之间矛盾的必要手段，这种观念长期以来在西方主流经济学的环境经济分析中占有重要地位（Turner，2000）。

依靠公共部门的干预解决外部性问题，常常无法获得社会整体成本效益最佳的解决方案。由此，在市场经济条件下，交易成本的概念改变了处理环境问题思路。环境污染是特定社会生产活动的副产品，可以看成是这种生产活动的成本。受到污染影响的其他主体，实际上是分担了这种成本。如果有市场机制在产生污染的生产者与受到污染影响的受害者之间建立某种市场交易机制，使得受污染的主体可以根据自己忍受的程度决定是否接受赔偿而继续忍受一定限度的污染；或者产生污染的企业根据生产的收益权衡是承担补偿受害者的成本，还是通过调整生产减少污染排放，就可以将外部化的环境成本，内化到交易双方的成本收益衡量之中，从而有助于利用市场机制找到最有效率的污染水平和补偿机制（Coase，1960）。

庇古的外部性概念从一开始就建立在个体的自由选择偏好基础之上，关于效用、福利、改善和正义的概念都是从个体的评价出发的。然而，环境问题日益演变为代际的发展可持续性问题。生态种群的延续显然并不总是与个体当下的效用一致。基于个体当下的效用评价，总是不可避免的会对资源和收益的未来价值加以贬低（也就是经济分析中的"折现"）。这也是从生态经济学的视角出发，对新古典经济框架下的环境经济分析最重要的批评（Hawken et al.，2000）。而对于交易成本理论来说，产权的界定是长期而动态的过程，很多自然资源难以清晰的界定产权，进而导致"公地的悲剧"（Hardin，1968）。在产权界定和引入外部公共部门干预之外，地方公共资源的治理，从长期来看，是要通过社区成员之间有效的信息分享和平等的参与机制，促使成员为了保障集体的长远利益而自觉规范其行为。在集体行动的过程中，地方主体之间需要形成动态的治理机制，以应对不断变化的现实情形（Ostrom，1990）。

3. 可持续的技术转型

技术与治理机制的长期变化将研究的视野引向了社会技术系统的结构转型。循环经济的技术特征表现为资源消耗的减量化、再利用和再循环，所涉及的技术改变并不仅仅局限于污染物的末端排放环节。正如产业生态学所期望的那样，可持续的产业系统需要的是根本性的系统改变，而非局限于末端的小修小补。而技术发展又是嵌入在特定的社会系统内的（Freeman，1974）。由于技术演化的路径存在多种可能性，技术创新的发展方向深受历史条件的限制，即受到现有的技术系统惯性的驱使，也会因偶然的历史事件发生突变（Nelson and Winter，1982）。对于颠覆性的技术变革，其对社会系统的影响很可能远远超出创新者自己的预期。如何评估这种技术变革对社会和生态环境的影响？社会如何对是否采纳技术变革做出决策？

可持续的技术转型研究首先从历史经验中挖掘知识。技术转型存在层次性，从分散的技术创新，到行业技术范式的转型，进一步改变生产消费的社会景观，在每一次技术变革的发展过程中，众多主体的行为共同塑造了实际的技术变迁道路，其中丰富的细节对当下面向可持续发展的技术转型提供了有益的参考（Geels，2002）。从技术转型的角度，循环经济发展意味着建立一种新的技术范式（Geissdoerfer et al.，2017）。循环经济体系涉及材料选择、产品功能设计、消费行为习惯等诸多方面分散的创新。有些改进是在原有生产系统上的渐进修改，而有些创新可能会对原有生产系统带来颠覆性的改变。

例如，传统的机械加工和刻蚀生产，都是材料的减法工艺，也就是通过机械或化学方法去掉不需要的材料，获得加工成品。这类工艺的渐进式改进不外乎在生产工艺中尽量减少废弃的材料，提高成材率，尽量回收利用生产过程中产生的废料，在末端控制污染物的排放。而以 3D 打印为代表的增材工艺，就从根本上改变了传统的工艺流程，材料在生产过程中全部进入了产品，不存在废料的问题（Despeisse et al.，2017）。

针对创新技术的应用不能仅仅考虑技术本身，而是需要从微观层面的技术创新、扩散过程，到行业层面的技术经济范式的转变，直至更大范围基础设施、生活方式的景观变迁综合加以考察。技术变革的宏观图景，恰恰在日常生产与消费的一个个微小决策中逐步展开。

1.2.2　资源消耗与经济增长脱钩

循环经济发展的一个重要立足点是将经济的繁荣与自然资源消耗之间的联系脱钩。20 世纪 60~70 年代，西方工业化发展过程中带来的资源环境问题，引发了广泛的焦虑。一些激进的环保主义者提出彻底放弃工业化，回归自然经济状态。然而这种动议并不具备广泛的号召力。时至今日，可持续发展已经逐步达成共识——寻求在维持经济发展活力的基础上，降低发展的环境代价（Daly，1991）。为此，资源消耗与经济增长脱钩主要从以下三个方面入手。

1. 发展模式转型

人类发展所需的资源消耗给生态系统带来日益增长的压力。环境压力（environmental impact）主要取决于人口数量（population）、人类期望的生活水平（affluence），以及实现这种生活水平的技术途径（technology）。基于此形成了测算发展所带来的环境压力的基本公式（IPAT 方程）：

环境影响 = 人口数量 × 人均 GDP ×（环境影响/单位 GDP）

式中，GDP 为国内生产总值，用来反映产业和经济活动的总量。按照联合国的预测，2050 年全球人口将接近 100 亿，90%的增长将发生在发展中地区（图 1-9）[①]。人口增长与生活水平的提升将会转变为对资源消耗的巨大需求，按照 IPR 的估算，到 2050 年发达社会人均消费四种主要资源（金属、化石能源、建筑材料和生物质）的总量达到 16t/a，最高超过 40t，而相比之下，2005 年印度的人均消费总量才只有 4t（UNEP，2011）。

从发达国家的历史经验来看，一味追求增长成了当前不负责任的生产消费模式的推手，经济增长有时甚至跟社会福利的改进背道而驰（Jackson，2009）。改变以物质消费作为经济增长的基本驱动力的增长模式是可持续生产消费模式转型的关键。为此 OECD 提出了以"环境负荷"与"经济增长"脱钩的发展战略（OECD，2001）。其中包含了两

---

① World Popuplation Prospects，2015 revision. http://www.un.org/en/development/desa/population/events/other/10/index.shtml.

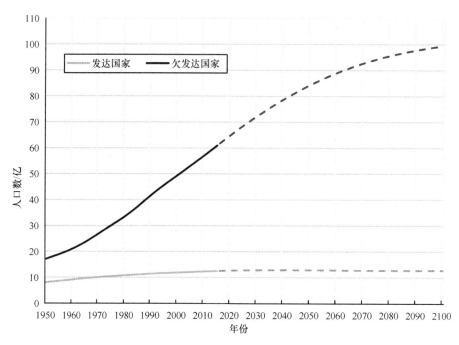

图 1-9 世界人口的增长趋势

资料来源：联合国经济社会事务部人口司，2015

个方面的脱钩（图 1-10）：①资源消耗相对脱钩，自然资源的使用效率提升。作为经济增长的主要指标 GDP 的资源消耗密度下降，也就是单位 GDP 的资源消耗量降低；②环境影响绝对脱钩，经济增长对环境的负面影响得到扭转，通过改善自然资源的使用方式，即使在资源使用数量有所增加的情况下，环境质量仍然能够得到改善。此外，对增长质

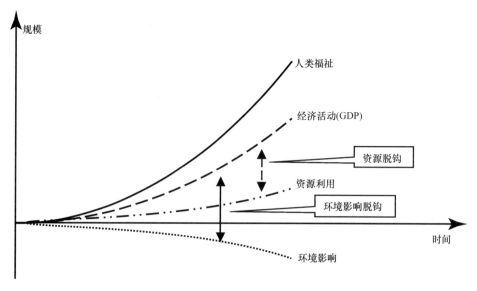

图 1-10 "脱钩"的两层含义

资料来源：UNEP，2011

量的评估还应当更多关注经济增长以外的福利提升。由此，经济增长与资源消耗之间的"脱钩"，不仅仅是解决人类社会所面临的挑战，更是创新发展模式的机遇。

以废物管理为例，工业化以来，经济增长与废物排放之间基本呈现并行发展的趋势。现代城市废物管理系统主要依赖地方公共支出。20 世纪工业化上升时期，在城市人口和工业生产快速集聚，城市生活环境普遍恶化的情况下，城市管理机构为了满足公共卫生的基本需求，将城市生活垃圾的收集、处置纳入地方公共支出的范围（Wilson，2007）。但随着人们生活水平的不断提高，城市生活垃圾的增长呈现出与经济增长并行的趋势，废物处置成本不断提升，地方政府的负担越来越大。这是典型的线性发展模式。

为了将废物排放与经济增长脱钩，废物管理需要从末端向前段延伸。根据联合国环境发展组织的废物梯级管理顺序，减量化排在首位，其次是重复利用，再次是材料循环，而焚烧和填埋等最终处置需要尽量避免（UNEP，2013）。这样的目标当然不能仅仅依靠废物管理部门来实现。欧盟废物管理制度强调了废物管理从末端控制向源头减量的策略转型。其中，生产者责任延伸制度是重要的制度创新。

生产者责任延伸制度在设计之初是基于一个非常简单的经济假设：只要将产品废弃后的回收处理成本纳入产品价格中去，就可以有效改变产品设计、生产、消费乃至废弃后的处置行为,扭转由于现代城市废物管理系统将废物成本外部化所带来的市场扭曲和废物激增的现实。这一制度起源于 20 世纪 90 年代欧洲一些国家的城市废物管理实践，包括德国、瑞典、荷兰等。而作为正式的学术概念提出来则与清洁生产理念紧密相连，也就是将污染控制从生产环节延伸到产品和服务的整个生命周期,特别是消费以及消费后的废物管理环节（Lindhqvist，2000）。自 90 年代中期以来，欧盟废物产生量相对 GDP 的密度逐步下降。证明有力的政策框架对改变经济发展的对物质资源消耗的依赖性是有帮助的。

2. 为转型创造激励

经济增长与资源环境负担的增长"脱钩"作为公共政策的目标，逐步被 OECD、欧盟，以及联合国等机构所采纳。"脱钩"不仅仅是解决环境问题，也蕴藏着经济发展的机遇（UNEP，2014）。通过提高资源效率，也就是用较少的资源消耗，提供满足人类需求的更多更好的产品和服务，企业可以赢得更强的市场竞争力（Schmidheiny，1992）。对于发展中国家而言，"脱钩"不仅仅意味着跟随发达国家的发展轨迹，而且是在预期到现有发展模式环境负荷远未达到顶峰之前，寻求创新的穿越道路（陆钟武，2008）。

可持续转型的战略吸引了诸多企业和研究者的关注。通过梳理已有的技术解决方案，研究者很快提出人类完全可以用一半的资源消耗支持倍增的产出（厄恩斯特·冯·魏茨察克等，2001）。而未来 30~50 年，技术的进步甚至可以支持资源效率提高 10 倍[①]。而通过商业模式的创新，企业可以改变以追求产品销量为目标的经营模式，转而追求提升产品的服务价值（Stahel，2010）。

但是，新技术的广泛应用却面临很多现实的局限。以生产者责任延伸制度为例，尽

---

① 可持续发展概念：Factor 10 http://www.gdrc.org/sustdev/concepts/11-f10.html.

管制度的设计者强调其对源头设计和减量化的激励，但现实中的操作化目标仍然集中在废物管理环节。首先，减量化目标难以评估。减量化目标对于生产者而言具有两面性：一方面材料减量化的设计对生产者而言可以降低生产成本，即使不考虑废弃后的废物管理责任，对企业也是有内在激励的；但另一方面鼓励消费是生产企业扩大市场需求的重要手段，企业甚至采用故意设计的加速淘汰策略，刺激消费者淘汰手中的旧产品，追逐更新换代。生产企业还为这种更新策略也找到了"环境保护"的理由：新产品更节能环保，长期使用旧产品，不如赶紧换新产品。很多情况下成功提高材料利用效率的产品设计往往并没有带来实际原料消费的下降，反而因为效率提升，产品价格下降，增加了市场消费需求，带来更大的资源消耗。

正因为减量化目标难以有效评估，现实中生产者责任延伸制度的具体操作重点往往落在了提高循环利用率上。由于循环利用的方式多种多样，从产品的重复利用，到材料的同级循环，再到材料的降级循环，最后到焚烧回收能源，不同的循环利用方式的环境影响差别很大，但在循环利用目标里面很难具体细分。这在规范回收和非正式回收中带来的差别尤其显著，规范回收更强调回收过程的环境保护，而非正式回收则偏重再生资源的经济效益，两者往往不易兼顾。从根本上来说，仅仅着眼于循环利用率目标并非生产者责任延伸制度的初衷，有效改变市场激励机制，促进生产者创新商业模式，改变材料利用和产品生产消费模式才是关键。而旨在激励绿色创新的制度设计与旨在提高回收和循环利用的经济效益的具体操作之间存在深刻的矛盾。

在发达国家的示范作用下，生产者责任延伸制度已经被越来越多的发展中国家和地区所采纳。但是在制度移植的过程中，制度设计本身的内在矛盾给发展中国家的实践造成了很大的困扰。事实证明有助于强化地方政府或废物管理部门的垄断权，创造并维持处理活动的经济效益的制度实践更容易被模仿和复制。而激励产品生态设计的目标，在日益复杂的跨国生产网络中反而越来越鞭长莫及。而发展中国家和地区普遍存在的非正式的废物循环再生实践，在机制转轨的过程中往往处于失声的状态，使得原本对废物减量化贡献良多的非正式循环利用活动，在制度移植中不仅难以从新机制下获得支持，反而生存空间被进一步压缩。

生产与消费的割裂，造成了激励机制的困境。生产者责任延伸制度假设了生产者对产品的整个生产消费链条具有主导性。然而这一假设在当前高度片段化的跨国生产网络组织系统下，却面临很大的困境。一旦认真探讨生产者承担的具体责任的时候，"谁是生产者？"这个看似显而易见的问题，顿时变得模糊起来。生产系统垂直分工，产品生产过程越来越细分，面对卖方市场，消费者的偏好驱动着生产者快速响应市场变化，攫取创新的超额利润。市场上部分具有较强环保理念的消费者对产品环境表现的偏好是否足以构成驱动生产者做出改变？或者生产者是否具有引导消费者关注产品环境表现的主导性？以及贴近消费者认知和需求的品牌企业与实际开展产品生产的 OEM 企业是否能就改变产品环境属性达成有效的沟通协调与行动？这些问题触及了生产者责任延伸制度的治理机制困境——在这个旨在改变游戏规则的制度设计里面，到底谁更有权力、能力和执行力？谁更应该被赋权（OECD，2014，2016）。

1.2.3　开放环境下的地方行动

在全球生产网络下，地方参与全球分工，生产活动日益片段化，给实现循环经济转型的目标带来巨大挑战。循环的概念本身有某种模式不断重复的意涵，然而现代化恰恰是打破稳定和封闭的循环，开启充满冲突和不确定性的生活模式。西方社会从传统的亚普罗式（Apollonian）文化转向现代的浮士德式（Faustian）文化。前者认定宇宙的安排遵循完善的秩序，这个秩序超越人类的控制力，人只需接受它，各安其位，一切按部就班的持续下去。当这个秩序无法维持下去的时候，人们开始哀叹社会失序，天堂沦落，黄金时代逝去。但现代性恰恰推动人类反思自己的存在，从而浮现出一种浮士德式的文化，人内在的欲望与外在环境的冲突成为存在的基础，人生就是不断克服阻碍，不断追求创造与变化，去满足内心不断升级的欲望，哪怕这种欲望将灵魂交与魔鬼（Spengler，1991）。

现代性的这种文化冲突在东方更多地表现在人与地的关系上，乡土社会中，人封闭在熟人的社会圈子里，年复一年日复一日的耕作劳动将人束缚在自家的土地之上，直到这种生活被外部市场经济所冲破，城与乡的社会隔阂日渐加深。这种从封闭社会走向开放带来的冲突和再适应的过程是任何乡村现代化运动必须正视的，不能简单将乡下人贬为愚昧落后，也不能直接将西方的现代社会理念生搬硬套到中国的社会转型进程之中（费孝通，1985）。

1. 封闭的循环与开放的螺旋

循环经济是否就是回归传统社会呢？也许在很多激进的环保主义者看来，既然现代化是各种环境问题的根源，那么放弃现代化，回归传统难道不是一条理所当然的选择吗？然而，从大多数社会的经验来看，走向开放的社会转型是不可逆的，精神一旦获得求新求变的自由，就无法心甘情愿的缩回到被束缚的牢笼之中。真正激励当代循环经济发展的动力，恰恰是人的精神在寻求从物质化的束缚中突破出来。工业化使越来越多的社会摆脱了物质匮乏的束缚，但工业化所塑造的生产生活方式又将人囚禁在物质化的牢笼里。更多的物质生产和资源消耗很多时候并不能提升人的幸福感，或者增进人的自由。

在走向开放的社会里，创造性的探索可持续的循环经济发展模式，不是维持生产过程简单重复的闭路循环。反而是积极求变的创新过程。有生命力的循环在某种程度上并非是封闭静态的环路，而是螺旋运动变化不息的开放网络，从而将地方的物质交换系统与更大的社会–生态系统紧密的联系起来。对于这种螺旋式的开放循环一方面需要在宏观上避免某种单一机制的循环积累失控而使系统陷入崩溃；另一方面则需要不断衍生出新的循环机制从而使整个系统保持蓬勃的生命力。这就需要一个从微观到宏观，不断往复，不断自我调整的协调机制。

2. 地方产业生态系统

产业共生（industrial symbiosis）的概念体现了这种用生命意义上的本地物质交换来看待地方生产系统之间的物质联系的思想。这一概念将传统商业管理中片面强调企业之间对资源和市场的竞争关系，引向关注通过废物交换建立本地企业之间，以及企业与社区之间可持续的集体协作关系（Chertow，2000）。基于企业之间的副产品交换的共生关系并不是一成不变的，而是在伴随着地方生产系统的发展演变，不断变化的过程（Boons et al.，2014）。产业共生的演化具有多层次性，受到宏观市场环境，产业技术变化，以及微观企业行为决策的影响，因此共生关系会不断根据对副产品的价值重估，以及企业之间的交换关系涌现、发展，以及崩溃（Yap and Devlin，2017）。在这个过程中，规划产业共生，并非关注在技术上实现特定的废物交换，而是需要在机制上，有利于企业之间、企业和其他主体之间实现创新协作。

日本的生态镇计划可以说是一个很有借鉴意义的案例。日本在 20 世纪 90 年初因经济泡沫破裂，经历了 10 年发展停滞，在 90 年代末提出建设循环型社会的发展目标，并自 1997 年开始在全国推行生态镇计划。这一计划通过中央与地方合作的方式，鼓励地方创新生态经济发展模式。技术上以优化物质流为核心，以提高资源效率和减少废物产出为目标（Van Berkel et al.，2009）。具体方案强调地方特点，结合地方产业集群的专业化特点，发现循环经济的机会，通过企业、社会和政府的合作，培育技术创新，建立新的产业链。政府为生态城提供资金补助及政策支持（图 1-11）。

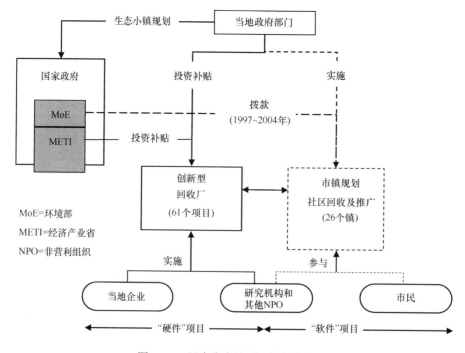

图 1-11　日本生态镇项目的基本结构

资料来源：Van Berkel et al.，2009

到 2007 年，有 26 个生态镇项目获得批准。项目以创新孵化为着眼点，要求通过 5 年的资助，使获得资助的创新方案能够在市场条件下自主运行下去。具体项目包括四种类型：第一，针对工业项目的生态城，着重通过废物交换和再利用，提高工业垃圾的循环利用水平，减少资源浪费和环境污染的治理成本；第二，吸引废物处理企业集聚的专业化生态镇，如北九州的生态镇，在招商引资等方面有针对性的发展循环利用产业；第三，强调市民参与和生活模式改变的循环型生态镇；第四，通过规划，发展循环经济型的社区，创新废物管理的机制和配套相关基础设施。经过十多年的努力，从整个国民经济的物质流变化中，已经可以看到从地方行动入手的循环型社会建设带来的宏观上的改变（图 1-12）。

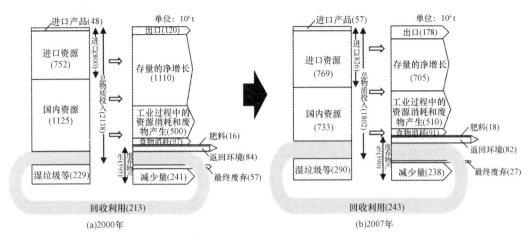

图 1-12　2000 年与 2007 年日本国民经济物质流核算对比
资料来源：日本环境省（Ministry of Environment，2010）

3. 从关注资源到关注人

工业化带来劳动分工的深化，生产方式的发展很大程度上塑造着生活方式的特征。那么反过来，通过改变生活方式是否能够有效的重塑生产方式？在什么样的空间尺度上，通过什么样的空间规划措施，可以实现这样的生活方式干预？就循环经济而言，近年来基于社区的循环经济体系建设和生态工业园区建设可以说代表了消费和生产两个领域的地方实践途径，但两者在很多时候仍然是割裂的。

循环经济在发达国家和发展中国家面临的发展环境并不完全一样。从物质流的角度来看，发展中国家在经济结构转型过程中，与生产生活方式变化相联系的物料消耗模式，及其所带来的资源环境问题，与发达国家工业化过程中遭遇的问题有相似之处。但是在经济全球化的背景下，发展中国家内部的经济结构二元化问题，使简单套用发达国家的管制经验面临很多问题，其中最典型的就是如何将非正式经济纳入地方公共治理的框架。

非正式经济系统在发展中国家非常普遍，特别是在资源循环领域，发展中国家普遍存在劳动密集型的非正式回收部门，在正式经济系统之外形成自成体系的、高度分工的物质生产、流通、消费、回收、分类和循环利用的空间，通过跨区域的生产网络，形成一个庞大的灰色经济系统。这类灰色经济系统往往与不合法的土地利用相结合，赢得廉价的生产生活空间。尽管提供了大量的就业、产品和服务，但这些空间游离于正式管理体制之外，由于用地性质处于不合法的状态，面临整治拆迁的威胁，相关主体缺少投资、改造、升级的动力。城乡差别化的产权性质限制了这类地区自我更新改造的能力。

在城乡二元化的背景下，我国改革开放以来的乡镇工业发展经历了四个阶段（图1-13）。20世纪80年代开始的市场经济改革，激活了村镇工业的发展。在"无工不富"的思想下，沿海地区乡镇工业蓬勃发展，一些地区出现村村点火、户户冒烟的景象。到了90年代，一些地方的产业集群规模和技术水平有了很大的提升，非正式系统与正式系统之间的隔阂逐渐被打破。乡镇企业从初期的分散家庭作坊，到以"专业市场＋家庭工厂"的农村工业化模式，形成了一批高度集聚、专业化分工，且紧密连接海内外市场的地方产业集群。例如，浙江在2008年销售收入亿元以上的制造业产业集群超过600个，涉及纺织服装、塑料加工、医药制造、通用设备制造业、交通运输设备制造业等众多行业。部分龙头企业的生产规模、技术能力有了较大提升，与国有企业、外资企业的差距显著缩小。但龙头企业与众多中小企业之间的差距仍然巨大。并且，初期以水平分工为主的产业集群逐步向垂直分工的产业链结构转变，污染密集环节更加集中，处理的难度也相应增加。由于这些生产环节往往是整个产业链不可或缺的部分，单一针对这些环节的关停治理等措施，往往波及整个地方生产系统，因此地方政府从地方保护主义出发，环保处理的压力也更大。

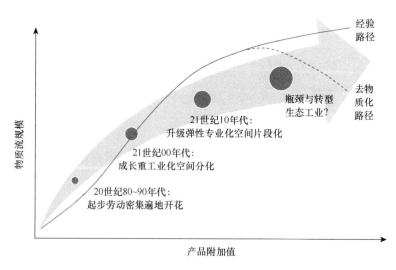

图 1-13　我国改革开放以来地方工业化演变历程

　　专业化产业集群形成与产业活动密切关联的地方物质流特征,地方环境污染问题呈现明显的行业特点,如纺织业中的印染环节,电子产品及金属加工中的电镀环节,塑料金属加工中的表面处理环节,化学工业中的各种废水助剂等。例如,根据颜文等(2000)对珠江三角洲典型电子工业区——东莞石龙和顺德容桂——所做的土壤重金属污染调查,结果显示工业发展造成了当地汞、砷、铜等重金属污染物在土壤中的积聚,但由于乡镇初期工业发展布局较为随意,工厂分散,规模小,与生活居住混合,导致环境治理难度大。而 20 世纪 90 年代中期,广州市近郊污灌区调查也显示,土壤中镉、铅、汞、锌等重金属含量均超过广东省土壤背景值数倍至数十倍(曾思坚,1995)。

　　由于产业发展带动了人口的集聚,这些快速工业化的地区,也形成高密度的产业、居住混合区。进入 21 世纪以来,地方政府开始通过建设工业园区的方式,将产业集中布局,配套环境治理设施,以期改善产业发展的环境污染问题。但由于产品普遍集中在进入门槛较低、技术含量较低、附加值较低的传统制造业和商贸业,大量的小化工、小五金、小造纸、小皮革、小饰品制造企业与家庭作坊等处于在全球分工体系中的低端环节,主要靠低成本低价格来维持市场竞争力。改善的努力难免因成本压力加剧而难以持续。

　　2008 年金融危机以后,随着国际国内市场需求增长的减缓,依靠产量扩张的增长模式遇到严重的发展瓶颈,加上经济增长带来的土地用工成本的提升,结构调整的压力持续增强。中国两大外向型制造业基地——广东和浙江——在危机最严重的时期,家具及零件、服装及衣着附件、塑料制品等传统大宗商品出口均出现下降。浙江省在 2008 年出现 10 年未曾有过的较大范围企业关停现象,规模以上亏损企业有 1 万多家,亏损面达 19.6%。危机带来漫长的结构调整。很多地区在工业生产退潮的情形下,尝试从工业用地转向商住用途。然而,生活消费一方面嫌弃生产过程对生活空间的干扰;另一方面又离不开高物质消耗的生产来支撑城镇化的生活方式。

　　上述微观生产过程中的技术变化与宏观社会转型过程中的资源环境问题看似分离,但实际上是相互关联的。推进循环经济如果仅仅考虑物质流层面的技术问题,很难扭转农村建设用地再开发中面临的实践困境。需要从微观治理机制入手,重新构建可持续的生产消费模式。必须逐步消除城乡分隔,以及正式经济部门与非正式经济部门的隔阂,行动的落脚点就在一个个走向开放的村落之中。

第 2 章　为改革探索道路

2.1　再造苏南模式

马林诺夫斯基在给费孝通先生的《江村经济》所做的序中说到,中国的乡土社会"进退维谷,是西方化还是灭亡"? 中国乡村的社会变革其实早在工业化之前就已经发生了,但在社会转型的路径上, 东西方的分野带来了完全不同的技术系统演化方向（王国斌,1998；彭慕兰, 2003）。明清时期, 江南一带就已经形成了高度商业化的地区经济, 其中苏南以苏州为中心, 依托太湖水系的丰饶腹地, 并通过京杭大运河连接全国市场, 周边集中了全国最大的稻米、棉布、丝绸、木材等市场。城镇、人口与工商业高度密集。苏州是当时全国最大的丝绸生产地, 贸易范围甚至远远超出长江下游地区, 成为中国早期工业化的中心（李伯重, 2010）。但江南的早期工业化并没有像英国的近代工业化那样走向机器大工业, 而是走向了某种"经济内卷化"（黄宗智, 2000）, 也就是受制于外部市场的限制, 生产难以实现规模扩张, 只能内部不断向精细化和复杂化的方向发展。自然资源和外部市场双重限制, 只有劳动力资源充裕的条件下, 江南的早期工业化走上了重人工技巧, 以补原料之缺的技术发展方向。例如, 明清时期的苏式家具就以"惜料不惜工"为特色, 技艺高超的工匠不避繁杂, 巧妙使用各种拼接技巧, 节约使用每一块余料。连拇指大小的木块都可以派上用场, 凸显用心之细, 用料之省。在彭慕兰看来, 资源供给的局限, 特别是化石能源的供给局限, 是造成当时西欧与中国江南在工业化发展技术路径上走向分流不可忽视的原因。地方社会–技术系统的变化是与特定的地理环境和资源条件紧密结合在一起的（彭慕兰, 2003）。这种视角在当前可持续转型的发展目标下, 赋予了新时期苏南模式不一样的时代意涵。

2.1.1　集体经济转轨

苏锡常地区作为我国改革开放后农民办工业的先行区, 乡镇企业异军突起, 孕育了著名的苏南模式。这是对以苏州、无锡、常州三市为典型的苏南农村发展历史路径的概括, 其特点是在改革开放条件下, 以工业为主, 依靠乡镇集体企业, 面向市场需求, 就地消化和大量转移农村剩余劳动力, 实现农民离土不离乡的发展模式。这种发展模式其实根植于苏南地区自早期工业化以来形成的地方社会系统——依靠传统乡土社会的地方认同在相对开放的商品经济文化中摸索和维系地方社会稳定与经济发展之间的某种平衡。按照黄宗智（2000）的观点，自明朝初年（大约公元 1350 年）"棉花革命"以来，长江三角洲的桑棉和粮食作物已经打破了自产自销的自然经济状态，实现了高度的商品化，仅靠松江一地，就可以实现"衣被天下"。然而，与西方工业化发展的道路不同，这种商品经济主要依靠一家一户的勤俭劳作，强化了长江三角洲以家庭为单位的小农场经济，并未发展出以雇佣劳动关系为特点的大规模工厂生产模式。直到 19 世纪中后期，国际资本主义的进入进一步提升了长江三角洲农业的商品化，带来棉布和丝绸出口的进一步增加。到 20 世纪 20~30 年代，上海–无锡一带成为中国棉纺织业最为集中的地区，并形成了一些规模较大的工厂（方显廷，2011）。但城市中的大工业与乡村的小农户经济是割裂的，直到 1949 年新中国成立以前，长江三角洲的农村仍然没有形成正式的权威结构，而是在乡村自治中自发的围绕某些个人的人格和能力，形成乡绅、族长之类的地方性的非正式的权威。这种地方权威结构其实与费孝通先生所论的基于儒家思想的差序结构是一脉相承的，以个人为中心，其能力和格局决定了社会圈子所能及的范围（费孝通，1985）。

1. 改革中的集体优势

20 世纪 60 年代，计划经济居于主导，集体化的社队组织取代了分散、自立的家庭农场经济。其中苏南地区除了组织农业种植生产业以外，也悄悄利用社队的富余劳动力发展起"社队企业"，主要为农业生产和消费服务。这一时期，乡村的能人仍然是社队企业发展的关键。看似没有市场经济的外部发展条件，但社队企业能够与当时上海等地的国有企业建立起某种分工合作联系，利用农村富余劳动力，为国有企业做些加工配套，由此积累起一定的资金和技术能力。在这个过程中，效仿国有企业组织方式的集体经济组织成为某种正式化的权威体系，并且与地方政府的行政管理职能紧密结合，如同城市政府对国有企业的资产和人员安排拥有支配权一样，县乡，以及村镇的地方政府也对自己的集体企业的资产和人事安排拥有很强的操控权。

改革开放后，苏南模式、温州模式和珠江三角洲模式被看作中国沿海地区三种自下而上的农村工业化典型模式。这三种模式中，温州属于政府无为而治，农民自发以个人和家庭为单位，投入到商品经济的浪潮之中。珠江三角洲模式则依靠海外市场、外来资本和外来劳动力推动本地农村转变。而苏南模式却继承了公社集体经济的积累，有足够的资金和技术能力，快速扩大生产规模，借着市场改革的机遇，乡镇企业在生产规模和技术能力两方面都有显著提升。"在改革开放之初，具备苏南这样的发展条件地区并不多"（费孝通，1995）。20 世纪 80 年代中期，乡镇集体企业已成为苏南工业的"半壁江山"，承担了在社会主义条件下发展市场经济的开拓者和先行者的责任。相比于珠江三角洲的农村工业化，苏南模式具有"自内"和"自下"的特点（张敏和顾朝林，2002）。社区一级的地方政府积极参与了地方工业的发展，推动自下而上的城市化发展（崔功豪，1999）。这期间，乡镇企业在经营管理、产权制度等方面都成为市场化改革的积极探索者。

这种探索者的角色也决定了集体所有制企业在市场化的转轨中更像某种"过渡性"的制度安排。苏南模式常常被用来与同处长江三角洲的温州模式相比较。苏南作为乡镇企业的发源地和典型代表，地方政府一直在农村工业化和区域经济发展中发挥重要作用（周海乐和周德欣，1996）。从计划经济时期一直延续到改革开放以后的企业私营化改制之前，地方政府把收入分配的相对平等作为发展追求的目标之一。在改革开放之初，由于集体企业与原有的公有制体系更为接近，而小集体的协调成本和灵活性又优于当时的国有企业。在勤劳致富、共同富裕的号召下，乡镇企业通过与国有企业错位竞争，拾遗补阙，在市场经济转轨初期拥有显著优势。

2. 集体的失落

随着市场化改革的逐步推进，到 20 世纪 90 年代，中国开始逐渐告别"短缺经济"，出现了从卖方市场向买方市场的转变，市场竞争中的不确定性日益增加。在新的竞争环境下，乡镇企业的治理矛盾不断积累，集体与个体之间的协调困境逐渐显露出来。管理者缺乏进取心，而工人也对企业市场决策的失误无能为力。按照奥尔森（1995）的观点，在没有强制手段或者激励措施的情况下，个体缺乏动力主动为增进集体利益而努力，甚至还会做出有损集体的事情来谋取个人私利。更重要的是，由于缺乏有效的协调机制，个人在集体中常常有某种无力感，即使看到了问题，也以无法改变现实，而选择沉默或放任自流。集体的规模越大，这种问题就越突出。20 世纪 90 年代，苏南的乡镇集体工业成了奥尔森观点的最佳佐证。乡镇企业尝试"一包三改"（实行承包经营责任制，改干部任命制为聘任制，改职工录用制为合同制，改固定工资制为浮动工资制），以及厂长承包责任制、企业内部审计制等集体产权内的管理制度创新，力图在集体内部将风险和责任细化到个人。在集体产权的框架下调整管理模式，是苏南大规模集体经济转制前改革探索的突出特征。直到 1998 年，江苏乡村企业资本金中集体资本的比例始终高于作为同处长江三角洲的另外一个农村工业化典型区域——浙江。

奇怪的是，苏南乡镇企业的集体所有制并没有真正给企业名义上的所有者——村集体和企业职工赋权。集体所有成了所有者缺失。由于地方政府参与到本地企业的市场经营决策，干预乡镇企业的日常经营，集体所有制的表面平等反而掩盖了企业内部经营者与普通员工之间的实质不平等。这种不平等导致在 90 年代中后期的企业改制浪潮中，苏南相比温州出现更多的暗箱操作，并通过改制迅速形成较大的贫富差距（张建君，2005）。很多乡镇集体企业在这一过程中陷入困境。只有少数像华西村这样的村庄，在集体经济下的制度性权威逐渐失势的背景下，依靠村庄领导人的个人权威，维系了集体的生存（周沛，2000）。

总体来看，在市场经济改革给予个体选择参与集体合作或自己单干的权力以后，"苏南模式"与"温州模式"的发展趋势是趋同的，集体资本的比例迅速降低；而非集体资本特别是个人资本和外商资本的比例逐步提高，企业产权日益明晰化。相比之下，苏南由于地方政府对经济的干预能力更强，在招商引资的竞争中，外商资本增长更快，而浙江本地民营企业享有相对平等的竞争环境，地方产业发展中以个人资本见长（洪银兴，2001）。

进入 2000 年以来，苏南在开放与城乡一体化发展的新目标下，孕育和提出"新苏南模式"（顾松年，2005）。在"以人为本"、城乡统筹的政策导向下，农民的市民化成为突破土地产权限制，开辟制度创新的新方向（罗小龙和张京祥，2011；冯健和叶竹，2017）。这种市民化在操作上以公共福利的均等化为着眼点，但其本质是在开放的社会里重塑有利于公共事务管理的地方认同。而可持续发展无疑是当今日益割裂的世界里，最具广泛认同的社会目标。

2.1.2　生态工业实践

改革开放以来，苏南地区经济发展水平居于国内前列，工业发展功不可没。苏南地区地少人多，但紧邻上海这个中国重要的工业中心，技术和市场上的近水楼台给苏南乡镇企业带来发展的机遇。"无工不富"也为乡村转型明确了方向。但随着工业发展，环境污染问题也日渐严重，苏南的工业化发展与环境问题交织的历程，从另外一个侧面反映了中国乡村工业化的某些共性特征（图 2-1）。

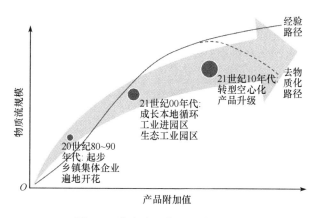

图 2-1　苏南地区的工业转型路径

1. 环境污染问题积累

江浙一带是中国历史悠久的蚕丝生产区，桑蚕对环境污染较为敏感，尤其是很多工业生产中都排放的含氟废气，会污染桑叶，从而使桑蚕致病。由于蚕丝工业一直是我国工业大发展以前重要的出口商品，蚕桑受氟废气影响的问题也一直很受关注。因此从对氟废气污染的记载可以看出江浙一带农村工业化污染程度和范围的变化。早在 20 世纪 50 年代初，浙江就发现一些蚕种场因为桑叶受到工厂煤烟的污染而养不好蚕。到了"大跃进"年代，江浙一带农村小高炉林立，导致桑叶受氟废气污染加剧。70 年代以后，县乡社队工业的发展导致工业废气的危害范围进一步扩大，蚕桑废气中毒日渐突出。1982

年春杭嘉湖蚕区的桐乡、德清、余杭、海宁、湖州和嘉兴 6 个县、市的 72 个公社约 2400km² 范围发生了大范围家蚕工业废气中毒事故，导致春茧减产 5 万担[①]，质量下降，产值减收约 1000 万元。苏南地区的蚕种场和农村蚕区也都普遍存在氟污染的影响（陈长乐，1986）。

20 世纪 80 年代中期，乡镇工业污水排放对河流的影响也逐渐引起重视。工业污染源多沿城镇、乡镇的河流两岸分布，布局零乱，污染源分散，污染较为严重的行业有印染、造纸、电镀、化工、食品等，污染物的行业特点非常明显，以有机污染为主，局部河段出现铜、锌、铅、镉等重金属污染。由于污水处理能力远跟不上排放量，不少工业污水直接排放到河流中。不过，由于当时总的工业生产规模还比较小，河流有一定的自净能力，污染集中在工业和城镇化集聚的河段，在无工厂的河段，还能够看到水质逐渐好转（董雅文等，1986）。

到 20 世纪 90 年代，随着工业生产规模的扩张，乡镇和县级工业的污水排放占到地区污水排放的 50%左右，有的地区已经形成连片污染（夏家淇和张永春，1992）。尽管 2000 年以后，针对污染治理的力度不断加大，但规模增长仍然是大部分污染持续增长的主要原因（周静，2007）。

2. 生态工业园区发展

为了系统解决工业发展中的污染问题，1999 年 10 月，原国家环境保护总局与联合国环境规划署（UNEP）合作实施"中国工业园区的环境管理研究项目"，首次在我国工业园区引入生态工业理念。在生态工业示范园区工作经验的基础上，确定了生态工业园区建设的分类指导原则，根据工业园区的产业（行业）特点，分为行业类、综合类和静脉产业类 3 种类型。2007 年 4 月，原国家环境保护总局、商务部和科技部联合发布了《关于开展国家生态工业示范园区建设工作的通知》（环发〔2007〕51 号），在国家经济技术开发区、国家高新技术开发区和其他工业集聚区加快推进生态工业园区建设（石磊和王震，2010）。国家生态工业园区的发展战略在苏南地区得到积极响应。2008 年 3 月，苏州工业园区、苏州高新技术产业开发区成为我国首批国家生态工业示范园区。在国家级示范区的带动下，江苏省各级工业园区在推广生态工业建设方面居于全国领先地位（钟琴道等，2014）。

不过，2008 年金融危机给外向型加工业带来较大的冲击，出口市场的萎缩导致很多产业生产规模压缩。企业在生产规模调整的同时，也着意重新布局生产区位，产业日趋分化，拥有竞争优势的企业开始将生产基地转移到交通区位更好，或劳动力等生产要素成本更低的区域，一些老的工业区，特别是分散于乡村的小规模工业点逐渐出现空心化的现象。工业用地的再开发面临土壤污染治理和环境整治的压力，再开发的成本和操作难度都很大。

如果按照已有的工业化发展经验，工业中心会持续向低成本区域转移，大规模物质流的生产环节外迁，本地经济产出的物质消耗密度降低。原有的工业中心经历去工业化过程，但已有的经济积累使其成为新兴的消费中心，依靠消费升级带动其他地区的增长。从包含工业

---

① 1 担=50kg。

转入地区的整个社会生产消费系统来看，支撑社会发展的物质消耗的规模将继续增加。那么从生产与消费全生命周期的角度来看，是否有可能出现绝对的去物质化的发展模式呢？

3. 超越园区的合作

生态产业园区以传统工业区改造为切入点，但随着产业生态化的概念从生产环节延伸到生产–消费一体化的地方系统，其发展模式并不局限于园区层次（图 2-2）。苏南地区在已有产业基础上，从专业化产业集群入手，利用龙头企业建立生态产业链，形成宜兴环保产业集群、无锡和昆山等地的电子信息产业集群、扬州的光伏产业集群等产业特色明显的生态工业示范区（田金平等，2012）。通过龙头企业的带动，地方在环境基础设施、污染治理技术、环保标准、产品生态设计等方面都开展了大量工作。

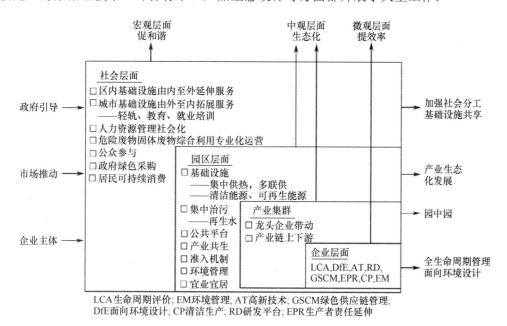

图 2-2　生态产业示范区发展模式

资料来源：田金平等，2012

而在社会层面产业生态化向消费和城市基础设施的拓展，都需要不断跨越产权的边界，在多元主体之间取得共识，并实现协作。例如，苏南作为一次能源匮乏的地区，利用原有产业基础，积极发展新能源产业，在苏南无锡、扬州到南京一带形成从电池、组件、集成系统到光伏应用产品的完整产业链，技术和产能都在国内居于领先。但仅仅靠生产环节的突破，光伏产业反而形成严重的产能过剩，在遭遇海外市场双反调查的困境下，很多企业破产倒闭。光伏产业的发展凸显了可持续转型从生产到消费模式的系统变革趋势。这种系统变革意味着新兴技术与传统主流技术之间存在技术范式的差别，其转型不可能只局限于生产环节，而是需要在能源消费模式的技术转型上有所突破。

村镇的发展历程折射了上述转型过程的曲折和艰难。乡村生产–消费模式的转变、社会治理方式的变迁与环境污染问题纠缠在一起，在一个日益个人化的市场经济社会里，环境成为最后的公共物品，无法清晰的界定产权，却深深影响到每个人的生存质量。

2.2　钱桥镇转型之痛

钱桥镇属无锡市惠山区，位于无锡市中心区以北，惠山区南部，东邻北塘区山北街道、滨湖区荣巷街道，南与荣巷街道交界，西与南山镇、洛社镇接壤，北与洛社镇相邻，总面积 45.94km²，2012 年人口 6.96 万人。无锡地处长江三角洲腹地，南临太湖，北靠长江，东接上海、苏州，西邻南京、常州。太湖流域是古代吴文化发源地，中国近代民族工业、当代乡镇企业的发祥地之一。

惠山区原来是无锡县的一部分。1949 年新中国成立以后，无锡被分为无锡市和无锡县，无锡市直属苏南区，1953 年设为省辖市。而无锡县用当地人的话说，就是无锡市的乡下。改革开放以后，这里诞生了江苏省第一个亿元镇、第一个亿元村和第一家中外合资企业，自 1980 年起，无锡县连续十年位居全国百强县之首。1995 年无锡县撤县设市，之后并入无锡，分为锡山和惠山两个区。其中，惠山区包括洛社、玉祁、前洲、西漳、堰桥、长安、石塘湾、钱桥、藕塘、杨市、阳山、陆区 12 个镇。

钱桥发展历史悠久。宋末元初，著名文字学家顾野王二十四世孙顾得琛为避祸乱，从苏州举家迁徙至此，成为钱桥地区开户第一家。因一路牵一骡，推一车，所以新筑的庄园便名号"骡门居"，今演变为顾氏祠堂，保存完好。顾氏是钱桥的大姓，后人崇文好学，历代学士官宦甚多，并有著述传世。至于钱桥的地名则源自元代一位钱姓州官，因见此地两岸居民往来不便而倡议建桥。元十二年（1275 年）建成，遂名"钱桥"。从此钱桥街市便以桥为界，分为南街、北街。老街曾是周边地区的商贸文化中心，东起惠山古镇，西北至藕塘、阳山、陆区、杨市，都来这里赶集采买，喝茶听书。南街市面繁盛，民居多开店设坊；北街乡风淳朴，居家多耕读自足①。

改革开放以前，钱桥镇农业以水稻、小麦为主，养殖业以鱼、蟹特种水产为主，大部分土地为农业用地。村镇也兴办了一些纺织、印刷等轻工业。改革开放以后，围绕当时钱桥镇最大的工业企业——无锡县钢铁厂（后改名为锡兴钢铁厂），发展起钢带、焊管、机械等加工业。但工业发展也带来环境的恶化。加上集体经济转制的困境，从 20 世纪 90 年代中期以后，相比无锡整体发展而言，钱桥镇的城市化进程停滞，基础设施落后。2006 年 11 月，无锡市委、市政府建立中共无锡（藕塘）职教园区工作委员会和无锡（藕塘）职教园区管理委员会，与钱桥镇实行区镇合一的管理体制，力图推动旧工业企业搬迁改造和分散村庄的土地整理。2007 年，撤销钱桥镇设立钱桥街道，全镇基本上已经实现了非农化的转型，无论土地的利用方式，还是村民的身份都发生了彻底转变。作为第一批改革开放过程中成长起来的乡镇企业的发源地，钱桥街道经历了农村集体经济改革和乡村城镇化的整个过程，在苏南地方转型发展中较有代表性。

---

① 感受历史流动的气息，走过无锡钱桥老街，http://travel.sina.com.cn/china/2013-10-23/1717224991.shtml.

2.2.1 钢 铁 之 困

无锡市钱桥街道的发展是典型的苏南经济模式：乡镇工业起步早，分布密集，整体经济较为发达，依托长江三角洲工业基地，形成焊管、无缝钢管、异型钢管、冷轧钢带、冷弯型钢等高度集聚的金属加工基地，有"焊管之乡""冷轧之都"之称。钱桥钢带及钢管产业比例一度占到钱桥及街道总体 GDP 的 65% 左右，提供非农就业比例 68%，财税贡献率 62%。20 世纪 90 年代以来，钱桥街道的集体经济基本完成了所有制改革。近年来，受到国外经济低迷、国内地产萎靡的双重影响，钱桥街道的金属加工企业受到较大冲击，尤其是中小企业面临减产、停产的困境，亟待寻找转型升级的突破口。

从整个无锡市的粗钢和钢材产量（图 2-3）来看，2008 年受全球金融危机影响有明

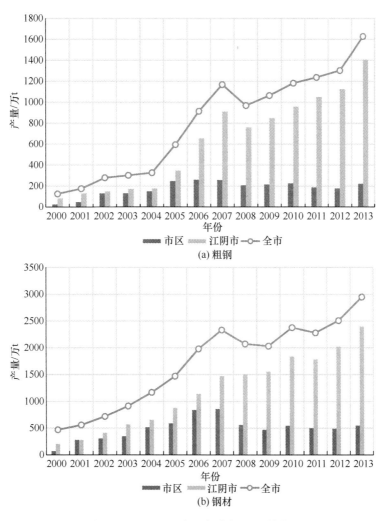

图 2-3　2000~2013 年无锡市粗钢/钢材产量

资料来源：无锡市统计年鉴

显的下降和波动，近年来保持稳定增长。无锡的钢铁产业主要集中在惠山区和江阴市，2000 年以后，无锡市提出"城市南进，产业北移"，对产业空间布局进行调整。钢铁工业逐步从市区（主要为惠山区）向外转移，向交通区位更好的江阴港集中。2007 年金融危机以前，无锡市钢材产量达到一个高峰。此后 2008 年金融危机爆发，全市钢材产量有所缩减，产能压缩主要发生在市区。2009 年国内通过四万亿元投资刺激内需增长，对抗全球金融危机带来的外部市场紧缩。这一政策导致国内基建投资大幅上涨，带动钢铁市场需求旺盛，也刺激了不少地区钢铁产能的扩张。就无锡市而言，产能增长主要发生在江阴市，市区产量变化不大。

从无锡市和江苏省黑色冶炼和压延加工业产值与钢产量历年比值来看，2000~2008 年，钢铁产业的附加值持续提升，无锡市的表现优于江苏省整体的表现，反映了无锡市在当地产业链中所处的地位还是较高的。但 2008 年金融危机以后，产品增值出现停滞，2012 年以后出现急剧下滑，2014 年无锡的单位钢材产值已经落后于江苏省的平均水平（图 2-4）。在宏观市场波动下，无锡的民营钢铁工业遭遇了严重的市场困境。2015 年调研期间，很多企业直言，钢铁卖不出白菜价，新钢价跌到不如两年前的废钢价。恶劣的市场环境迫使企业寻求转型升级之路。

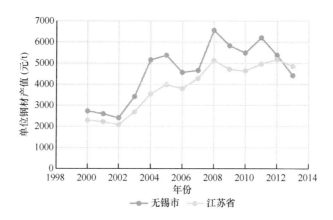

图 2-4　无锡市和江苏省黑色金属冶炼和压延加工业单位钢材产值变化对比
资料来源：无锡市统计年鉴，江苏省统计年鉴

1. 钱桥钢铁集群

钢铁冶炼、加工业主要经过铁矿石的还原形成生铁，用生铁炼钢得到钢水，然后铸造成厚板，通过热轧或冷轧等轧钢或成形工艺，最后加工制造成各式各样的钢铁产品进入汽车、设备、建筑等行业。作为长流程工业，国有大型钢铁企业普遍是从铁矿石冶炼开始，直到钢材成品的全流程生产，各大钢厂都有自己的主打钢材产品。但是由于钢铁下游用户需求多样化，各种型号的产品市场规模差异很大，因此在钢材加工环节形成大量中小企业，服务于不同的客户需求。

钱桥街道规模最大的钢铁厂——江苏锡兴集团公司（以下简称"锡兴钢铁厂"），原为无锡县钢铁厂，是当时的县属集体企业，1964 年建厂时只有 44 名职工、一万多元固定资产，专靠手工锻打方式生产镰刀等小农具。为了提高生产效率，这家小厂改革了镰刀等小农具生产的工艺流程，实行流水线作业，使产量、质量显著提高。接着，他们自行设计建造了一只"天平炉"，并进行土法炼焦，解决了原料紧缺的问题，实现了冶铁炼钢的全流程生产。通过"一改一建"，该厂在苏南地区同行业中崭露头角，初具规模。20 世纪 70 年代，小厂针对市场上建筑钢材紧缺的情况，明确主攻方向，先后上了两座电炉、几台 250 轧钢机和 550 开坯轧机，形成了一条轧机生产线。并对 250 轧钢机进行了全面技术改造，使钢材产品上升为全厂的主导产品，完成从生产农具的铁匠铺到钢铁企业的跃升。80 年代，为了适应市场竞争的需要，企业不断开发新产品。投资 1400 万元，用 17 个月的时间，建成了一条半连续性热轧带钢生产线。经过几年的努力，形成五大系列、40 多种规格的钢材产品体系。在市场策略上，他们决定避开大钢厂的优势，靠生产"优、特、多、小"产品取胜。为此，该厂充分利用对外开放的机遇，先后引进了一座意大利 34t 规格的电炉，一台日本小方坯连铸机，并建设 110kV 总变电所，2×6000kW 平发电机组等配套设施。通过技术研发和摸索，建成电炉—连铸—热送—连轧高效节能短流程生产线，实现设备、工艺和产品的升级换代，并达到当时国内先进水平。同样的技术当时即使在大型国有钢铁企业中也只有武钢能够掌握。到 1986 年年底该厂已成为拥有 3200 名职工、2470 万元固定资产、年产值超亿元、利润超千万的地方国有大集体企业，也成为钱桥镇的工业支柱之一（中共无锡市委研究室，1988）。

　　锡兴钢铁厂的发展反映了乡镇企业在技术创新和学习方面的巨大潜力。电炉—连铸—热送—连轧工艺在当时是比较领先的生产工艺，相比传统工艺一年可节约能耗 10000t 标准煤，提高成材率（从钢水到材）12%，降低生产成本 2400 多万元（刘天觉，1990）。而且连铸连轧工艺突破了电炉钢厂传统的生产模式，有利于面向用户多样化的需求，开展灵活生产。锡兴钢铁厂的研发投入和技术改进，不仅为自己创造了效益，也在当地形成了技术溢出效应，形成当地钢材加工的技术和人才优势。围绕锡兴钢铁厂逐步形成了中小型民营钢材加工产业集群（图 2-5），并使钱桥街道获得"焊管之乡""冷轧之都"的美誉。

　　锡兴钢铁厂作为一家老集体企业，其发展经历在当地集体企业转制中颇具代表性。企业在 20 世纪 90 年代以前的辉煌，很快随着外部市场环境的变化出现危机。1997 年企业一度陷入经营困境，但通过调整经营思路，企业暂时渡过了难关。2002 年，随着国内钢铁市场走强，企业似乎面临新的发展机遇。然而，此时因为一系列的人事调度不当，锡兴钢铁厂在外部市场繁荣的背景下，自身却开始逐步走向衰败。2004 年，地方政府以资不抵债为由，将锡兴钢铁厂以零资产转制。2010 年锡兴钢铁厂以民营企业身份被江苏沙钢集团有限公司（以下简称"沙钢集团"）收购重组。此后，钢铁市场陷入低迷，企业经营效益一直不佳[①]。

---

① 江苏锡兴特钢厂上千工人罢工抗议、反对私有化. http://www.wyzxwk.com/Article/shehui/2014/11/332176.html.

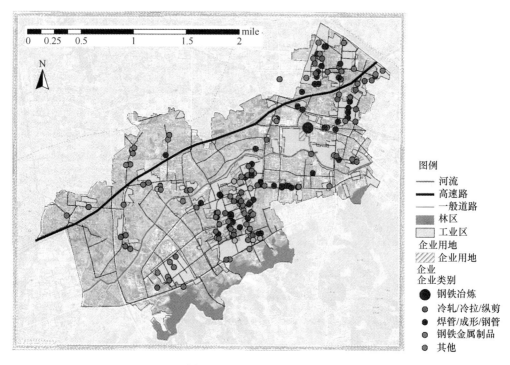

图 2-5　钱桥街道规模以上企业分类及其分布
注：1mile≈1.61km

沙钢集团重组没能扭转锡兴钢铁厂的衰退。随着无锡市城市化进程加快，现今锡兴钢铁厂不远处的居民区已越来越多，居民对工厂钢铁工业的污染颇为不满。而城市土地开发的收益主要来自商业住宅区的开发，钢铁厂的存在，严重影响周边土地的开发和升值。锡兴钢铁厂及其附属电厂终于在 2015 年被彻底关停。原厂址酝酿通过招商引资，实行商业改造。

2. 物质流变化

锡兴钢铁厂的关停极大地改变了当地钢铁产业集群的物质流特点（图 2-6）。地方产业集群的锚企业被抽离，整个产业生态链随之瓦解。2015 年以前，锡兴钢铁厂一家企业就占当地能耗的 90% 以上，占当地粗钢用量 50% 以上。随着锡兴钢铁厂经营陷入困顿，当地其他钢材加工企业的原料来源早已实现多元化。企业主要根据客户的要求，在全国乃至海外采购合适的钢材产品。

除了锡兴钢铁厂拥有一定的上游原料生产能力，钱桥镇大部分钢材加工企业的产业链非常短，通过外购粗钢，经过酸洗等表面处理，再进行延压成型。企业的技术水平比较接近，竞争激烈，用企业的话说，只能挣一点加工费。由于企业成本控制严格，钢材加工的成材率普遍较高，95% 以上的粗钢原料都进入产品，边角料也尽量循环利用。环境影响最大的物质流就剩下钢材表面处理过程中形成的废酸。

除了钢铁原料供应，锡兴钢铁厂原本也是当地产业集群生态产业链的关键节点。锡兴钢铁厂主要利用电炉炼钢,拥有自己的独立热电厂。这个热电厂通过热电联供,也为周边企业提供蒸汽。随着锡兴钢铁厂的关停,热电厂也将面临搬迁。已有的生态工业链便难以继续维持下去了。

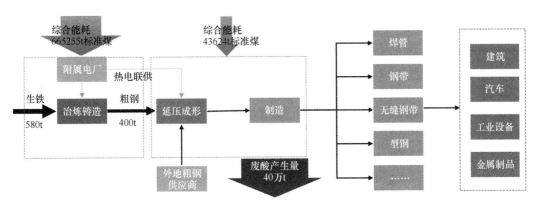

图 2-6 钱桥街道钢铁产业物质流示意图

2.2.2 持续改造

钢铁工业是典型的大物质流的流程工业,不仅消耗大量的铁矿石、水和能源,也产生大量钢渣、粉煤灰、废水等污染排放,环境影响较大。伴随着市场化改制,钱桥镇自2000 年以来持续开展了针对钢铁产业集群的环境治理。以废物减量化、废物资源化、再循环利用为目标,环境治理措施包括三个层次:①在企业内部,注重清洁生产,达到物质和能量的减量和循环;②在集群内企业之间,通过物质、能量和信息的交换,构成生态链或生态网络,达到物质和能量的充分利用;③在产业区层面,充分利用物质需求信息,在更大的循环经济圈中发挥链接作用,拓展物质和能量循环的空间。

1. 企业层次,推行清洁生产

企业为了节约挖潜、降低成本,有动力自主改进工艺,提高产品成材率。轧钢产品的成材率普遍提升到95%以上,甚至达到98%以上。切割废料由当地企业回收加工成垫片等产品。产品根据客户订单,加工成形,提高产品在下游企业生产环节的成材率。

为了降低生产环节的能耗和污染排放,企业还普遍开展了煤改气、余热利用、水循环等工艺改造。通过对钱桥镇 5 家钢材加工企业的实地调研,获取企业吨钢耗电量和耗水量数据,再与 2006 年国内十大钢厂相同工序的能耗(田敬龙,2008)对比,发现企业的平均吨钢耗电量低于十大钢铁厂相同工序的平均水平。水耗分别与两个国内典型的综合型钢铁厂的冷轧和轧钢工序进行对比(高成康和董辉等,2010;仝永娟等,2016),发现调研企业的钢材加工水耗也普遍低于综合型钢厂的类似工序(图 2-7)。由于钱桥镇的钢铁加工企业是采购钢材,然后再进行轧制加工,因此与综合型钢铁厂的类似工序不完全可比,但企业在清洁生产方面的努力,的确在节能减排方面有了很大改善,客观上也有助于企业节约成本，提升管理水平。

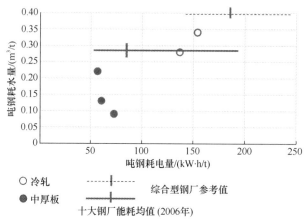

图 2-7　钱桥镇调研钢材加工企业与综合型钢厂同类工序的能耗与水耗对比

2. 产业集群层次：建设专业化园区，集中污染治理

钱桥街道针对本地较为集聚的金属加工业，设立了钢材库，集中采购，同时配套了集中的酸洗工艺场所，服务涉及区域范围内大部分中小企业，提高鲜水利用率，并保证废酸的安全处理。

针对污染特别突出的金属表面处理工艺，2003 年无锡市在紧邻的洛社镇建立了无锡金属表面处理科技工业园。这是江苏省首家专门针对电镀行业特点规划布局、以表面处理及相关产业为重点的专业园区，是全国较早规划建设的电镀和金属表面处理的专业园区之一。建园的起因是惠山区政府 2002 年开展电镀和金属表面处理行业的专项整治。当时的杨市镇（2004 年并入洛社镇）存在分散的电镀和金属表面处理企业和加工作业点 160 多家。为解决分散企业规模小、层次低、污染源点多、难以管理等诸多问题，原杨市镇人民政府提出规划建设表面处理园区，通过集中归并、集中治污、集中管理，整体提升表面处理行业水平。经过专家规划论证，逐级报区、市、省环保部门批准。

无锡金属表面处理科技工业园针对表面处理行业特点及治污、控污各项要求，园区确立了"政府主办、统一规划、市场运作、严格审批、集中服务"的建办原则。园区的治污控污方案为分质排放、集中处理，并采用当时比较领先的 CHA 生化法处理新工艺，统一企业接管标准，每个企业只设一个进水口和一个排放口，并实行上水（进水口）计量。同时规定企业车间内部生产线、管线设置必须严格按照环评铺设，按规定安装废气处理设施，并统一由园区物业部门监管运行。

园区早期在基础设施建设、污染总量控制、环境管理方面经验不足。随着企业规模的扩大，水、电、供热等生产保障矛盾开始显现。园区的环境保护压力不断提高，废水排放总量不断上升、废水成分情况复杂。污水处理厂中心二期工程未能及时启动，而部分本地搬迁入园企业环保认识和管理水平低，废水混排、超接管标准排放行为多发，使污水处理长期处于超负荷运行状态。

自 2006 年起，园区提高了入园门槛，停止了纯电镀新项目的引进，重点引进外资企业，发展面向半导体电子接插件、车辆五金、灯饰、塑料件等高附加值产品的表面处理。另外，园区改善基础设施，实行双回路供电、双回路供水，接通了临近热电厂商品蒸汽，先后实施了污水处理中心提标改造和 COD、N、P 深度处理、雨污总管网改建、重金属废水应急处理四大工程，基本实现了废水稳定按新标准排放，保障了企业正常生产。并且持续开展了的企业环保整治。全面推进企业强制清洁生产审核，清理整顿挂靠企业和违规生产线，淘汰手工生产线，强化企业污水接管标准、分质排放、流量控制和水质监测，实现了园区废水排放无氰化。围绕节能减排，通过政产学研合作，开展了循环经济科技示范建设，建立企业各具特点的槽边回用系统，平均中水回用率达到 50% 以上，最高的超过 80%，主要贵金属（金、银、镍、铬、等）资源化率提高 20%。

随着周边金属加工产业的衰落，2013 年起园区向相关的电子行业、精密冲压、注塑成形、电镀材料生产、电镀设备制造与技术研发等上下游产业链延伸。整个产业集群的物质流规模缩减了，但物质流成分更加复杂，相关的企业主体也更加多元化，需要在新的集群状态下，重新塑造循环经济产业链。

2.2.3　产　业　升　级

2014 年锡兴特钢厂的关停为钱桥地区钢铁工业生态体系的构建带来的新的挑战。锡兴钢铁厂作为原有工业生态链中的锚企业，其衰落对地方产业共生系统的物质流结构造成很大的冲击。并且依照钱桥的区位特点，这种循环经济链条的断裂已经不可能重新恢复，循环经济的发展要从区域循环的大背景下，结合企业升级转型的努力来分析。

首先，钱桥镇经历了从工业化，再到去工业化的社会转型过程。这一地区的钢铁工业从一家加工生产农具的铁匠铺起步。在计划经济时期，依靠工人的集体智慧，不断学习和摸索，推动企业持续成长。改革开放后，在市场需求的拉动下，作为地方工业支柱的锡兴钢铁厂，即使在国有集体企业的制度下，依然能够积极引进消化新技术，提升产品市场竞争力。龙头企业的技术和人才溢出，还带动了更多的民营企业进入金属加工的行业，形成专业化的地方产业集群。接下来的转制过程，彻底瓦解了集体经济的根基。龙头企业衰退，分散的小企业在市场竞争中各自为战，环境污染的问题越来越严重。2006 年以前，这个地区是一个生产型区域，污染治理和循环经济的努力主要针对生产环节，包括企业层次的清洁生产，园区层次的生态化改造。然而，2006 年以后，从全市的宏观布局来看，这个地区的更新目标不再是生产型区域，而是想往居住消费型空间转变（生产功能调整为区域性的职业教育中心）。原有的工业发展与土地商业居住开发之间的矛盾越来越激化，最终生产功能退出，地区逐步转变为消费空间为主的区域。

城镇化转型中的生产与消费的关系是一个颇具挑战性的议题。后工业化呈现极强的消费主义倾向，也就是空间的组织围绕消费者的需求和品味形成等级差别。消费活动不仅占据价值最高的土地，而且生产空间也需要按照消费者的喜好来改变自身。污染、丑陋的生产空间被远远推开，给表面光鲜的消费活动腾让地方。然而，消费的升级又带来生产的扩张，需要更大的空间承载物质的生产。生产与消费过程割裂，又通过资本循环的纽带将两者连接起来。在这个循环决策的链条上，人的视野往往短暂而局部，导致决策的内在分裂。

其次，转型过程所涉及的相关主体多元化。提升土地的再开发价值是推动转型的现实经济动力，无论地方政府，还是土地产权人、开发商，都高度关注再开发的经济价值。生产企业则力争维持生存的前提下，能有所增长，不断寻找市场机遇，提升竞争力。至于作为居民的消费者，希望能有好的就业环境，和美好的生活环境。土地再开发的价值毫无疑问取决于是否能够为后两者提供有吸引力的生产和消费空间。正是在这样的多元主体互动的背景下，循环经济需要提供创新发展的机会，而非重复已有的物质循环模式。

通过实地调查，我们针对钱桥镇的转型提出了四个层次的循环经济发展方向，包括：①土壤修复，重点针对锡兴钢铁厂的原址再开发；②建筑再利用，重点分析利用厂房屋顶发展分布式光伏应用；③工业活动中的资源消耗减量化，重点结合当地其他钢材加工企业的技术升级；④生活社区的消费后废物循环和分类处理（表 2-1）。

表 2-1　循环经济机会识别

	内容	潜在机遇
土壤	污染土地	钱桥街道的金属加工产业存在重金属污染的风险，如果工业用地转变用途需要将土壤修复作为前置审查之一
建筑	建筑重用	工业园区改造项目和企业自主改造项目在规划评估阶段，建议考虑建筑重用的可能性；利用工业厂房屋顶，发展分布式太阳能光伏应用，进一步降低对化石能源的依赖
	容积率调整	工业园区改造容积率基本维持不变，个别项目为改善通行和绿地环境容积率少量调减；企业自主改造项目新增商业办公楼宇拟容积率调增；上述调整需要结合区域控制性详细规划对调整适宜性进行评估
工业活动	大宗原料	工业园区改造项目产业功能由制造业转变为服务业，物质流强度大幅度下降；企业自主改造升级过程中，产品附加值大幅提高，物质流减小，企业循环经济和清洁生产措施可纳入规划评估
	环境敏感物质	金属加工业中酸洗工艺产生的废酸由专门的资质企业进行回收
	资源循环服务	对于加工中产生的边角废料，由本地企业专门进行废钢的回收再利用
生活居住	有机垃圾	未分离
	可燃垃圾	未分离
	可回收垃圾	由非正式的拾荒群体分类回收

1. 土壤修复——锡兴钢铁厂原址再开发

黑金属冶炼过程会导致生产场地土壤中污染，根据张强等（2012）对无锡某钢铁厂土壤污染的调查，证实酸洗区和炼钢区均存在明显的土壤酸化，整个厂区各个分区都受到不同程度的重金属和多环芳烃的污染，其中重金属锌、汞、镉超标，多环芳烃含量也偏高。污染源包括酸洗工艺中的酸液和重金属泄露，以及车辆运输过程中的排放。

锡兴特钢厂关停后，计划通过再开发，发展商业设施。土地利用性质发生改变，首先应该对钢厂原址的土壤进行检测，如存在污染应在利用前进行土壤修复。对于钢铁企业污染场地的土壤修复，建议采用场地调查、风险评估、场地修复的程序。场地修复应分类处理，分质回填。同时，作为确定场地污染状况的有力手段，场地环境监测工作应贯穿污染场地修复的全过程。具体来说，钢铁企业场地污染主要包括重金属污染和有机物污染（包括多环芳烃、二噁英、钛酸酯类化合物等）。在土壤修复过程中，首先根据生产工艺、生产流程、厂区布局以及每个生产环节和产生的废弃物进行研究，分析各个环节可能形成的污染，大致划分各区域污染等级，进行土壤取样分析。根据《国家工业企业土壤环境质量风险评价基准》（HJ/T 25—1999）进行风险评价，对可采取的土壤修复方法进行技术经济比较，最终确定修复方案并实施。

2. 建筑再利用——发展屋顶分布式光伏应用

2014 年国家能源局发布了《关于进一步落实分布式光伏发电有关政策的通知》，鼓励开展多种形式的分布式光伏发电应用，充分利用具备条件的建筑屋顶资源，鼓励屋顶面积大、用电负荷大、电网供电价格高的开发区和大型工商企业率先开展光伏发电应用。其中，利用建筑屋顶及附属场地建设的分布式光伏发电项目，在项目备案时可选择"自发自用、余电上网"或"全额上网"中的一种模式。"全额上网"项目全部发电量由电网企业按照当地光伏电站标杆上网电价收购。已按"自发自用、余电上网"模式执行的项目，在用电负荷显著减少（含消失）或供用电关系无法履行的情况下，允许变更为"全额上网"模式[①]。

江苏省是我国光伏产业最为集中的地区，2015 年占全国光伏产业总产值的比例近 2/3，仅无锡市占比就超过 10%。生产集聚推动了技术应用，尽管江苏省光照条件在全国并不占优，但 2015 年仍以 422 万 MW 的装机容量成为全国累计装机容量排名第四的省份（仅次于太阳能资源一类地区的甘肃省、青海省和内蒙古自治区）。其中，分布式光伏累计装机容量位列全国第二，仅次于浙江省。

无锡市当地的光伏安装运维企业中航动力在钱桥镇和邻近的洛社镇推广屋顶分布式光伏应用。采用的模式是中航动力对企业屋顶安装条件进行评估，如果符合

---

① 国家能源局. 关于进一步落实分布式光伏发电有关政策的通知. http://zfxxgk.nea.gov.cn/auto87/201409/t20140904_1837.htm.

安装条件，就租用企业的工厂屋顶，工厂使用光伏系统发的电，可以享受市电 10% 的优惠电价。钱桥镇有 3 家钢材加工企业接受了这样一种合作模式。由于钢材加工过程中的轧制工艺大量耗电，可以就地消纳光伏发电，很适合分布式光伏的应用。但是，由于中小型钢材企业的厂房条件参差不齐，能够达到光伏安装条件的企业并不多。

3. 产业活动去物质化—— 金属加工企业转型升级

首先，本地企业在激烈的市场竞争中，努力实现产品升级。无锡华精新型材料有限公司（以下简称华精公司）是钱桥地区通过产品升级寻求企业自身发展之路的一个例子。华精公司的传统产品是镀锌钢带，2008 年金融危机之后，企业主动加大新产品投入，其研制的冷轧取向硅钢带（片）项目被国家发改委、工业和信息化部列为重点产业振兴和技术改造 2010 年中央预算内投资计划，总投资 8120 万元，计划最终形成年产 2.5 万 t 取向硅钢的生产能力，年销售收入约 4 亿元。主要供给变压器厂。该产品生产工艺主要包括酸洗、一次冷轧、退火脱碳、二次冷轧、高温退火、绝缘涂层以及精整包装等环节。相比镀锌钢带 2000~3000 元/t 的价格，取向硅钢的价格在 1 万元以上。产品升级对材料流的影响主要表现在实现相同的产值水平下，物质流强度下降。

加大新产品研发的投入，提高产品附加价值，无疑是企业重要的转型升级路径，然而，这种转型仍然面临一定的新产品价格波动风险。华精公司新研发的取向硅钢，在 2011 年以前国内价格一度高达 8 万元/t，高附加值吸引了国内众多企业进行研发生产，产能大幅提高，市场快速饱和，价格则大幅下跌，到 2015 年最低曾降到 8000 元/t。但对个体企业来说，选择产品升级仍然比停留在传统建材用钢的市场收益要好一些。

华精公司由于自身生产规模比较大，并未使用园区提供的酸洗服务，而是保留了自己的酸洗工艺。市场竞争使大量中小企业难以继续经营，客观上对园区提供的酸洗服务的需求也下降了。总的来说，生产去物质化的过程，降低了先前为集群服务的集中化环境设施的利用率。这也是生态工业园区在去工业化转型中面临的独特困境。

其次，寻求产业链的功能转型也成为部分企业的选择。钱桥镇的苏嘉集团成立于 1986 年，2008 年以前苏嘉集团主要以快速横向扩展，扩大规模为主，业务除钢铁加工以外，还涉及耐火材料、房地产、酒店服务等领域。在钢铁加工领域，苏嘉集团在 2008 年以前，和华精公司一样，尝试进入附加值较高的特种钢材领域，当时选择的是石油焊管产品，产能一度达到 50 万 t 以上，成为中石油八大供应商之一，在越南也投资了 10 万 t 产能的工厂。2008 年，在和大型国有钢铁企业的竞争中，自己没有钢铁厂的苏嘉集团发现，采购钢材生产焊管的产品利润极低甚至亏损，加之国外市场遭遇"双反"，钢管产品出现巨亏。2009 年之后，苏嘉集团制订了转型长期发展规划，退出中石油供应商，不参与压价恶性竞争。将多余的产能转到海外，更靠近海外市场采购方，同时规避"双反"，取得成本优势。对亏损比较大的子公司及时止损，其余实行战略转型，从规模导向转为效益导向，市场从石化行业转向汽车、制冷、精细加工，高附加值的石油钻杆，通过研发仿制，向钢材下游的产品延伸。目前研制的主要产品用于汽车行业和机械制造，如 2010 年起研发四驱 SUV 传动轴轴管，现已成为国内唯一一家钢管供应商（供应宝马、路虎、大众等汽车企业）。2013 年起与宝钢合作，进一步实现钢材采购的本地化，降低成本，提高利润。此外，企业还研发了可以替代进口的 SUV 支架，通过液压成形来保证汽车轻量化和防撞性能的提升。替代进口的空调压缩机外壳、冷凝管路也是苏嘉集团开发的重要产品。通过与国内高校和科研院所进行合作，苏嘉集团还研制开发了非开挖钻杆（勘探用）无缝管，目前在国内市场占有率达到 40%。2009 年以前，苏嘉集团的吨钢加工费只有 500~600 元，而综合战略转型之后，吨钢加工费提高到平均每吨 3000 元左右。产业链下移后，加工成型钢材，不再有酸洗工艺。这种向下游产业链延伸，向市场细分专业化发展的升级模式，市场成长空间很大。然而，由于高额的研发投入成本，对于中小企业来说采取这样的转型升级模式的门槛较高。

根据上述三种企业产品技术升级的可能路径，评估钱桥镇的部分规模以上冷轧钢带企业进行技术升级改造的去物质化潜力。图 2-8 显示了在维持企业销售额不变的情况下，参考华精公司的产品升级的路径，升级前后钢材加工量的变化。总的来看，通过产品升级，钱桥钢铁集群的钢材加工量可以减少到原来的 25%左右，相应的鲜水用量和能耗也能得到显著降低（表 2-2）。

表 2-2　产业升级带来的物质流、鲜水用量和综合能耗变化估算

项目	钢材产量/t	鲜水用量/（m³/a）	综合能耗/（吨标准煤/a）
改造前	1116402	266954	31559
改造后	279101	66739	7890

2.2.4　消费转型

随着生产空间逐步压缩，消费居住空间逐渐占据钱桥镇的主体。无论农业还是工业的生产活动都在逐渐退出。农田逐步转变为居住社区。随着工业空心化，废旧厂房也逐步用于发展商业消费空间。

钱桥镇在无锡市的消费活动中还承担了末端的城市垃圾处置功能。钱桥镇与滨湖区交界的桃花山建有无锡市区唯一的生活垃圾卫生填埋场和危险废物处置场，以及唯一一处正在运行的餐厨垃圾资源化示范站（另外一处位于锡山区，因周边居民反对，以及制作的肥料无出路，被迫暂停使用）。无锡市生活垃圾处理规划了三个垃圾焚烧厂和一个卫生填埋场，但是由于垃圾焚烧厂面临周边居民的抵制，难以投入使用，原本作为应急备用的桃花山填埋场反而成了主要的生活垃圾处置去向，设计处置能力远远无法满足生

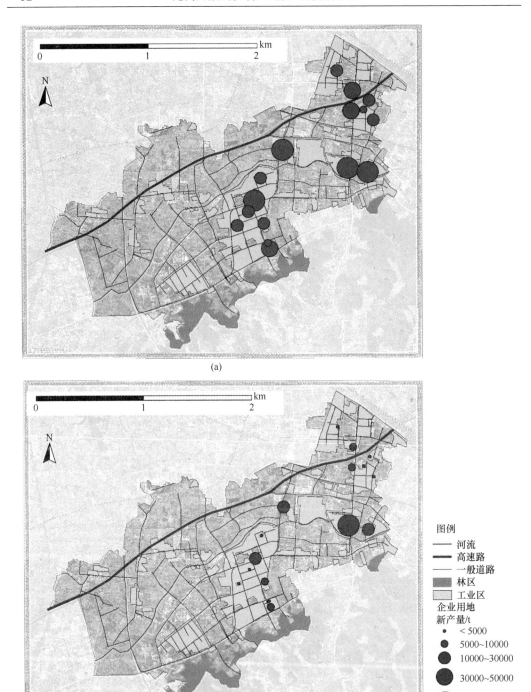

图 2-8 部分规模以上冷轧钢带企业产业升级的去物质化潜力

（a）2015 年钢材加工量；（b）同等销售额下实现产业升级的钢材加工量

活垃圾的处理需求。仅靠处置设施升级的垃圾管理方式已经越来越成为地方不堪承受的负担，不仅管理成本高昂，还面临日益高涨的邻避运动的抵制，成了城市公共管理中的难解问题。

2015 年无锡市出台了《关于进一步推进垃圾分类处理工作的实施意见》，规划到 2020 年，全市建成区居民小区的生活垃圾分类收集覆盖率不低于 50%，其中餐厨废弃物收运、处置率达到 100%。其实早在 2009 年，无锡市就尝试推进社区垃圾分类，为此改革了现有的垃圾清运模式。取消了老小区内的垃圾房，改为一区设一个每天能够处理五六百吨的垃圾转运站。同时升级垃圾清运车，配备标准化的分类垃圾桶。然而，硬件基础设施的改变，并没有带来广大居民行为上的积极响应。

由于工农业生产活动的逐步压缩，即使实现再生资源分类回收，也无法就近实现有效的再生利用。废物管理是折射不可持续的生产–消费模式的一面镜子。消费空间的废物处置行为转变是从末端激励经济增长模式转型的重要切入点之一。按照减量化、再利用、再循环和环保处置的梯次，建立居民垃圾分类投放和循环利用习惯，是将相互割裂的生产–消费在社区生活空间重新建立连接的一条可行的途径。而这种行为习惯有助于延伸到消费者的购买决策，从而为建立可持续的消费模式创造条件。

钱桥镇的钢铁生产和废物处置都是城镇化过程中，乡村为城市中心所承担的拾遗补阙的功能。这种功能分化蕴藏了更深刻的城乡发展的不平等，即使实现了城镇化的转变，也难以扭转地方所处的困顿地位。无论生产端的钢铁工业转型，还是消费末端的垃圾处理设施升级，生产空间都在为消费空间让步，不断被压缩。消费的膨胀助长了不负责任的消费意识。钱桥镇只是整个中国社会转型的局部片段，然而其所反映出来的演变模式，却在中国的其他区域一再重现。

第3章 为创新开辟空间

3.1 全球工厂的"三旧改造"

珠江三角洲是我国对外开放的前沿。广州作为对外贸易中心历史悠久,自唐代起就设立了"市舶司",管理海上贸易事宜,丝绸、瓷器、茶叶等商品远销海外。明清时期全面实施海禁后,海外贸易受到压制(黄国强,1988)。清康熙二十四年(1685年),清政府重开海禁,从1757~1842年的85年间,实行广州一口通商政策,当时承担对外通商和外交职责的广州西关十三行成为全国唯一合法的对外贸易特区,强化了广州作为中西交流桥梁的中心地位(林瀚,2006)。鸦片战争以后,十三行的垄断地位被打破,香港为英国所占领,在英人治下实行开埠通商,很快取代广州成为国际化的商贸交流中心。直到改革开放,香港成为中国对外开放,再次与"全球"世界联系的最近的纽带。紧邻香港的深圳作为中国市场经济改革和对外开放的试验区,引领了珠江三角洲以吸引外资,引进先进技术和管理经验,发展出口导向型工业为特点的现代化之路。历史路径铸就了珠江三角洲独特的"外向型"驱动的城市化道路(薛凤旋和杨春,1997)。在全球市场、资本流动与国内改革开放进程的激荡之下,珠江三角洲农村城镇化的经验也成为中国城镇化过程中占有重要地位的发展模式之一(许学强和李郇,2009)。

3.1.1 从"桑基鱼塘"到"全球工厂"

改革开放30年,珠江三角洲从以"桑基鱼塘"为特色的热带农业景观演变为遍地厂房的"全球工厂",社会经济景观出现了翻天覆地的变化。然而回溯20世纪初,珠江三角洲"桑基鱼塘"的兴衰,历史演变的脉络又如此相似,足以为当前区域转型借鉴。

1. "基塘系统"的兴衰演替

珠江三角洲自16世纪就开始形成"基塘系统"这种独特的人工生态系统。随着丝绸出口需求的增长,"桑基鱼塘"模式快速发展,得以最大程度的利用劳动力资源优势,提高单位土地的产出,支撑其早期珠江三角洲最重要的外向型加工业——丝绸工业(锺功甫,1958)。这种独特的地方生产系统直到改革开放前都还是珠江三角洲最重要的人地系统模式(钟功甫,1980)。

珠江三角洲的基塘农业的发展是与经济系统转型紧密相连的。历史上经历了果基鱼塘、桑基鱼塘、蔗基鱼塘 3 种主要的形式，其形成与当地的地理环关系密切。珠江三角洲下游洪涝灾害频繁，低洼田地多，通过修筑堤坝、蓄池防涝形成连绵成片具有排灌作用的基塘水利系统。基塘农业分为基面和池塘，池塘内养殖四大家鱼，其饲养的鱼类和鱼种配比基本稳定，基面上的作物，以及基与塘比例却可以针对市场需求的变化而调整（吴建新，2011）。

　　"桑基鱼塘"的发展凸显了农业生产系统应对市场变化的自我调适能力与局限。丝绸是中国早期对外贸易中重要的出口商品。长江三角洲和珠江三角洲是中国两大传统丝绸生产基地，前者主要集中在上海和无锡，后者则集中在南海和顺德。从丝绸工业发展历史来看，无论是在机器缫丝技术还是传统缫丝技术，长江三角洲都要优于珠江三角洲。鸦片战争以前，珠江三角洲因为广东对外贸易的垄断地位，蚕丝生产以出口为主，其生产中心在南海，但主要以土法缫丝，产量较低，因而"桑基鱼塘"并不十分普遍。鸦片战争以后，随着广州一口通商的地位丧失，珠江三角洲的蚕丝工业受到来自长江三角洲的竞争挑战，出口一度被上海、无锡一带所超越。上海在引进西方自动化的缫丝机械方面也领先一步，缫丝厂的生产效率大幅提高。而在珠江三角洲，直到 1866 年（同治五年）陈启沅才在南海简村建立第一家机械缫丝厂。他将西洋的自动化缫丝机械改造成半机械化设备，以适应当地小农的生产生活习惯。尽管单台设备的生产效率不及全自动机械，但这一技术很快在南海和顺德一带乡村得到普及，带动了当地蚕丝业的发展，并重新超越长江三角洲，成为中国蚕丝出口最多的地区。张茂元等详细分析了这一过程中珠江三角洲如何利用退步技术改造，使桑农能够最大程度分享新技术带来的好处，从而比长江三角洲引进更先进的机械化生产和工厂组织，效果更好（张茂元和邱泽奇，2009）。

　　当时，珠江三角洲的蚕丝加工业高度集聚，1894 年顺德和南海两地的丝厂、丝车和资本占珠江三角洲相应总量的 97 %以上（徐新吾，1990）。同时随着蚕丝工业地位的上升，整个珠江三角洲的"桑基鱼塘"都快速增加，20 世纪 20 年代达到顶峰，"毁田筑塘""废稻树桑"风气盛行，珠江三角洲以顺德为中心北至三水卢苞，东止番禺，南至中山市石岐区，西迄西江干道皆为桑田，面积达 120 万亩（锺功甫，1958）。

　　到了 20 世纪 20 年代末 30 年代初，世界性经济危机沉重打击了珠江三角洲的蚕丝业。当地蚕丝业严重依赖海外市场，因此经济危机导致出口萎缩，失业剧增。单一的"桑基鱼塘"经济模式十分脆弱。很多蚕农在蚕丝业遇困的情况下，不得不在基面上改种杂粮，或将鱼塘改造为水稻田，收入大大减少。

　　到 20 世纪 30 年代中期，地方政府为了扭转单一依靠蚕丝业的畸形经济发展，发起兴建了顺德糖厂。并组织合作社向农民推广甘蔗种植。顺德农民由此在"桑基鱼塘"的基础上摸索发展起"蔗基鱼塘"的生产模式，并发展出桑蔗轮作的种植技术（吴建新，2011）。

　　到抗日战争期间，蚕丝需求大幅度下降，由于经济作物区粮食缺乏，部分鱼塘又回填为稻田，但蔗糖生产在整个抗日战争期间仍然是当地非常重要的支柱工业。到 1954 年，珠江三角洲的"桑基鱼塘"减少到最高峰时期的 10%左右，此后在人民公社计划经济时期，为了配合蚕丝出口，"桑基鱼塘"的耕作模式有一定恢复（锺功甫，1958；钟功甫，1980）。

改革开放以后，包产到户，农民根据市场需求调整种植结构，基塘的效益比稻田种植要好，因此从 80~90 年代中期，南海、顺德一带的基塘面积还增加了 14% 左右，达到 27 万亩（王兴玲和亢庆，1997）。这一时期由于鱼塘的淡水养殖转向鳗鱼等高价值的鱼类，塘的价值远远超过基面，人们开始扩大鱼塘的面积，缩小基的面积，甚至停止蚕桑业和蔗糖业的生产，转而种植喂养鱼类的象草、有广阔市场的花卉、蔬菜等作物（吴建新，2011）。总体来说，90 年代以前，农业在珠江三角洲的土地上仍然占据主导地位，而基塘这种生产模式对市场变化有很强的自我调适能力。

基塘系统的这种自发调整随着珠江三角洲外向型加工业的快速发展逐渐丧失了适应力。农村剩余劳动力寻找发展出路的推力和外向型经济发展的拉力，共同推动了珠江三角洲工业化与城镇化转型（许学强，1986；许学强，1988）。非农产业的价值远远超过种桑养鱼，于是从 90 年代后期开始，越来越多的鱼塘被彻底填埋，取而代之的是一片片工厂与住宅相混合的半城市化的建成区。称之为半城市化的原因是，这些在村庄上建设的工业区既不是农村，也并未真正成为城市，只是暂居在农村的土地上，从事出口加工的工业生产罢了（刘盛和等，2004）。无论是当地的村民，还是外地来工厂打工的农民，都并没有成为现代意义上的市民。这种模式在东南亚发展中国家的城镇化过程中非常普遍，被称为"Desakota"（许学强和周春山，1994）。在国内学术界，则将珠江三角洲这种城镇化模式看作不同于以往靠城市节点为发展核心带动的城市化，而是创出了一种全面的城乡一体化发展模式（薛德升和陈文娟，1998；李郇，2000）。

2. 集体土地上的外向型工业化

20 世纪 70 年代后期，早在深圳特区成立之前，珠江三角洲的外向型经济已先在民间萌芽。东莞、深圳（当时的宝安县）、佛山都流传着香港企业到内地寻求合作建厂，从而诞生第一家中外合作企业、第一家"三来一补"企业、第一家外商投资企业等各种版本的计划经济背景下第一个吃螃蟹的故事。紧邻珠江三角洲的香港作为东亚四小龙，自 60 年代经历了十多年快速的出口导向型工业化发展之后，很快面临劳动力成本上升、土地资源严重短缺的问题。在市场动力的驱使下，依靠香港与珠江三角洲广泛的亲缘联系纽带，香港的劳动密集型出口加工业往内地迁移势不可当，逐渐在香港与珠江三角洲之间形成"前店后厂"式的分工格局，也就是香港保留市场交易、金融管理等窗口功能，而商品的加工生产则转移到珠江三角洲（薛凤旋和杨春，1997）。

当时的村集体一开始对此类合作尚心存疑虑。一些早期的文献中还记载了大队干部和村民之间出现的激烈争论，"工厂姓社还是姓私"，以及"让群众去厂里工作，给他们工资，是不是走资本主义路线"成为评判这种合作是否合理的重要出发点[①]。最终，最早进入合作工厂的村民收入得到显著增加，村集体也从土地和厂房租赁中得到实惠。香

---

① 财经，珠江三角洲城镇化背后. http://finance.sina.com.cn/china/20131008/141716921567.shtml.

港企业则在这一合作中降低了生产成本，扩大了生产规模。多方共赢的合作方式很快被广泛借鉴。1984 年国务院出台关于允许农民进城务工经商和在集镇落户（自理口粮）的政策，即所谓"进厂不进城，离土不离乡"，亦工亦农成为当时解决农村剩余人口，而又不增加城市负担的重要途径。1986 年，国家在设立经济特区之后，进一步设立珠江三角洲经济区，从政策上认可了珠江三角洲自下而上的农村城镇化之路（许学强和李郇，2009）。尽管与苏南相比，珠江三角洲缺少工业发展的技术和资金积累，但背靠香港这个全球贸易中心，依靠村镇出土地和劳动力，香港企业出资金和技术并负责产品外销的合作方式，很快打开了乡村工业化的局面。

整个 20 世纪 80 年代，发展出现较大的波动。起初，在少数外商合作企业先行发展的示范带动下，基层追求工业化发展的热情纷纷被调动起来，这导致 1984~1986 年，在国家信贷失控，海外游资急待寻求有潜力的市场的背景下，当地出现乡镇企业的第一波超常发展，基本建设急剧膨胀，工业用地开发无度，很多乡镇集体企业把握不住市场变化的节奏，出现投资决策失误，之前发展所积累的集体经济财富，很多在市场泡沫中打了水漂。此后经历了数年的调整和下跌，以乡镇企业参与中外合作的模式逐渐式微，而以招商引资的方式吸引外资企业租用土地厂房的形式逐渐兴起（古诗韵和阎小培，1999）。

1992 年邓小平南方讲话，肯定了基层改革创新摸索的合理性，引发了新一轮以土地开发吸引外资的热潮。总结上一轮超常发展中出现的问题，从 1992 年开始，珠江三角洲的集体经济组织改变发展策略：在不改变土地所有权性质的前提下，统一规划，自主招商引资，以土地或厂房出租给外资企业使用的合作模式得到当时政策的认可。集体经营土地按照 3 区规划的模式，将土地分为农业保护区、工业开发区和行政住宅区，然后根据规划用途，将土地或在土地上建好的厂房、商铺对外出租。土地收入成为由集体组织核心成员支配，每个成员都有权分享和监督的资产。由于过去集体经济时期集体办企业大量亏损的教训，绝大多数村集体选择将这笔资产用于在集体社区范围内提供公共品和村民福利。这种模式打破了国家统一征地垄断农地非农化的格局，村集体成了和城市政府一样，可以通过土地经营，进行发展建设的主体。按照 1986 年《土地管理法》和 1990 年《城镇国有土地使用权出让和转让暂行条例》，县级政府就拥有批准用地的权力。也就是说，由乡镇政府和村集体出面谈判流转的集体建设用地，只要上报县土地管理部门，并上交土地出让金和市政建设费，就可以完成国有土地出让，也就意味着集体土地转为国有，集体土地的非农化可以实现合法化。

以集体土地启动工业化，大大降低了工业化的门槛，这对珠江三角洲这个计划经济时期缺乏工业基础的地区意义尤为重大。按照当时的国有土地资源管理方式，城市土地依照计划划拨给国有部门使用，外商在深圳特区落地的门槛很高。而当时照顾农村合作化发展，允许农村在自己的集体土地上适当发展乡镇工业，给珠江三角洲利用集体土地发展外向型工业提供了机会。以佛山市、南海市为例，20 世纪 90 年代，1 亩农地要按照正式的征地程序转为非农建设用地，办农地转用手续需要的费用就有：耕地占用税

4000 元，征地管理费 1500~1800 元；垦复基金 1 万元；农业保险基金 6000 元；农田水利建设费 1333 元。如需办理出让手续，还要再加上土地出让金，工业用地为 1 万~2.5 万元；商业用地 12.5 万元；住宅用地以前是 8 万~10 万元后来改为招投标。整个流程算下来，工业用地每亩少则数万元，高的可达 40 万元；商业用地每亩在 40 万~150 万元。而租用村集体的土地，当时一亩地每年只要几百元的租金，企业创办费用大大降低，也省去了复杂的土地征用手续（蒋省三和刘守英，2003）。

相比之下，南海市的农民经营农业生产，一亩地年收入为 800~1000 元；如果土地被国家征用，农民获得的土地补偿费和安置补助费最高为 2.4 万元，而农民将永远失去土地。集体租地每亩月租约 50 元，如按合约提前收取 5 年租金，其收入为 3 万元，但土地永远属于村集体。村集体的收益差别十分明显，村民自然青睐集体土地租赁的模式。到 2002 年，南海市工业用地 15 万亩，其中一半以上都属于未通过正式征地手续的村镇集体用地（蒋省三和刘守英，2003）。

但这种模式也埋下了隐患。首先，农业用地与非农业用地如此悬殊的收益差别，导致地方为了吸引外资，在地价方面竞相压价。广东南海和顺德都是珠江三角洲农村经济发展水平比较高的地区，农业和本土乡镇企业的经营收益相对较高，对土地转让的预期收益也较高。而其他更为落后的地区，急于通过招商引资，快速致富，土地出租和转让政策更加宽松。以东莞市为例，为了充分调动全市上下招商引资的积极性，从市镇到村，直到村民小组，大家八仙过海，各显神通，争相吸引企业入驻，低价的土地转让成为招商引资的重要吸引力。面对土地转让失控的局面，2004 年中国土地管理法修订，并且全面清理各类开发区，暂停审批农用地转用非农用途，开启了最严格的土地市场治理整顿。此前处于灰色地带的租赁村镇集体土地发展工业的模式突然间变成了非法用地。尽管珠江三角洲一带考虑到这种现象的历史背景，并没有立刻按照非法活动，将这些工业驱赶出去，但此后用地产权的不确定性，导致企业在融资、增资、扩大和调整生产等方面都面临很多限制。

3. 大社会与小集体

珠江三角洲的村集体在乡镇工业化中形成了独特的利益分配格局和社会组织模式。总体上，村集体作为农村集体土地的所有者，通过房屋和土地的租赁，参与城镇化的进程。这其中村集体内部的收益分配既是集体维系的重要纽带，也是引发冲突的根源。在集体土地的经营中，劳动者日渐缺位，成为珠江三角洲经济转型的一个重要特点。与苏南模式不同，珠江三角洲的外向型工业化导致大量外来劳动力涌入。很多村庄原来总共人口只有几百到数千人，可是大规模的工厂建起来，工人动辄上万，几百人到上千人的小厂更是比比皆是，工厂里的工人大多来自内地农村。一些村庄的外来人口超过本地人口数十倍。例如，早在 20 世纪 90 年代中期，广州天河区的石牌村，本地人口 8000 人，外来人口高达 5 万（刘伟文，2003）。原本小小的村集体变成了城市化的大社会，村集体不仅需要管理自身的内部事务，也需要管理本村土地上的社会事务。但在本村内部村民和外来人口之间，形成了分化和隔离。

村集体可以分享土地非农化经营带来的收益，集体在上交了与土地有关的各项税费以后，剩余的收益由集体和农户享有。集体将土地租给企业，可以根据合作协议一次收取 3~5 年，甚至更长的租金。合作协议到期以后，村集体可以根据土地市场价格变化，调整租金水平，或者重新招租。到了 20 世纪 90 年代以后，土地经营非农产业的收益显著，但招商引资中的风险和不确定性比较高，于是农民通过土地入股的方式，将土地经营的权力交给集体经济组织，个人通过分红分享一部分经营收益。

村集体土地的经营收益首先与村庄所在的区位条件密切相关。以广州市近郊的石牌村为例，由于靠近中心城市，区位条件优越，1995 年，村队两级集体资产就以全部折股分配到村民个人名下。每年村集体平均收入 9 千多万元，刨除各种支出，村民每年平均可分红 1 万多元（刘伟文，2003）。稍微外围一点的地区，收益就显著下降，按照蒋省三等（2003）对南海市的调查，1994~2000 年，农民人均股份分红从 1016 元增加到 1951元，多数地区农民的股份分红的收益占年人均纯收入的 1/4~1/3，有的高达 50%。

工业化带来的人口集聚也形成了对当地服务业的巨大需求，包括住房租赁、餐饮、商业设施等配套服务，这对工厂来说是必不可少的外部条件。房屋租赁、集体分红和经营性劳动成为村民的主要收入来源。

另外，土地上的产业经营状况对村集体的收益也有重要的影响，并拉开了村与村之间的收入差距。2000 年以后，新一波以计算机、手机等电子通信产品为特色的外商投资涌入珠江三角洲，这些产业带动了村集体土地经营的收益提升。根据刘洁等（2009）对东莞凤岗雁田村的农村收入结构做了调查，当地农户从村集体获得的收入从 2005 年的3150 万元增加到 2007 年的 6625 万元（以 2006 年常居人口计，人均从集体经济获得的收入大约 1.93 万元左右）。集体经济收益按户籍人口统一平均分配，村民从集体获得的分红从 1994 年人均 4000 元增加到 2007 年的 12000 元。除了大集体，各村民小组股份联合社还根据各自的经营状况，每年向社员分配收益，从 1000~9000 元。除了现金分配，村集体经济收益还用于为村民提供广泛的社会福利，如 60 岁以上的老人享有老人金，村民的子女可以获得教育补助，村委会为村民统一参加社会保险。在东莞像雁田村这样招商引资比较有成效的村子，土地收益占村民纯收入都超过 50%，招商引资的质量直接影响到村民的实际收入。

土地股份制的推行，强化了农民对集体土地成员权的观念，也加深了村民与外来人口之间的分化与隔离。村民身份代表着有权按股参与土地收益分红。在土地收益的分配上村集体"人人有份"的特点得到切实贯彻。即使采用了现代的股份制架构，将集体产权明晰到个人，但股权分配的原则仍然继承了原有承包制的内核，分红严格限定在集体经济组织的合法成员内。这种与身份挂钩的权利，使得股份很难实现退出和流转。由于土地经营带来的收入和福利十分显著，甚至超过了城市居民所享有的福利水平，农民不再热切盼望脱离农村居民的身份，转变为城市居民，反而积极争取保留村民的身份。

同时，村子之间由于经营能力的差别，集体经济收益的水平出现分化。村集体组织的经营者面临来自内部的压力，需要不断提高土地的经营收益，保证村民获得的股份分红不会减少。而村民限于能力和背景，能够实际参与经营活动的人十分有限，很难对发展什么产业、如何发展做出积极的贡献。为了能够适应工业规模扩大的需求，从市、县、乡镇各级都有对土地进行集中规划，连片开发的想法。通过土地资源的整合，打破了原本村庄、村民小组这样的小规模经营的团体，在更大的空间范围实现资产的优化重组。这一过程一方面需要保证村民的收益不低于原来分散经营的水平，另一方面又要协调原本各村参差不齐的发展差异。其调整之难，不啻于一场新的"土改"（蒋省三和刘守英，2003）。

随着土地的非农化和土地经营收入的不断提高，村社集体逐渐转变成以经营土地为目的、以分配土地收益为纽带的实体。为了对集体资产实施有效管理，村社引入了现代企业制度，如股东代表大会，董事会，监事会等权力相互制衡的机构。但这一套企业化的管理制度在不同的村庄适用的效果并不一样。首先，土地经营必须能有显著的收益提升，这个是制度创新的内在动力，如果相比原来包产到户的经营模式，农民收益没有显著的增加，即使政策宣传股份制改造，推广现代企业制度也无济于事。其次，村集体内部的协调能力也很重要，不论是依靠能人，还是传统的社区力量，小集体内部能够达成某种协调一致，从而使制度改革得以顺利推行。后一点在土地从非农业用地与农业用地存在显著的级差地租的情况下，相对还不是太明显，但是随着市场经济的不断深入，经营风险与收益的不确定性增加，社区对未来转型的预期发生严重分化，小集体的存续就面临严重的挑战。而小集体与更大的外部社会之间的沟通与协调也存在类似的矛盾。土地非农开发的收益内部化，但开发过程带来的种种外部成本却难以有效分担。

3.1.2　举步维艰的"三旧改造"

正如 20 世纪初的"桑基鱼塘"，在海外市场的拉动下土地可以"废稻兴桑"，20 世纪之交的外向型工业化同样推动着土地"废农兴工"。当然，恰如 20 年代的全球经济危机冲击了珠江三角洲的蚕丝工业，2008 年的全球金融危机也给珠江三角洲的"全球工厂"带来一股势不可当的寒流。历史总是以惊人的相似度重演，然而每次又都穿着截然不同的外衣，以至于身处其间的人总是事后才恍然大悟，嗟叹不已。但"全球工厂"与"桑基鱼塘"最大的不同在于，"桑基鱼塘"在稻田、基面、鱼塘之间有着天然的自我调整能力，并且调整与否是村民自己的事。而农业用地转变为工业用地之后，村庄不再仅仅是村民自己的村庄，土地用途的调整不仅在物质上存在技术难题，在经济社会关系上也存在难解的产权纠纷。

1. 土地僵局

随着工业化与城镇化的发展，珠江三角洲因村集体用地带来的"城中村"就一直处于不断的调整和改造过程中。20 世纪 90 年代，随着深圳、广州中心城的扩张，城市功能调整，市区工业开始逐步外迁。但总体上，工业在继续扩张，城中村的改造主要局限于集体经济内部的收益分配问题。村民在自己持有土地，长期获益，与征地一次性补偿之间权衡利弊，不管哪种改造模式，村民的土地收益必须得到保证（陶然和王瑞民，2014）。这种改造模式在 2007 年广州猎德村的整体改造中达到顶点。猎德村位于广州市天河区，珠江畔，90 年代以前还保持着农业生产为主的状态，1995 年广州市开发珠江新城征用了村里大部分生产用地，农民在自己的宅基地上建楼租房，形成了珠江三角洲城市常见的高密度的城中村。2007 年启动城中村改造，其中的商业地块被富力与合景地产联合以 46 亿元竞得，成为当年广州单幅最贵的"地王"。猎德村两次召开股东代表大会，以 98.6%的得票率最终通过了《拆迁补偿安置方案》，尽管拆迁过程中仍然发生了少数几户钉子户阻碍拆迁的矛盾，但最终通过法律程序，拆迁得以顺利实施，普通村民获得至少价值千万的补偿，其中包括更新重建后的多套住宅，可以继续获得租房的收入[①]。

这种模式成为"城中村"改造的"猎德模式"，其特点是政府、开发商和村集体三方合作，政府让出部分土地出让金收益，开发商负责筹措再开发资金并承担再开发的规划、建设和运行，开发商与村集体协商补偿方式（李丽娟和朱鸿伟，2009）。这种再开发模式的前提是再开发项目的收益可以保证显著增加，从而能弥补开发过程中的所有成本。改造后"城中村"基础设施和城市面貌得到显著改善，但租金和管理成本也显著增加。"城中村"原本为外来打工者提供相对廉价的居所的功能也消失了，外来劳动者在再开发的协商与利益分享机制中是缺位的（闫小培和魏立华，2004）

随着全球金融危机的到来，产业空心化开始悄悄席卷珠江三角洲村镇工业区。在金融危机之前，新《劳动合同法》《企业所得税法》严格的环境规范和人民币的升值就已经开始挤压珠江三角洲当地的玩具、服装和家具等劳动密集型企业的生存空间，引起人们对产业空心化的忧思（王缉慈和李鹏飞，2008）。而金融危机的爆发无疑将这种忧虑引向现实的挑战，根据顾慧君（2009）的调查，当时在珠江三角洲约 8 万家香港企业中，有 37.3%正计划将全部或部分生产能力搬离珠江三角洲，更有超过 63%的企业计划未来迁出广东，不仅数量大，而且呈现出龙头企业带动下，产业链整体外迁的趋势（顾慧君，2009）。劳动密集型工厂的外迁，直接带来旧厂房、旧村庄的大规模空置[②]。2009 年 5 月，广东富力地产发布数据，整个珠江三角洲地区厂房空置率 17.8%，而东莞达 25.1%。东莞工业物业均价从往年每平方米 10~12 元跌至 7~9 元[③]。由于外来工人流失，当地为工人服务的住宿、餐饮等服务业也陷入萧条。

面对产业转移和本地转型升级的压力，广东省开启了"三旧改造"的试点，重点针对"旧城镇"、"旧厂房"和"旧村庄"，开展更新改造。"旧城镇"改造主要是指各区、镇（街道）城区内国有土地的旧民居、旧商铺、旧厂房等的改造。"旧厂房"改造主要包括镇（街道）、村和工业园区内的旧厂房，包括严重影响城市观瞻的临时建筑等的改

---

① 广州日报，广州猎德村民财富史，http://gd.qq.com/a/20140827/016455.htm.
② 南都网，珠江三角洲大量厂房空置 租金减半乏人问津. http://www.mbachina.com/html/cjxw/200905/1521.html.
③ 深圳 168 厂房网，大量东莞厂房空置，厂房出租租金降. http://www.sz168.net.cn/sznews/015858246.html.

造。"旧村庄"改造主要包括城市规划控制区范围内的城中村，原有农业用地已被城市工业区、物流园等产业园区占据，但保留了居民宅基地的园中村，以及不再适宜生活居住、村民须逐步迁出或整体搬迁形成的"空心村"等的改造。早在 2006 年，佛山市就自发开展了"三旧改造"试点，在 2008 年全国人大会议上，试点工作的成果得到了国务院的高度评价，并鼓励广东省总结推广"三旧改造"的经验，创建节约集约用地示范省。2008 年 12 月，国土资源部与广东省政府联合签署协议，共同推进节约集约用地试点示范省建设，在全省开展"三旧改造"试点。2009 年以来，广东省政府制定了专门的政策，包括处置历史用地遗留问题、灵活供地方式、出让金支持用地者、"城中村"改造用地手续简化等六方面政策，形成了"政府引导、规划引领、属地实施、市场运作、分步推进、各方受益"的基本方针与工作思路，出台了《关于推进"三旧改造"促进节约集约用地的若干意见》，成为广东省全面铺开"三旧改造"工程的工作指引，为全国节约集约用地提供了经验。

"三旧改造"是国土资源部给予广东省的特殊政策。其基本思路是在"三旧"集中的地区，按地方发展需求做好规划，对每一宗地块的用途功能、建筑密度、容积率、配套设施等进行标图建库，再根据实际条件，规划改造方案。原则上，改造途径可以是原有土地使用者自行改造，也可以委托开发商改造，还可以交给政府改造。自行或委托改造的，政府可以返还多达 60%的土地出让金。因此，改造产生的收益多归原有土地使用者。

然而"三旧改造"在具体操作中存在很多具体的问题：

首先是土地的历史遗留问题，产权关系错综复杂，利益协调牵涉面广，处理难度大。由于历史遗留问题的束缚，城中村往往缺乏有效的配套设施投资和建设途径，导致空间混乱，建筑简陋，设施老化。要开展"三旧改造"，就需要先处理诸多历史遗留问题，包括"三转"：转合法、转性质、转地类。转合法是指将部分以往的违章用地，通过补齐手续和补交土地出让金，转为合法。珠江三角洲村集体建设用地来源渠道不一，批准权限不同，手续档案不清，甄别难度很大。为支持"三旧改造"，国土资源部专门下达了用地指标用于处理过去遗留的违章占地，并根据违章情节轻重规定了处罚办法。转性质是指将列入城市规划区的集体建设用地转为国有，主要是补缴部分地价，办理转性手续。转地类是指将部分原有的工矿企业或公益用地转为商住功能的用地，按照正式的土地管理办法，此类土地利用类型转换，必须将原有土地交还政府，由政府重新通过"招、拍、挂"程序开发。"三旧改造"项目则可以相对变通一些。

其次，利益协调困难。由于土地产权不能确定、出让金的返还比例不能达到村民要求，很多改造项目难以推行。能够顺利实现改造的，都和猎德村一样，通过改造能够给村民带来显著的收益提升。例如，在佛山禅城区的石头村旧村改造中，村委和开发商达成了协议，对于农民的住宅，首层按土地使用证合法面积 1:1，2~4 层（含 4 层）也按房地产权证合法面积 1:1 计算。为了适应农民的居住习惯，小区中 2 元多 1m² 的物业管理费用也由集体承担，并提供免费摩托车位和小汽车位临时使用。村民居住的三座楼，都是正正的坐北朝南。由于旧村改造拆迁，采取原地置换，邻里环境并没有大的改变，且拆迁补偿高，回迁后整体生活条件大大改善，由农村屋转变成为了未来可以在市场流通的商品房，拆迁项目得到普遍的认可。通过旧村改造，村集体收入大幅提高，2010年人均分红 28000 元，多的村小组甚至有 6 万元[1]。由于这些成功案例的示范作用，待改造的旧村大多对改造收益的预期比较高。

由于土地收益本质上都来自外向型出口加工业的生产增值，出口加工业受到打击，土地再开发收益要继续维持高速增长，就变得越来越困难。特别是少数区位条件优越的"三旧改造"项目建立起人们对改造收益的普遍预期，对于大部分区位条件一般的旧厂房和旧村镇，这类改造模式就很难适用了。以最早提出"三旧改造"，并完成了"三旧改造专项规划"的佛山为例，根据省国土资源厅的标图建库批准数据，到 2012 年 4 月，佛山市纳入"三旧"改造地块图斑共 5542 宗，总用地面积 44.66 万亩。按照规划估算，如果完成全部"三旧"地块改造，共需投资约 10000 亿元，可带动相关产业的产值达 1.8万亿元，成为推动佛山经济增长和转型的巨大引擎。然而实际情况是，2012 年实际开展的改造项目只有 204 个，用地面积 23016 亩，其中已完工项目 126 个，占标图建库三旧改造总量的 9.7%。整体来看，广东全省"三旧改造"进程都在放缓，到 2016 年，总体完成进度都未达到 10%[2]。先期启动的项目都是改造的经济收益预期比较明确，产权关系相对简单，比较容易改造的，剩下的都是硬骨头，改造难度很大。

2. 环保挤压

土地的权属与利益之争一直贯穿着改革开放的整个过程。与之相伴，土地之上的污染问题，也一直在与经济发展的权衡之间，摇摆不定。工业化带来的环境污染在珠江三角洲一带早在 20 世纪 80 年初就开始显现。1980 年，珠江三角洲大部分工业活动均集中在广州。广州工业产值占珠江三角洲工业总产值 50%以上（欧阳南江，1996），但当时城市工业布局选址对污染排放问题有一定的规划控制，加上总体上生产规模并不大，因此污染矛盾并不突出。

污染矛盾首先在农业区爆发出来。早期乡镇工业发展较快的中山、顺德等地区也是重要的蚕丝产区。和江浙地区一样，由于桑蚕对污染物比较敏感，蚕区桑叶受到大气污染，引起大批家蚕中毒死亡，蚕茧生产的损失同样也引起珠江三角洲当地农业科学工作者的关注。顺德县从 1978 年开始连续出现大气污染对桑、蚕的毒害，致使该县秋蚕茧生产严重失收。每年 9 月以后普遍出现"有桑不能养蚕"，"七天无雨有害，十天无雨小灾，半月无雨大灾"的现象（顺德县均安区，1984）。大气污染并非只是局部现象，根据 1979 年从顺德、南海和中山搜集的桑叶样本检测，调查的三个县共十多个村庄，桑叶氟含量普遍比广州郊区农科院的对比样本高出十多倍，受污染的桑叶叶尖或叶缘变成黄褐色，叶背或叶柄出现暗红色的小点。严重污染时桑叶卷曲、凋萎乃至

① 南方都市报，佛山三旧改造——先行者光环下的反思，http://gz.house.qq.com/a/20121122/000035_1.htm.
② 中国国土资源报，广东"三旧"改造放缓背后……
http://www.landgd.com/DesktopModule/BulletinMdl/BulContentView.aspx?BulID=718&ComName=default.

脱落（黄自然和方菲芳，1981）。含氟工业废气排放主要来自化工、冶金、建材、热电等行业中含氟矿物（主要是燃煤）的焚烧冶炼，随废气排放后在工厂附近自然沉降，就落在植物和土壤的表面，影响范围随污染源排放强度而有差异，小的砖厂炉窑影响仅数百米，而较大规模的钢铁厂、玻璃厂可影响半径数千米范围。随着工厂越建越多，污染也出现连片扩展。

到了 20 世纪 90 年代，随着珠江三角洲经济发展，人口增加，环境排放也日益增多。尽管珠江三角洲地处我国水资源较为丰富的地区，水环境容量较大，但发展带来的生活与工业废水排放也逐渐超越了自然系统的自净能力，局部河段，尤其流经城镇市区的河段，水质受到严重的污染，开始威胁到城市的生活及生产用水水源（许振成和陈铣成，1990）。1985 年全区排入江河废水达 16.22 亿 t，到 2010 年已超过 60 亿 t，珠江三角洲的废水排放量超过全省 50%[①]。

随着工业废气、废水和废渣的排放，珠江三角洲一带水土污染也日趋严峻。20 世纪 90 年代初，污染集中在广州南部和佛山市周边，分布与工业污染源分布一致，其中包括铅、铬、汞、锌、铜、砷、氰化物等，污染构成愈加复杂，与造纸印刷、电镀、印染、金属加工等产业的发展密切相关（卢体祥，1991）。到 21 世纪初，污染状况伴随经济发展快速恶化，根据 2003 年开展的国土资源大调查项目——珠江三角洲经济区 1∶25 万生态环境地质调查结果，珠江三角洲水土污染主要分布于经济较发达、人口密集、乡镇企业多的平原区，污染源以生活污水及乡镇企业的工业废水为主。其中，东莞—增城南部—广州—佛山—三水一带工业最发达的地区，水土污染尤为严重，河涌乌黑发臭，城市河段水质超标，无法达到生活和生产水源标准。土壤污染、地下水污染进而导致鱼类、稻谷、蔬菜、瓜果等渔业和农业产品污染，危害到人类健康。根据地表水污染现状圈定的珠江三角洲水土污染高风险区，面积达 4720km^2（朱永官和陈保冬，2005）。

乡镇工业发展对污染物的累积和分布有显著的影响。珠江三角洲乡镇工业有两种典型模式：①主要依靠本地乡镇企业创业的顺德模式；②和主要依靠引进外资发展"三来一补"加工业的东莞模式。前者在 20 世纪 80 年代开始起步，后者则在 90 年代末逐渐后来居上。90 年代以后，两个地区在纺织服装、家具、金属制品、电子电器等产业构成上颇为相似。从产业链的演化来看，两者最初均以采购原料为主，通过简单的手工组装环节，生产出成品。产业链短，环境污染也相对较轻。但随着当地产业链不断向上游材料加工延伸，化工、印染、金属加工、电镀等污染环节的生产规模越来越大，空间分布也比较散，污染问题越来越趋同。例如，颜文等（2000）在 2000 年前后对顺德容桂和东莞石龙两个工业区周围的土壤沉积物的对比研究，发现 Hg、As、Cu 等重金属的污染在几乎所有调查点位均普遍达到轻-中度污染。外资和本地企业在污染治理方面，面临相似的问题。

这一时期，根据陈玉娟等（2005）对珠江三角洲多个城市郊区重金属土壤污染成因

---

① 广东省水利厅，水资源公报，http://www.gdwater.gov.cn/zwgk/tjxx/szygb_1/.

的调查，污染源并不仅仅局限于工业生产阶段，还包含了汽车尾气排放、城市工业和生活废水的污水灌溉，以及城市工业和生活垃圾排放等诸多环节，在工业园区不断提高工业污染控制的情况下，乡镇工业污染源的直接排放甚至已经不是土壤重金属污染最主要的来源，生活方式的改变，以及整个生产消费系统的不断扩张，构成了综合性的污染排放和治理的压力。

污染治理成为"三旧改造"中的重点领域，包括生活环境的改善，以及对污染工业的驱逐。2008 年广东省实施"双转移"政策，环境污染企业搬迁是重要推手。部分珠江三角洲城市直接采取措施促使污染密集型企业搬迁，如广州、佛山、东莞、深圳等地提出对电镀、印染、造纸、制革、化工、建材、冶炼和发酵等行业严格控制，要求逐步搬迁。以佛山对陶瓷企业的整治为例，最终使 80%的企业搬迁或者关闭（沈静和向澄，2014）。这些污染环节往往是相关产业的核心环节，如电子产业中的电镀刻蚀环节，这个环节搬迁，意味着整个电子加工的产业链的心脏被搬迁。污染企业去还是留？就地技术改造有没有可能有效控制污染？产业外迁是否能在新的地区实现技术更新，从而达到增长与污染脱钩？以环保为由对工业生产的驱逐，必然带来更大空间范围产业活动重新布局所引发的新的环境影响。而外迁的企业往往在新的生产地，规划更大规模的生产设施。因此，生产环节的产业转移总是寄希望于延续大规模生产、大规模消费和大规模废弃的生产消费模式。

3.1.3　重塑共享空间的微改造

2008 年全球金融危机的爆发深刻打击了传统增长模式的扩张。劳动密集型的生产企业在外部市场增长受限，本地土地、劳动力成本上升的双重压力下，开始自发调整生产模式。灵活小批量的弹性生产模式逐渐开始取代大规模标准化生产模式。以服装产业为例，原本依靠接海外设计好的低价大单的万人大厂难以为继，留存下来的反而是能根据海外市场四季需求变化，为品牌企业提供设计加工服务的中小企业，企业规模往往在200~400 人，其中 10%以上都是设计师。不同于来样来料加工的生产方式，新的生产模式衍生出大量设计、会展、洽谈等的商务活动。上述转型一方面在生产空间上，对旧工厂的空间需求下降，新的商务活动空间的需求上升。另一方面在生活消费空间上，传统工厂打工者的生活空间也无法满足新从业者的需求。

产业转型在现实中实实在在地发生着，但土地空间的转变却并非一蹴而就。广东率先启动的"三旧改造"，积极应对经济转型的趋势。这一过程中，逐渐形成了政府主导、开发商主导和村集体自改三种改造模式。其中，政府主导的开发模式，地方政府作为改造主体和责任人负责制定和实施改造政策、拆迁补偿标准和村民安置方案。在改造方案制订后，由财政解决村民安置补偿。完成拆迁安置后，土地通过招、拍、挂方式出让获得土地出让金收益。但这种模式一方面因一些地方政府的暴力拆迁，激化了社会矛盾。另一方面，由于土地价值升值预期不断提升，村民对拆迁补偿的要求也水涨船高。以 2007

年启动改造的深圳福田区岗厦村为例，拆迁谈判一直僵持不下，政府大幅度提高补偿，岗厦村原住民中补偿过亿元有 10 户，全村每户都超千万元。即使如此，仍有的 5%村民很长时间都不肯签约（陶然和王瑞民，2014）。

由于政府财政无法承担高昂的拆迁成本，引入私人开发商成为"三旧改造"中常见的做法。早期开发商倾向于选择与村集体进行合作改造旧厂房，按照广州市白云区 2013 年的市场价格，厂房月租金为 10~12 元/m²，尽管价格低，由于工业外迁，也有很多厂房出现空置现象。改造成办公空间以后，月租金可以增加到 40~60 元/m²，收益增长显著。而工业区旁边密度高、拆迁麻烦且补偿协商困难的旧村就无法实现改造。因此，地方政府更倾向于引进有实力的地产开发商，对整村实行整体拆迁改造。然而这种模式，就需要被改造的村落有很大的再开发增值潜力，一方面地段要好；另一方面不得不大幅度提高规划容积率，通过多建房屋，覆盖拆迁安置补偿的成本。

在工业转型升级的大背景下，珠江三角洲制造业向小规模灵活专业化的方向转变，新的产业形态反而更加需要空间上的集聚。大部分村庄在传统制造业收缩的情况下，无法通过空间再造实现上述两种改造方式的收益增长预期。结果出现村集体自行筹资改造的模式。但是这种改造由于土地产权不合法，难以获取贷款，城市基础设施也无法按照城市规划部署实施，建成后的住宅成为"小产权房"。随着国家对村镇建设用地开发的限制越来越严格，可以开展的改造活动越来越有限。

在政府主导和开发商主导下的大规模拆村重建模式难以继续扩大，而村集体建设用地的自我更新又受到诸多限制的背景下，珠江三角洲城市开始摸索自下而上的"微改造"模式。例如，2015 年年底广州公布了新的《广州市城市更新办法》，特别提出城市更新微改造的概念，也就是在维持现状建设格局基本不变的前提下，通过建筑局部拆建、建筑物功能置换、保留修缮，以及整治改善、保护、活化，完善基础设施等办法实施更新[①]。与此前的"三旧改造"相比，广州城市更新改造减少了对市场追求经济收益的依赖。各区以区政府作为城市更新工作的第一责任主体，由政府牵头开展前期基础数据的调查、更新改造总体计划的编制。在具体改造实施中，则特别强调原有土地所有者和使用者的自发升级改造动力和要求。2016 年深圳也出台了《深圳市城市更新"十三五"规划》，计划完成的各类更新用地 30km²，其中，非拆除重建类（综合整治、功能改变等）更新规模为 17.5km²，占了 50%以上，这类更新强调以综合整治为主，审慎开展拆除重建工作[②]。

告别大拆大建的更新模式给创造性的利用原有旧村旧厂的实体空间，提供了机会，从而将人们的视线从土地权属的纠葛转向对空间的现实改进和利用。评估各种改进方式的效果，需要从理解区域产业升级的方向入手。珠江三角洲的产业升级并非只是具体空间中产业活动的置换，即政策所谓"腾笼换鸟"，而是产业组织方式的变革带来区域内不同空间之间的相互联系与互动的加深。其中，创客空间（marker space）和画家村所体

---

① 南方日报，广州：城市更新资金优先安排微改造项目，http://gz.southcn.com/content/2015-12/10/content_138608626.htm.

② 新浪网，"十三五"深圳 3500 亿更新城市 包括改造 20 个城中村，http://shenzhen.sina.com.cn/news/f/2016-11-22/detail-ifxxwrwh4928102.shtml?from=.

现的共享社区颇具代表性。前者反映了全球科技产业发展中创新加速，地方共享空间起到沟通跨国创客社群与地方生产系统的作用，引导整个区域的生产模式向小规模弹性专业化的方向转型。后者则体现了在产业升级的过程中，劳动者通过创意提升产品价值，反过来也提升劳动者对自身的艺术价值认同。

3.2　创　客　空　间

深圳创客空间的发展集中反映了广东外向型制造业转型中出现的全球化与本地产业互动关系的动态变化。改革开放以来，深圳凭借特区政策优势，充分发挥毗邻香港的地理区位条件，在珠江三角洲外向型工业化的发展过程中起到了关键的带动作用。然而，早在 20 世纪 90 年代中期，就有学者预见了珠江三角洲制造、香港出口这种"前店后厂"生产模式的局限性（薛凤旋和杨春，1997）。全球化具有两面性，在本地土地、劳动力等成本要素的低价优势很明显的时候，对外开放打开了海外市场需求，并带来资金和技术的输入，工作机会吸引了外来劳动力的涌入，由此带来当地超高速的发展。然而，学者很早就开始担忧这种模式的可持续性。如果缺乏本地创新能力的培育，这一地区难免就会出现劳动力和土地成本的上升，低成本优势逐渐丧失，资本会率先撤离，随后劳动力也因难觅就业机会而离开，地区在全球竞争中陷入衰退。这个过程如果发生，也可能非常的快，正所谓"其兴也勃焉，其亡也忽焉"（王缉慈，2010）。

珠江三角洲在改革开放以后，曾多次遭遇内部和外部市场动荡的冲击，但从以往的经验来看，全面衰退的危机并没有发生。珠江三角洲地区始终能依靠改革和创新，不断向前发展。这期间地方产业不断升级调整，总体上是通过融入全球生产网络，在原有的全球价值链体系下寻求产品和工艺升级。其中以 1998 年亚洲金融危机后最为典型，珠江三角洲通过吸引外资和发展本地的配套生产，利用相对低廉的劳动力、土地成本等优势，通过区域性的产能替代，实现工艺和产品从低技术加工向复杂产品加工的升级转型。然而，在全球市场扩张阶段，以规模取胜的生产模式占据上风。这种情况在 2008 年金融危机以后，随着地价上升、劳动力供给紧缩，用工成本全面提升，企业生产开始出现转型。无论对国内市场，还是出口市场，生产企业普遍缩减生产规模，增加研发投入，提高生产灵活性，力图从基于成本的竞争转向基于创新能力的竞争（Zhou et al，2011）。

在这样的背景下，夹裹着 3D 打印、开源软硬件、独立创造等鲜明创新特色的创客运动引起广泛关注。创客运动被看成预示着基于一系列新兴技术的生产模式的革命性变化（Chris，2012）。但事实上，创客现象只是珠江三角洲产业升级的某种缩影，抛开技术上的新奇，创客圈子的创新组织方式反映了各个行业的转型特点。一方面产品创新速度不断加快，生产模块化和片段化，使得产业技术创新的模式从传统的等级化的空间分工，也就是先进的技术研发活动集中在发达国家，大规模标准化的生产制造逐步转移到发展中国家，向扁平化的分布式创新合作转变。另一方面，制造环节越来越多地参与到创新过程之中，并且在产品从设计到批量生产的关键环节发挥越来越重要的作用。

空间分散的模块化生产组织模式和企业片段化的生产使得产品设计研发环节需要更多不同专业技术之间的交流碰撞，其中有大量试错的环节，不再局限于个别企业的内部研发过程，而是需要在一个更加开放共享的环境里进行。

3.2.1　创 客 运 动

创客运动的兴起反映了全球创新发展的新动向。创客所代表的开放、共享和跨界创新，体现了生产者从自己出发，选择有兴趣、有价值方向去探索，并在探索中建立共享合作的新机制。了解这个运动的全球起源，有利于我们进一步理解其对地方生产模式转型的影响。

1. 创客起源

创客（maker）即利用开源软硬件、桌面 3D 打印机与互联网，相互分享与交流创意，并自己动手将创意转变为硬件。创客的活动空间包括线上和线下两个部分，互联网为全球创客提供了一个高效的，跨越地理阻隔的知识交流平台；而线下的"创客空间"实体空间为设计加工提供了活动场所、基本设备和硬件的共享，以及相关人员面对面的交流空间。创客空间的发展脱胎于硬件领域的 DIY（do it yourself）运动，20 世纪 70 年代美国就出现了一些技术精英社区，以亲手制作硬件，突破技术挑战为乐。此后，全球创客空间的数量增长有限，保持在一个较小的发烧友的群体中间，至 2008 年世界范围内大概有不到两百个。

从 ICT 技术的发展来看，创客群体的发展与壮大得益于两个关键事件：①Arduino 这一开源电子原型平台的出现，降低了普通人进行硬件设计的技术门槛；②3D 打印技术的推广，大大降低了小批量加工设计原型的成本（Chris，2012）。

开源软硬件是指开发者开放软件源代码、电路原理图、材料清单、设计图等受到知识产权法保护的设计内容，供使用者免费拷贝、学习和开发利用。通过提供开源许可协议，开发者以外的人也可以根据自己的需要对别人的设计作品进行修改、组合和生产，从而更加便利了开发者之间的知识和技术分享。早期 DIY 社区的技术分享并没有建立清楚的许可协议制度，随着开源硬件在市场化生产和销售中日渐普遍，相关的知识产权纠纷逐渐引起关注，由此创客圈子把软件惯用的 GPL、CC 等协议规范带到硬件分享领域。开源软硬件对开发者和使用者来说都有一定的好处，对于开发者来说，开源有助于其设计思路被更多的使用者采纳，有可能变成事实的技术标准，而且其他开发者可以对改善原有设计做出贡献，从而加速产品的发展成熟；当然对使用者来说，使用开源软硬件可以降低初始开发成本，在已有工作的基础上进一步扩展提升，为小企业和个人提供了进一步创新的有利条件。

在各种 DIY 设计工具中，最具代表性的是 2005 年意大利设计教师 Massimo Banzi 和 David Cuartielles 等为了帮助学生开展硬件设计的学习而开发的 Arduino 系统。它使用了 Atmel AVR 单片机，采用了基于开放源代码的软硬件平台，构建于开放源代码 simple I/O 接口板，并且具有使用类似 Java，C 语言的 Processing/Wiring 开发环境[1]。 Arduino 既可以独立运行，也可以与软件进行交互。通过 Arduino 语言能够设计线路板控制多种电子元件，如开关、传感器、LED、步进马达等。由于开发环境基于开放源代码，使用者可以免费下载使用，并创造性地开发出极具个性的互动作品，因此自诞生以来，大量以它为基础的项目和社区蓬勃发展，Arduino 的需求增长迅速，全球出货量超过 30 万套，与之兼容的产品则更多。

3D 打印（3D printing），是一种快速成形技术，以数字模型文件为基础，运用粉末状金属或塑料等可粘合材料，通过逐层堆叠累积的方式来构造物体的技术（即"积层造形法"）。这种技术最早出现于 20 世纪 80 年代，由于价格昂贵，仅少量用于模具制造、工业设计等领域。随着技术的逐渐成熟，逐渐扩展到用于一些高价值产品（如髋关节或牙齿，或一些飞机零部件）的直接生产[2]。3D 打印通常采用数字技术材料打印机来实现，近年来这种打印机的产销量出现快速增长，价格也逐年下降。

开源硬件 Arduino 为 3D 打印机提供了更加便宜的方案，加上其他开源技术的配合，3D 打印机的生产门槛越来越低，价格也由 20 世纪 90 年代的数百万美元，降低至数千美元，使用场所也日渐普及。3D 打印技术的进步给工业产品模具的制作带来两个重要变化：一是生产时间由原来的几个月缩短至现在的几天；二是生产成本由几万元低至现在的几十元[3]。这两个变化，不仅大大降低了工业产品模具设计的成本，而且缩短了产品的工业设计时间，可以将产品快速推向市场。

以往，产品模具的制作通常需要到手板厂定做手板，修改过几次手板之后到模具厂开模，开模成功之后再进行批量生产，一般的工业开模费均在万元人民币以上，单个手板的制作费用也需几千人民币，这样生产量越大单个产品的成本越低。而普通的 3D 打印机，一般 PLA 材料的打印价格为 4 元/g，打印一个外壳的价格可以低至几十人民币，小批量生产的制造成本大大降低[3]。从生产时间上来看，一般的工厂开模时间一般为一个月，加上模具修改的时间，花费的时间更久。而用 3D 打印，加上数据建模时间，也只需要几天就可以完成，修改也相对简便很多，大大缩短了产品推向市场时间。

2. 创客社区的独立价值

创客原本只是一个小众的开源技术社区，然而 2008 年金融危机以后，创客圈子在创新合作与融资方式上都给传统经济体注入一股新鲜活力。创客的兴起反映了某种对金融危机背后的资本增值逻辑的反思。金融市场只把资本增值作为唯一目标，以至于忘记了融资的目的原本是为了创造社会真正需要的价值而集中社会资源进行投资。而创客社区中的合作创新模式却展现出了汇集众智，做真正有价值的事的可能。

① Arduino. 维基百科. 引用日期 2014-04-28.
② 3D 打印，维基百科. 引用日期 2014-05-01.
③ 资料来源于柴火创客空间管理员与会员访谈。

　　首先，创客社区的分享精神为跨界合作创造了可能。与传统单一追求市场盈利的技术创新不同，创客社区高度认同共享价值。很多新想法不一定能发展为最终盈利的市场化产品，但是创客社区所提供的共享平台，使得人们可以在别人工作的基础上不断完善。这种开放合作的环境一方面给入门学习者提供了交流和提升的机会，同时对于跨领域的交流和碰撞特别有效。

　　其次，创客社区可以针对具体的需要，快速整合资源，形成解决方案。这其中特别体现了创客的公益创新活动之中。一些依靠市场化的融资渠道难以获得资金支持的公益项目，通过创客社区的合作，快速汇集众人的智慧，开发出简易高效的解决方案。这体现了创客对价值本身的追求，有可能超越资本增值的商业逻辑，在人与人之间建立起合作的纽带。

　　第三，基于创客的共享合作发展起众筹这种融资模式。也就是通过发起人根据特定事件的需要发起筹资邀请，通过众筹平台发布信息，邀请大家投入资金。众筹可以约定未来的利益分享，也可以纯粹的公益筹资。由于互联网技术的广泛普及，这种形式的信息发布门槛大大降低，有可能短时间集聚大众的力量。吸引大众投入资金支持的往往是有创意的活动。这种筹资方法被用来支持各种活动，包含救灾援助、创业融资、艺术创作、自由软件、新产品试制、科学研究等。因此，创客运动越来越超出 IT 软硬件的领域，而是包含了越来越多独立的艺术、环保等公众活动，使分散的投资者有可能绕过传统的金融媒介，直接选择支持自己所认可的价值追求。

3. 创客空间

　　创客运动带来的"创客空间"的发展。"创客空间"起初来自 Make Magazine 提出的 Hacker Space，直译过来是黑客空间，突出 IT 技术精英在其中的主导性。随着这类空间越来越多的向技术初学者和普通民众开放，Hacker Space 也逐渐变成了 Maker Space，也就是动手制作者的空间。创客空间通常都有一个实体空间，在这里的人们因为共同兴趣和爱好聚在一起，可以是科学、技术或者艺术。空间为人们聚会，活动、交流与合作提供了场所。创客空间为大家提供开放交流的实验室、工作室、各种加工工具和设备。来到这里的人们有着不同的经验和技能，在聚会中共享知识，帮助实现他们想要完成的设计成果。

　　2001 年麻省理工学院（Massachusettes Institute of Technology，MIT）比特和原子研究中心（Center for Bits and Atoms，CBA）发起了 Fab Lab，也就是小型加工工场，以用户为中心，面向应用的开放设计环境，包含了从设计、制造，到调试、分析及文档管理各个环节的用户创新制造环境。2006 年，国际顶级学术期刊 *Nature* 发表了系列专题，讨论 MIT 研究人员围绕 Fab Lab 理念在全球范围内的所做的创新实验探索，由此进一步推动了全球创客空间建设的浪潮。2006 年，欧盟也联合建设 Living Lab，让用户在真实的生活环境中参与共同创新。欧盟将 Living Lab 网络的建设作为利用信息技术重塑其全球竞争力，提升科技创新能力的关键措施。

由此，创客空间逐渐演变为开展技术创新活动，交流创新创业思想的场所，将创造者的乐趣与可能的市场前景连接起来。在创客运动的发展过程中，作为实体的创客空间只是区域与全球技术网络联系的一个窗口。创客空间中活动的创业者成为将地方与全球生产网络连接起来的纽带。这种纽带使价值流动中人的联系超过了物的联系，因而可以看作某种区域产业发展去物质化的先声。

在国际创客空间发展风起云涌之际，国内第一个创客空间——新车间于 2010 年在上海成立。此后在北京、深圳、南京、成都、香港等地，逐渐形成有固定活动场所和稳定社区成员的共享空间。其中上海新车间的活跃成员具有典型 DIY 社区的特点，追求做东西的乐趣，将动手创作作为自己业余的兴趣和爱好。北京创客空间是软件工程师、艺术与设计人才交汇中心，在这里，各种跨界组合交流非常普遍，往往会有意想不到的创意产生。而深圳第一个创客空间最开始由澳大利亚的资深创客 Mitch Davis 发起、SeeedStudio 公司创始人潘昊出资建立，最早入驻的一批成员为本地 SZDIY 社区成员。2009 年，这些人最初通过线上的开源软件社区结识，逐步发展到线下的 DIY 硬件交流。2011 年，澳大利亚创客 Mitch Davis 来到深圳，与对创客同样有着浓厚兴趣的企业家潘昊一拍即合，与 SZDIY 成员一起创立深圳市第一家创客空间——柴火创客空间。柴火创客空间发展至今，已在国内外创客圈小有名气，很多对硬件制作有兴趣的人在这里分享想法、制作硬件或以此为创业基地。

3.2.2　深圳创客空间的全球–本地联系

深圳是全球硬件创客创业的天堂：创客在这里可以完成从"创意到原型—原型到成品—成品小批量生产"的整个过程。这里有创业氛围浓厚的"柴火创客空间"与最前沿创新技术分享基地"开放制造中心"，又有专为硬件创业者服务的加速孵化器 Haxlr8r，还有能够为创客提供小批量生产与提供供应链服务的公司 SeeedStudio。华强北地区则是整个创客圈生产制造的大本营：这里有最完善的电子零配件生产商，有可生产各种规模的电路板生产商与最新的创意电子产品展台；其电子供应链微生产系统不仅效率全球最高，而且价格低廉。

深圳创客生态圈的组织方式提供了一种不同于珠江三角洲传统外向型加工业的产业链结构和功能配置方式。图 3-1 从全球联系和本地联系两个层次，揭示了深圳创客生态圈中不同主体在从创意设计到原型加工，再到融资和市场开拓，并实现小批量生产全过程中设计者、生产企业及融资平台之间的基本功能联系。

1. 创意到原型

依靠创客空间提供的场所、工具与人脉资源，创客们可以在这里将自己的创意制作成原型。创客空间为创客提供的工具大多为较大型的制作产品原型的 3D 打印机、激光切割机、电路板焊接工具等工具。作为创客创业初期的工作场所，创客空间也可以为创客们举办各种硬件创意、创业分享活动。除此之外，创客空间还可为创客们提供"人脉"资源：来创客空间交流活动的有软件工程师、硬件工程师、工业设计师、律师、供应链服务公司等，创造产品的各个行业的专业人士都汇聚于此。

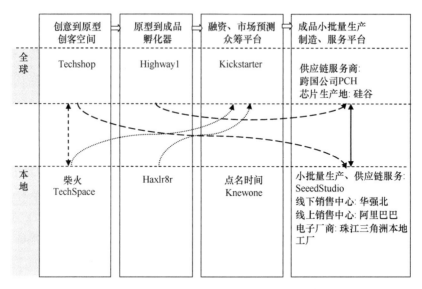

图 3-1　深圳创客圈的全球联系与本地联系

深圳创客空间有两个：柴火创客空间与 TechSpace。柴火创客空间成立于 2011 年，由 SeeedStudio 赞助场地租借与管理员服务费用。最初成员为深圳 "SZDIY" 这一社区的十几个固定会员。后来随着举办的分享活动越来越多，柴火创客空间在硬件制造圈的知名度也越来越高，成员也越来越多。TechSpace 成立于 2013 年，与柴火创客空间的经营模式不同：柴火创客空间是非营利的，由 SeeedStudio 赞助场地与管理员费用，仅因日常运营维护向会员收取少量会费；TechSpace 则注册公司，通过会员会费维持日常运营，通过帮助创业团队孵化产品获取股份来盈利。

针对不同的需求，创客空间每周举办固定主题的分享活动：有新产品创意分享、创业经验分享、开源硬件制作工作坊等。跨城市之间的创客交流依赖更大规模的创客活动：全国创客马拉松竞赛以比赛的形式，为创客们提供了更大的展示与交流平台；由 SeeedStudio 自 2012 年每年举办一次的 Maker Faire 则是得到 *Maker* 杂志授权的国际创客交流活动，来自世界各地的创客们带着自己的产品在深圳聚会交流。这些大型活动的举办都得到了 SeeedStudio、中国软件开发联盟 CSDN、小米手机、关注软硬件创业新媒体等单位的赞助与支持。

2. 原型到产品

完成从"原型"到可交由工厂进行批量生产的"产品"，需要创客与工业设计师密切合作、交互设计完成。创客一般擅长软硬件设计，因此创客一般会进入"孵化器"完成产品的工业设计。来到深圳的孵化器有两个：Haxlr8r 与 Highway1。Haxlr8r 将孵化的主体部分放在深圳，美国孵化器"Highway1"则将深圳定位为硬件制造基地。

Haxlr8r 为创业团队提供单笔 25000 美元的种子基金、免费的办公空间，以及导师扶持资源。整个孵化加速项目历时 111 天，有两个工作地点：孵化基地在深圳华强北，展示地点（DEMO）在美国硅谷。创业团队除在技术方面获得支持之外，在商业模式、市场营销、品牌宣传、产品设计等方面也会得到帮助和扶持。项目结束后，Haxlr8r 会继续给优秀团队追加投资，同时联合其他投资机构帮助团队进行后续融资。作为回报，Haxlr8r 一般在项目中获取 6%~10%的股权。

Highway1 是爱尔兰 PCH International 公司旗下的一个创业孵化项目。PCH 是一家为企业提供供应链服务的公司，创立于 1996 年，总部位于爱尔兰科克，主要运营基地设在深圳。深圳的运营基地负责联系中国境内的制造商，为客户提供生产、包装、全球货运等服务。Highway1 初创于 2013 年，主要帮助孵化有潜力的硬件初创公司。这个项目为初创公司提供 4 个月期的孵化过程，其中有 2 个星期是专门在深圳，让硬件创业者来深圳参观深圳华强北地区，并和潜在的合作厂家见面洽谈。除此之外，Highway1 还为创业团队提供 2 万美金的早期资金。作为回报，Highway1 不仅可以获得初创公司 3%~6%的股份[①]，PCH 也可获得这些公司成长起来后的后续合作机会。

3. 融资与初步市场预测

做出原型之后，进入孵化器的创客团体在孵化期结束之后会选择将产品发布在众筹网上，以募集生产启动资金并对市场做出预期；未能进入孵化器的创客们也会选择众筹网进行初步市场预测与小规模融资。众筹网具体有以下功能：①在正式推出市场前，针对产品定位、产品定价、使用反馈等作出市场预测，并根据网上的"点击/支持"这一转化率对市场进行预判，作为向工厂下订单依据；②作为展示平台，很多投资人、国内外代理商、代工厂通过众筹网站找到合适的项目主动联系进行合作；③让消费者提早参与到项目中，以获得忠实用户群体；④获得媒体报道，增加产品曝光度。

众筹网发展比较成熟的是美国的 Kickstarter，国内的众筹网大多模仿 Kickstarter 运营模式。Kickstarter 上线于 2009 年，是一个通过网友募捐来协助项目发起人达成目标的网站。对于项目支持者，若项目在规定时间内支持金额未达到预设值，即众筹失败，则所支持的款项将全额退回；若成功，支持者将得到事先约定的回报。由于回报给支持者的优惠不涉及金钱与股权，项目发起人享有对项目的完全自主权，因此这更像是支持者预购。目前，参与投资支持 Kickstarter 上项目人数有 570 万，共募集到 10 亿美元。这些募集者来自全球 224 个国家和地区，其中来自美国地区的出资方的出资金额最高，达 6.63 亿美元，其次是英国，达 5400 万美元。

由于众筹模式当时还未在国内流行起来，且与众筹相关的法律法规并不完善，因此国内众筹网上的项目募集到的资金通常较小；而 Kickstarter 运作成功项目较多，国外媒体报道率也高，在硬件项目众筹里全球影响力最大，吸引到欧美等国家的投资也多；加

---

① 数据来自 Highway1 在柴火创客空间的宣讲。

上创客们的项目通常市场小众，对大多数消费者来说价格偏高，因此创客们在国内众筹网上试验之后，即重点进行在 Kickstarter 上的众筹。

4. 小批量生产

在市场预测完成、生产资金到位之后，则是寻找工厂进行小批量生产。

这里有三种比较成熟的小批量生产平台：①为创客进行供应链服务的公司；②电子元器件销售平台；③传统贴牌生产厂家。

SeeedStudio 成立于 2008 年，是国内开源硬件界最早一批生产、销售开源硬件的公司，在全球同类公司中其业务规模居全球第二。其在 2008 年 8 月建立的电商网站面向海内外销售开源硬件。电商平台不仅卖自己的产品，还代理或者利润分成销售其他团队的产品。这种平台分享的理念不仅帮助了同行创业团队，也增加了自身产品的丰富度。除了销售产品外，电商网站还会收集创客的创意，并将这些创意放在创客社区分享交流；针对好的创意，SeeedStudio 会协助他们制作原型、小批量生产或者代理销售。

华强北市场和阿里巴巴电子商务平台则为创客们提供了电子元器件的采购平台。华强北市场位于深圳市福田区，这片区域大约南北长 930m，东西宽 1560m，面积约 1.45km^2。华强北是国内最有影响力的计算机硬件、电子元件市场之一，也是一个业态十分丰富的商业街区。据统计，目前华强北共有各类专业市场 23 个，专业市场面积超过深圳全市总量的 20%，其中经营面积 1 万 m^2 以上的大型商场有 14 家，是电子配套、家电、珠宝、钟表、服装等专业市场聚集的商业旺区。每日的客流量在 50 万人次以上，日资金流量达 10 亿元人民币[①]。除了华强北这一电子零配件最齐全的实体市场之外，淘宝与阿里巴巴 B2B 上来自全国的电子元器件生产商也可为创客提供种类众多与价格低廉的电子元器件选择。

3.2.3　从创客空间到全球工厂转型

深圳创客空间是全球创客与整个珠江三角洲地方生产系统建立联系的节点。这得益于珠江三角洲完善 ICT 产业链。这里数量庞大的生产企业可以为创客提供不同生产规模的加工制造便利。广东省电子信息产业总产值占全国 1/3，具有计算机、电子元器件、通信、视听产品（音响、DVD、VCD 为主）等门类齐全的配套生产能力。以手机生产链为例，深圳目前集中了国内 75%的手机制造商、60%的手机研发设计商和 90%的全国手机包销商，手机生产零部件配套率达到 99%，成为海内外最大的手机研发设计、制造与交易中心。这些加工厂原本主要承接大规模的出口订单，但自 2008 年全球金融危机以来，海外订单出现不同程度的萎缩，越来越多具有较强生产能力的企业也开始选择承接小批量加工的订单，并通过设备更新，流程优化等方式，提高生产的灵活性，以适应新的竞争环境。不仅仅是中小制造企业开始转向与创客合作，一向专为全球顶级品牌企业提供代工生产服务的富士康也开始重视与创客创业团体的合作。富士康于 2014 年 4

---

① 华强北. 维基百科. 引用日期 2014-05-02.

月推出 Kick2real 在线平台，专为创业的创客团队提供孵化服务，帮助创业公司完善产品设计，并更快实现规模化量产。富士康在这一过程中，也通过参股、参与产品设计等形式，向产业链的研发和市场环节延伸。

1. 一个智能耳机的故事

一个海外创业者通过深圳创客空间实现其创意耳机的生产过程就很好地揭示出创客空间与珠江三角洲地方生产系统之间的互动关系（图 3-2）。创业者 Nicole 是一位出生于中国香港、童年在加拿大度过、之后回到中国上海完成初高中教育，最后考入美国硅谷附近大学的加拿大籍华人。他的外公拥有一家家具厂，父亲是一位造船工程师。他继承了父辈对于工程的热爱，从小热爱动手做工艺品。高中时，Nicole 加入了上海的创客空间，并在里面做出了智能眼镜、太阳能电池充电器等电子产品。2011 年他考入美国硅谷附近的大学学习电子工程专业，在学习期间和同学创立了一个教非电子专业学生做软硬件的俱乐部。2013 年夏天，大学二年级的 Nicole 与同学休学在硅谷创办了自己的公司，目标是做出整个系列的可穿戴式电子产品。

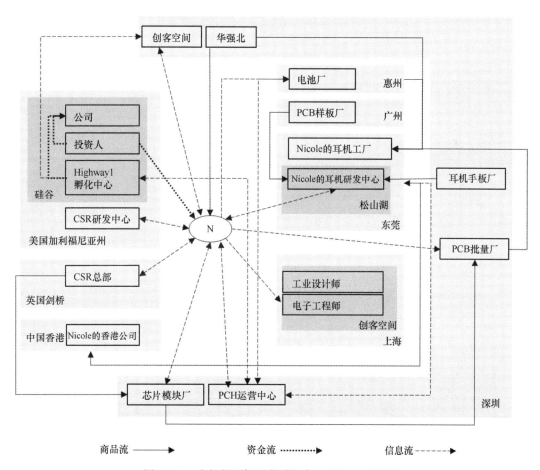

图 3-2 一个智能耳机研发过程中的全球-本地联系

　　公司创立之初的目标是做出整个系列的可穿戴产品，但是第一个产品做什么，Nicole 综合考虑了产品的创意、市场、商业化程度、品牌影响等几方面后发现，身边的大学生群体对音乐的分享需求很高，但是目前仅能在社交网站分享，当他们在线下一起玩儿的时候，各自戴着耳机无法方便的分享音乐。因此，Nicole 决定挖掘耳机的社交功能，让线下交往的人群也可以方便地用音乐沟通。除了耳机的创意，他也考虑了耳机的商业化程度、对自己品牌的影响诸多因素，最终确定公司的第一个产品做交互式智能耳机。

　　2014 年 4 月，Nicole 将公司设在硅谷附近，在上海聘请了耳机工程师与工业设计师。还有两个运营中心，一个位于美国洛杉矶，为美国境内客户服务，还有一个位于中国香港，为非美国境内客户服务。Nicole 自己负责电路板设计，公司的另一位联合创始人负责开发 APP 程序。在上海创客空间里，Nicole 又遇到自己的耳机工业设计、测评师。在决定到深圳开发制造以后，Nicole 有一半时间在硅谷公司，与公司运营团队和技术支持、投资人会面；一半时间在中国，与东莞松山湖研发中心、深圳华强北、深圳 PCH 运营总部、珠江三角洲其他制造商会面，并将东莞研发中心的信息反馈给上海的工业设计师和工程师，成了名副其实的空中飞人。其间除了处理公司事务，Nicole 还经常去创客空间参加活动，与其他创客交流想法。获得专业技术支持和建议。

　　创意制作成原型后就要进入小批量生产。在这个环节，Nicole 需要在珠江三角洲选择加工工厂，建立自己的供应链体系（图 3-3）。N 接受过 Highway1 的供应链管理培训，并可直接与 PCH 的长期合作厂家合作。耳机最重要的部分耳机芯片采用的英国 CSR 公司的产品。CSR 将芯片源代码提供给 Nicole，Nicole 可以方便的写入新的程序来实现更多的功能。尽管采用了英国公司的耳机芯片，但是因为耳机芯片太复杂，如果直接购买

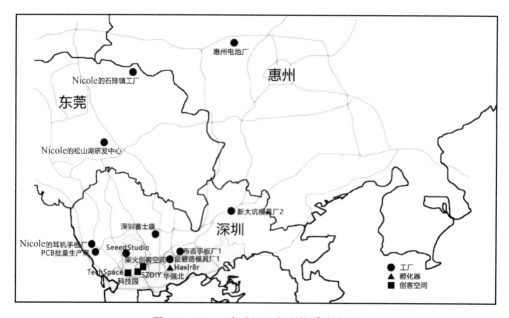

图 3-3　Nicole 在珠江三角洲的采购地图

再贴在 PCB 板上，这样不合格率会很高。因此，公司决定购买深圳一家公司的模块，这个模块是一个小的 PCB 板，包括 CSR 公司的芯片和其他小元器件，再将模块交给 PCB 板厂，由 PCB 板厂将模块贴在耳机主 PCB 板上。模块的合格率由深圳的模块公司负责，主 PCB 板的合格率由 PCB 板厂负责。这一个环节为了提高可靠性，经过了反复沟通和改进。至于其他外围产品深圳周边的加工能力非常成熟，耳机外壳制造企业、电池厂都是 PCH 的合作厂商，由 PCH 帮助搭建合作关系。

2. "山寨"涅槃

深圳的创客基因可以上溯到曾经广受诟病的"山寨"文化。这是一种对市场高度敏感、低成本化、产品微创新、灵活高效的生产组织模式。其中在手机生产中尤为突出。

2005 年，国家发改委将手机生产的审批制改为核准制，降低了手机制造商的行业进入门槛。与此同时，中国台湾联发科技公司推出了手机制造单芯片解决方案，把原来需要几十人花一年多时间才能完成的手机主板和功能软件集成到一起。过去手机芯片开发成本动辄上亿元，因此小的电子制造商无法进入。联发科技公司提供的芯片让手机生产没有了门槛，从研发到销售都有专人分工，包括液晶屏、耳机、电池、充电器、手写笔甚至摄像头镜片、防尘网等都有专业厂家在做，形成了非常成熟的产业链。

华强北的电子交易市场与珠江三角洲众多的小电子制造企业形成了联系紧密的"山寨"手机生产体系：电子制造商在华强北租一个小柜台展示自己的产品，而来自全国各地的经销商来到此洽谈生意。往往由经销商提出需求，厂商根据需求在很短的时间内（通常在一个月以内）就能生产出一款新的手机。随着技术的进步，手机生产技术越来越成熟，手机不断根据市场需求推出新的款式，而价格却不断下降。加之"山寨"手机没有申请电信终端测试技术协会（TAF）的入网许可检测，因此价格比品牌手机低 50%左右，国内三四线城市及广大的农村地区迅速被"山寨"手机占领。

由开源的 Android 系统配上联发科技公司推出核心芯片解决方案，以及下游的方案集成商构成的组合降低了智能手机生产的进入门槛。但是这也造成了"山寨"手机行业的惨烈竞争。新进入者往往缺乏品牌和销售渠道，很多"山寨"厂商只能打成本战，质量和售后服务都缺乏保障。"山寨"产品还陷入大品牌企业的知识产权保护的围剿之中。"山寨"整体的次品形象和盗窃知识产权的小偷形象，深深束缚了本地手机生产网络的发展空间。然而，这样一种"山寨"文化与接受开源共享协议的创客精神却找到了某种一拍即合的默契，创客们在这里能方便地找到实验各种创新想法的合作者和生产途径，而"山寨"也仿佛从创客那里找到了自身身份的正面认同。以往处境尴尬的"山寨"成为新一波的创新主力。

3.3　文　化　社　区

创客运动与珠江三角洲地方生产网络的结合主要体现在硬件生产创新模式的转变

上。而文化消费的转型升级则反映了本地生产系统演化的另外一个有趣的维度。随着文化消费越来越商品化，渗透于日常消费产品与服务中的符号意义与审美价值也日益影响商品的价值，由此文化生产在地方经济中的地位日渐提升（Scott，2000）。文化产品的生产主要依靠生产者个体的创造性劳动，特定的空间会因某种艺术工作者的集聚而被赋予特定的气质，反过来艺术工作者在这样的集聚空间中又常常能获得创作的灵感（Drake，2003）。深圳布吉的大芬村是一个油画生产的空间，同时又是珠江三角洲典型的"城中村"。其油画工业既是文化产业，又脱胎于工业化的生产方式。在油画产业的转型发展中，农村与城市，艺术家与行画画工，矛盾的空间和身份认同的危机构成了这个文化社区的独特气质。

3.3.1　油画工厂

　　大芬村位于深圳原二线关布吉检查站东北不到 3km 处，面积 4km²，本村人口 300多人。改革开放前，大芬村是珠江三角洲一个普通的村庄，村民靠种田为生，人均年收入不足 200 元。改革开放后，村里借着深圳特区的东风，通过发展工商业，生活水平逐步提高。1989 年，在香港经营商品画的黄江带着十几位画工来到大芬村，租用民房，将复制油画名作的过程按照标准化的生产流程加以组织，改造成流水线式的廉价、快速、大规模复制的行画生产方式，形成了"市场订货，画家制作，画商收购，国外销售"的"大芬模式"（陈倩倩，2006）。此后，美术学院毕业的学生，甚至小有名气的画家也纷至沓来，画工数量逐步增加，到 2000 年前后已达到 2000 多人的规模，形成了流水线厂房与家庭作坊并举的商品画加工基地（表 3-1）（隗瑞艳，2004）。

表 3-1　大芬村发展大事记

年份	事件	意义与影响
1989	香港画商黄江入驻	油画产业进入大芬村
1998	大芬村向城中村的转变	油画产业链体系形成
2001	油画一街建成	村内首个油画专业市场形成
2003	流行风向由传统题材转向抽象	原创画家阶层萌芽
2008	金融危机	市场由出口为主转向内销为主

资料来源：整理自文献与网络资料。

　　2008 年的金融危机对被誉为"第一油画村"的深圳大芬村造成重创：订单骤减60%，在广交会上仅实现 108 万元的交易额，不到前一年交易额的 1/30[①]。无数中小画廊倒闭，画工失业。然而，在经历过 2008~2009 年两年的生死挣扎以后，大芬村油画产业的销售业绩出人意料地强势反弹，呈现出较先前行画时期更为兴旺蓬勃的

① 新华网，国际金融危机席卷中国油画村的繁荣。

发展态势（图 3-4）。

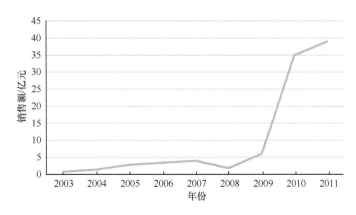

图 3-4　大芬村历年销售额

数据来源：金融危机前（易全，2007）、中（冯炳文，2011）、后（谭志红，2011）

金融危机使得一度占据全球商品油画 60%份额的大芬村陷入困境，在 40 天内为沃尔玛公司这样的大客户提供 40 万张复制《蒙娜丽莎》肖像画的时代一去不复返。此外，"城中村"的业主不断抬高原先的房屋租金。类似世界很多艺术家社区，大芬村当年也是凭其低廉房租得到了香港画商的青睐。而到 2012 年，这里的房价已从原先的 2000~3000 元/m^2 涨到万元/m^2 以上。

类似珠江三角洲其他外向型加工业，大芬村是全球化及区域分工的大背景下，拥有劳动力成本优势的发展中地区承接全球产业链低端环节转移的一个文化产业的案例。而其升级也呈现出与加工制造业类似的机制和路径：在企业层面体现为从生产技艺相对简单的行画到复杂题材的艺术作品的产品升级；在区域产业集群层面体现为从行画的标准化批量生产到产品的差别化以及生产方式的柔性化的工艺升级；在产业链地域分工层面则类似服装、电子等制造业，从委托组装（OEA）或委托加工（OEM）到自主设计加工（ODM）乃至自主品牌生产（OBM）的产业链功能升级。

波特（Michael Porter）于 20 世纪 80 年代提出"价值链"（value chain）的概念，被经济地理学者引入全球生产网络组织的分析中，用来揭示商品价值在不同地域劳动分工的主体间的分配关系。文化产业的价值链，同其他产业一样，由产业链的各个部分的增值环节所构成。在全球化视角下，地方的产业升级一般是指自地方企业在全球产业链中自低附加值环节向高附加值环节攀升的过程。如何理解产业升级、并在此基础上推动区域产业的升级进程是学术界与实践领域共同关注的议题。发展中国家的产业往往凭借代工这一途径进入全球生产网络，起初只是赚取微薄的加工费。但产业活动如何积聚技术和市场优势，并提升产品附加值，则往往受整个生产网络动态竞争与治理机制的影响。

产业链按动力机制可分为生产者驱动型（producer-driven）与消费者驱动（buyer-driven）型两种（Gereffi and Korzeniewicz，1994）。西方油画行业，从艺术家创作到收藏者购入的过程中，展览作品的画廊环节在产业链中扮演了至关重要的角色。在一个不确定性及风险性较大的产业环境中，画廊不仅提供商品展示与销售，而且针对目标市场细分艺术作品的品类。在艺术水准较高的油画作品创作中，艺术家引领着消费者的审美意识，以突破传统的独创性为目标，因此这种艺术产业链类似某种生产者驱动型的产业链治理机制。而行画则完全从大众消费的需求出发，强调产品的批量复制。掌握订单的买家在行画生产的整个价值链中居于控制地位，因此可视作某种消费者驱动型的产业链。总之，在行画模式中，价值创造的来源不再取决于创作者的艺术灵感，而是受制于买方的订单需求，标准化的复制使得画工如同流水线上的工人，失去了艺术家的主体性（图 3-5）。

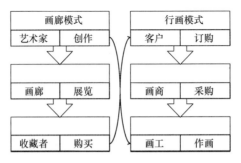

图 3-5　油画产业链的驱动模式历史对比

正如研究者已经指出的，多样化并不能简单等同于大规模定制（mass customization），因为后者的本质在于消费者参与到从设计开发到制造装配这一生产过程。主体日趋杂糅的抽象消费者群体正在更大的意义上成为制造者的竞争对手而非曾经被动接受商品的主顾。但这种界定既非静止的也非截然对立的，而倾向于体现为二者的抗衡，其结果决定了产业链上利益，以及价值的输出方向，无论生产者还是消费者相对另一方的强大都将对产业的价值链动力机制，以及升级方式造成显著影响。后金融危机时代的大芬村从这个意义上可视作是生产者的一次成功收复失地。

一般认为，消费者驱动型的价值链相对更容易实现工艺和产品的升级，功能升级则更普遍地存在于生产者驱动型的产业链中。生产者驱动型的产业链具有垂直一体化的特征，相应需要更强有力的领导者组织协调其生产过程，这一点很明显地体现在依靠技术进步创造消费需求的产业中。那么，高度倚重特殊专项技能劳动力、生产过程不能缺少无法为机器所替代的人的才华、灵感与创意的文化产业，其升级的驱动力是否同样来自生产者、并表现出生产者驱动型产业的升级特征呢？

3.3.2　价值链攀升

大芬村的油画产业升级提供了村镇文化产业价值链攀升的鲜活案例。从产品生产的过程来看，价值提升与产量下降，体现了产业升级过程中的去物质化特征。这种特征与珠江三角洲众多出口加工产业的转型异曲同工。

1. 工艺升级

国内的油画市场大致可以分为高端和低端两种，分别以北京宋庄与深圳大芬村为代表。二者的精神气质有着鲜明的差异，其根源在于生产工艺的截然不同：包括大芬村在内的国内大多数所谓的画家村①是自行画起家的，此类商品油画颠覆了传统绘制过程，多采用大芬村吴瑞球发明的流水线模式进行大规模批量生产。通过仿效标准化产品的流水线分工模式，把某幅名作的绘制步骤分割成若干标准化的细节，由各司其职的画工在流水线上批量完成。行画时期的大芬村所接订单的订量极大，需要大型集装箱运送出口，因此大部分零时招聘的画工都是没有经过任何艺术专业训练的农民工，但只要经过短期培训，他们就可以在分工精细的流水线上通过重复简单动作进行油画绘制。

工艺升级指的是通过重新组织生产体系来达到从投入到产出更高效率的转化。在大芬村油画产业的工艺升级过程中，不仅有喷画②这样的技术改进，更重要的，是随着消费者对审美体验与身份认同这方面的关注加强，产品的相对唯一性也被放在愈加重要的位置被突出强调。在这一市场对高品质独特产品的需求推动下，在大规模流水线生产的行画需求下跌之后，独立完成单幅作品重新成为主流生产模式。而随着画师对绘制过程中的细节更精确的把握，其创作自由度也相应得到提升。这种柔性的组织生产方式是对之前垂直一体化生产系统的解构与重组。

2. 产品升级

包括艺术品在内的非必需品的消费类似某种吸收社会剩余财富的海绵，它处于经济发展过程中高层次的消费阶段，也是在经济萧条时最先遭到缩减的开支。金融危机造成的市场缩水导致了海外市场大幅缩减。2012 年大芬村的油画出口量仅为 2011 年的 30%，2006 年的 14%。不过，在表 3-2 金融危机前后大芬村门店类型结构的对比中，可以看到，行画时代的远去并不意味着大芬村油画产业的没落。相反，这里油画门店在数量和比例上都更增加了。而为其配套的上游材料，如画笔颜料等各种绘画器材的供货商更是成倍增长。

表 3-2　金融危机前后大芬村门店类型构成及变化

门店分类	油画		油画配套		书法国画		其他		总数	
	数量	比例/%	数量	比例/%	数量	比例/%	数量	比例/%	数量	比例/%
金融危机前	445	71	28	4	55	9	15	2	623	100
金融危机后	583	75	73	9	53	7	63	8	776	100
改变	↑	↑	↑	↑	↓	↓	↑	↑	↑	—

资料来源：危机前后的数据整理自文献。

---

① 如福建厦门（乌石浦与海沧）与莆田、浙江义乌等地的油画村。
② 喷画一般是指由机器先在画纸上喷绘出油画的轮廓，再由画师在此基础上勾勒线条与填充色彩。这样可以大大节约作画时间并降低劳动的复杂度，便于廉价油画作品的大批量生产。

在大芬村的油画市场上，订单主要有外贸单、工程单与针对散客的零售单三种。一般而言，外贸单是其中单批次订量最高而利润率最低的。大芬村的出口市场曾广泛分布于中东、北非与欧美各地，接到的多为大超市或酒店集团批量采购的大订单，因此一度有过"占领世界的墙壁"这样的口号。金融危机的直接影响是海外需求的缩水，这直接导致了原先占据市场主流的行画的比例大幅下降，沿街门店里展出的油画风格与类型趋于多元，原创题材开始走向舞台中心。即使是非原创画作也呈现多元化的趋势，除了《蒙娜丽莎》肖像画、梵高画作这样的流行产品，洛可可艺术、前拉斐尔派、印象派等多样的风格流派都有大芬村的画室进行仿制，一些国内当代著名画家岳敏君、王沂东的仿作也拥有一定的市场份额。

产品升级是指通过进入更复杂的生产线，从而实现单位产品价值的提升。众所周知，本地中小企业间形成的密集且稳定的合作网络是马歇尔式新产业区最重要的特征之一，此种网络中培育的学习效应与创新活动，使得整个生产体系得以对瞬息万变的市场需求做出最快的反应。和服装产业一样，大芬村在批量生产之前需要对潜在消费需求在实验基础上做出预先判断，这便要求对时尚流行的动向保持高度敏锐的嗅觉。笔者于2012年春节后去大芬村时发现，比起年前，一夜之间几乎所有的画廊都在出售克里姆特（Gustav Klimt）的复制作品，原来，这位象征主义大师的150周年诞辰即将到来。不过，数周后再去大芬村，这阵"克里姆特风"已经销声匿迹，这也从侧面反映了市场的敏捷与灵活。

3. 产业链与功能升级

在经历十余年的发展以后，大芬村已经成为最重要的国内油画产业生产基地之一，产业链上下游前后向分工体系分明、专业性附属行业与配套性服务行业齐全。行画时代的大芬村建立起来的产业联系，作为缄默知识（tacit knowledge）的重要组成部分，成为以后大芬村转型的重要竞争力来源。

功能升级是指向产业链中涉及更高附加值部分的攀升。对于诸如日用消费品这样的无差别商品而言，在完全竞争的市场内，商家的利润空间在竞争过程中被挤压到最低；而消费者关于多样化和个性化的关注，亦即差别化产品的追求，则为价值链中生产者的增值部分开拓了新的空间。无差别化①的特征使得行画更接近于普通消费品而非文化产品。早年大芬村油画生产环节的附加值被压至最低利润水平，价值链中的大部分附加值被国际贸易商所攫取。而今，油画产业从出口到内销的转型促进了画师创作自由，大芬村根据市场发展的需求将油画艺术做成集油画生产、展览、收购和销售一条龙模式的完整产业链，进而实现了产业链的升级。

---

① 这种差别化可类比本雅明阐释的、艺术作品所具有的"即时即地、独一无二"的"光晕"（aura），虽然在他的预言中，这种光环将在"机械复制时代"分崩离析。

3.3.3　从画工到画师

相比一般的商品生产，大芬村的特殊性则体现在文化产业在大芬村身份认同的模糊性上。行画作为名画的复制品，缺乏文化产业所应具有的原创性，以及扎根于本地的地方性知识或文化意识形态输出等特征。而本书之所以选择用文化产业的视角与框架来审视大芬村的油画产业，首先是因为行画（作为产品）在今日的大芬村已经不是主流，其次是画家（作为劳动主体）在访谈中体现出来的身份认同明显倾向于艺术家（画师）——而非画工或画商，最后也是最重要的，是大芬村的升级体现了人主动的自我价值认同与产品增值之间的相互影响（表 3-3）。

表 3-3　两种不同类型的文化产业园区

产业园区特征	艺术型	商业型
地理位置临近产业链节点	生产地	销售地
园区艺术工作者身份认同	艺术家	画工，或兼画商
产品价格	昂贵	相对便宜
艺术风格	原创，实验性强	成熟并趋于稳定
收入	利润高但不稳定	利润低而稳定
创作过程	较漫长，独立完成	模仿—复制
生产工艺	创作-展览-下单	订单—分包—收购

无论是从产业的产值产量还是行业整体的影响力与知名度来看，国内可与大芬村相提并论的唯有宋庄。一般认为，宋庄更"艺术"而大芬村更"产业"。事实上，被地方政府定义为"原创艺术集聚区"的宋庄也有接受行画订单的画师，依靠"山寨"名画起家的大芬村也曾在画博会上拍卖过百万元价格的原创作品。所以，以上两种脸谱化的分类并非截然分明地体现在宋庄与大芬村文化产业的实际运作中，而是以一种杂糅的方式同时共存于两个油画产业基地。这一此消彼长的过程同样微观地体现在艺术家创作的层面：无论是宋庄还是大芬村的画家都会反复谈及他们在维持现实生计与坚持艺术理想中的矛盾与权衡，无论他们最后做出的是更偏向前者还是后者的选择。

文化产品的价值基于对艺术作品的审美或社会性价值的特殊信念，其消费过程作为一种人格化交易（personalized transaction），不可避免地会输出意识形态的副产品，也就天生地具有教化的意味。创新型产业的竞争力来源、亦即其创新过程中最重要的元素是"人"——不是大规模生产流水线上被抹去身份的、平面化的、无差别的人，而是拥有自我表达与创作欲望的艺术家，以及在自我意识的主动推动下、选择具有符号意义的商品来标识身份的消费者，否则，文化产业的产品就不可能被生产出来，也不可能有受众、回音与反馈。

如上文所述，大芬村油画的产业升级具有全球价值链下地方产业升级的典型特征。然而，在产品构成、生产功能的变化之外，真正推动产业升级的动力来自画工对自身创作能力和价值的追寻。而金融危机所带来的外部市场变化，为这种追寻的努力提供了释放的空间。尽管对文化产业缺少原创动力的批评早已在政策层面滥觞，但产业升级终究是外部市场环境与生产者努力纷争两种力量平衡下的现实路径选择。对大芬村油画产业升级案例的重新审视，有助于反思它对于全球价值链中的发展中国家的地方性产业、尤其是文化产业的发展所具有的普遍意义。

有研究者以韩国的电子产业为例讨论东亚地区所面临的"后发制于人"式制造业的升级障碍，包括黏滞化的专业分工、被限制的学习与创新能力、劳动力技能的不足导致的知识平台的浅窄，以及由此产生的僵化结构等。这些天然缺陷造成整个产业应对外部市场的柔性不足，因而在外部经济危机来袭之时难免陷入危险的境地。一味专注于模仿，自身学习能力会受到束缚而无助于创新能力的提升，这也是我国"山寨"行业体系的通病。

我们可以在行画时代的大芬村发现类似的缺陷：发展中国家在借由低成本劳动力优势进入全球产业链、依靠大规模同质产品的生产获得低附加值而参与到全球产业链以后，生产者和消费者的交流被排斥到边缘地位，这样的地位很难为产业升级带来知识积累与学习能力的提升。而在这些内部缺陷以外，工资上涨、货币升值与全球性的经济衰退进一步成为发展中国家产业升级的外部障碍。

金融危机以后，珠江三角洲的产业面临着普遍的市场困境，升级成为唯一的出路。如果说 IT 产业的主要压力来自技术方面持续不断的更新换代，那么像大芬村这样的文化产业所面临的最大挑战则来自于市场的不确定性。恰恰是行画时代企业间灵活的转包与分包联系培养了整个行业应对风险的弹性机制，使它们能在外部形势转变的情况下，得以从简单复制向相对复杂创作活动转变。从而充分利用国内与国际市场的"两条腿"实现持续增长。其中，一些复制技艺精熟的草根画工萌生出对艺术原创性的渴望与追求。这种升级动力超越了价值链上不同主体之间利益重新分配的博弈，而回归到人类创新活动的精神价值的本真。

大芬村内，除了出售作画工具的辅助性门店以外，大部分门店之间呈平行结构，相熟的画商之间着有正式或非正式、定期或不定期的沙龙、聚餐、茶话会等，信息就在这样的多主体创新网络结构中交换流动。不同的画坊之间既存在着竞争关系，同时也在竞争中互相学习，分散的作坊式小企业间的良性互动及其作为行业整体所具有的多样化优势有助于生产组织的柔性深化与风险规避，以应对快速变化的市场需求。这种柔性同样微观地体现在劳工层面，大芬村目前云集了来自全国各地的画师、画工超过 1 万人，其中超过 75%是自由职业者，画工与画商之间的合作形式体现出硅谷式的自由。

在文化产业中，地理的重要性除了通常意义上的空间集聚，更在于地方意识形态文化和制度文化对产业的影响。即使如今的全球化年代，地点依然是传统、习俗、风尚与身份意识的培育温床。艺术家的灵感与消费者的认知模式，无不带有地方文化的教化影响。技术壁垒以及马太效应使得发展中国家很难在后进的不利局势下发展自己的核心竞争力，来自大芬村的文化产业案例则为升级提供了一个新的思路：草根的生产者为同样来自草根的消费者提供了这一阶级的审美认同或是自我表达的产品与服务，从而自下而上地另辟蹊径，开拓了产业的升级空间。

油画本是西方文明的产物，宋庄画家群在国内艺术界享有良好的口碑，走出海外却难以避免在西方主流文化中被边缘化、甚至成为猎奇对象的他者化命运。在法兰克福学派的学者眼中，文化工业将无可逆转地在商品经济大潮中走向堕落，本雅明用"灵光消逝"来形容这样的异化时代。反观大芬村这样曾经跟在市场的风向标后亦步亦趋的典型"机械复制时代的艺术"案例，反而是在行画供应"断奶"以后的摸索中，为我们开拓了草根阶层自下而上地朝向更本真的艺术追求的另类道路。

3.4 城市边缘

创客空间和画家村展现了珠江三角洲两种产业转型道路。前者是全球创客网络透过深圳的创客空间与亟待转型的地方生产系统建立起联系的纽带。后者是油画村的画工在全球行画市场衰退的情况下主动寻找艺术的身份认同以提升画作的价值。这两种模式都呈现出产业转型对地方生产系统的改变，体现了物质流缩减和创新价值提升的共性。正因为珠江三角洲要寻求在全球生产网络中的升级，营建地方创新环境就成了产业升级的关键。地方需要为创造活动提供更多共享和交流的空间。这样的空间转换在珠江三角洲的村镇工业区中并非个例，但在城市的边缘却形成了高度分异的多样化空间。

3.4.1 多样化空间再造

白云区是广州市北部的市辖区，东邻黄埔区，西界佛山市南海区，北接花都区、从化区，南连天河区、越秀区、荔湾区等 3 区，面积 795.79km²，占原广州市老八区面积超过 50%，2016 年常住人口 244 万人，超过全市的 1/6，其中本地户籍人口只有94 万，大部分都是外来人口。白云区地处珠江三角洲核心地带，存在珠江三角洲发展转型的普遍问题，同时作为广州市最大的城乡结合部地带，其三旧改造的难度也特别突出。

1987 年以前，现白云区所在的区域一直作为广州市郊区建制管理，产业和用地均以农业为主。设立白云区以后，农业依然保持了较大的比例。1995 年全区耕地面积尚有 18831hm²，是广州市主城区重要的"菜篮子"工程基地之一。但自 20 世纪90 年代中期以来，随着改革开放的深入推进，珠江三角洲工业化与城镇化加速发展，到 2000 年白云区耕地面积减少到 16921 hm²，5 年间减少了 10.14%。工业生产快速增长，乡镇利用村集体土地建设工业区，积极招商引资，建材、汽车及摩托车零配件、造纸、电子及电器、纺织服装、食品和玩具等行业成为当时乡镇工业区大力引进的产业门类。此外，依靠邻近广州大都市的优势，各种商贸物流活动也快速增长。伴随城市的扩展，白云区人口快速增加，外来人口涌入，乡村人口比例大幅度下降。2000 年白云区常住人口约为 150 万人，户籍人口和外来人口大约各占 50%，当地的乡村人口仅为 5 万人左右，比例不到 3%。到 2010 年，全区常住人口已经超过 220万，10 年间增长了 46.7%。

从 2009 年广州启动"三旧改造"以来，白云区共改造了 10 宗旧国有厂房用地，其中包括面积超过 $6km^2$ 的广钢新城。改造收益达到 77.17 亿元。公益征收收益有 60%返还给国有企业，广州市政府获得 28.25 亿元。真正的改造难点在村镇集体建设用地。到 2014 年，白云区已经标图建库并经省国土资源厅同意的"三旧改造"地块 4457个，总用地面积 $132.97km^2$，占全市"三旧改造"总面积的 22.88%。其中，旧村庄1809 宗，用地面积 $88.53km^2$，占全区"三旧用地"2/3；旧厂房 2617 宗，用地面积是 $43.23km^2$，占全区"三旧用地"近 1/3；旧镇街 31 宗，用地面积 $1.21km^2$，占全区"三旧用地"不足 1%。由于村镇集体土地产权的政策很难松动，白云区自 2013 年以来不断尝试在现有的土地管理框架下，帮助现有的土地权属人实现自下而上的微改造，在改造的过程中将市容整治、基础设施完善与产业转型升级结合起来，形成了一些有特点的改造模式，包括村办工业区的功能置换、城中村整体改造和工业企业自主改造三种主要形式（表 3-4、图 3-6）。

表 3-4　白云区"三旧改造"示范点的三种类型

改造对象	改造方式	"三旧改造"示范点
村办工业区	工业厂房功能置换，制造业改为设计、研发等办公业态为主的生产活动	国际单位，228 创意园区，汇创意园区，嘉溢科技企业孵化器
城中村	整村改造为商住，通过引入房地产投资合作方，实现"城中村"整体拆迁重建，实现原有建筑置换，新增建筑融资，以达到环境改善、公共服务保障的目标	小坪村，陈田村，永泰村
工业企业	企业自主升级改造，同时解决历史遗留的土地权属不清的问题	白云清洁，林安物流产业区

具体操作由镇政府与土地权属单位（村镇集体）和土地使用单位联合提交改造规划，明确改造范围，改造用途，相关投入和改造效益的预估，经过区一级审核立项后实施更新改造。实施后再进一步跟踪评估改造的效果。

1. 村办工业区改造

工业园区改研发设计的土地用地性质不变、权属不变，但是建筑可以在不改变结构的前提下，更新改造为适应研发设计活动的办公场所。通过这种改造方式，原来以物质加工为主的制造业空间转变为以办公研发为主的服务业空间。近年来，广州市及周边以这种改造形式建立的创意园有 30 多个。改造模式基本上都是办公写字楼、商业休闲、

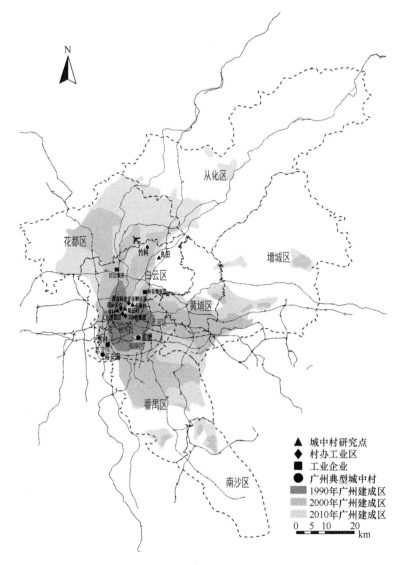

图 3-6　广州市城市扩张历程及"三旧改造"典型案例区位图

餐饮休闲、文化娱乐、艺术展览等多种形态的结合，适应了珠江三角洲一带产业升级对研发、管理、市场营销等功能空间需求增长的现实。其中最具代表性的单位有：红专厂、1850、T.IT 三大创意园，主要集中在天河区等靠近城市中心的地区，除了办公写字楼外，还有艺术文化交流机构、国际画廊、艺术家工作室、雕塑展厅及广场展示区、酒吧、咖啡厅、书店、摄影棚、养生会所等，形成品味时尚的独特商圈。但这类改造对区位的要求较高，大量后续旧厂房改造项目则主要以办公写字楼出租为主，改造前后租金可以相差 5~10 倍。

　　白云区采用这种改造方式的示范点包括国际单位与农民工博物馆、嘉溢科技企业孵化器、228 创意园区与汇创意园区四个工业园区。其中，四个项目定位各有不同。

　　国际单位是白云区委十届四次全会后的重要项目之一。以白云区科技局牵头，根据广东省"双转移"，广州市"退二进三""腾笼换鸟"的区域发展战略，由广州市至德商业管理有限公司投资 8000 万元，将原市皮革工业公司长征皮鞋厂的旧厂区进行商业改造形成。项目一期占地面积约 2 万 m²，建筑面积 4.2 万 m²，定位是打造服务于国际商业精英和广州本地创意产业者、充满人文艺术、5A 级工作场所，在设计理念上，突出"白云国际创意商务绿洲"的概念。规划为四大功能区，包括有：国际商务办公区、创意产业区、酒店式公寓、混合式商业。一期建筑面积 4 万多平方米，占地 2 万 m²；二期建筑面积 12 万~13 万 m²，占地 4 万 m²。园区建筑大部分都是旧建筑改造利用，保留原有建筑的结构，仅改造外立面与内部装饰。

228 创意园由广州市比莉华鞋业有限公司利用自身原制鞋工厂改造而成，旨在打造一个以鞋业文化为主题的创意园区，以鞋业为主，整合其他类似创意元素的产业链。原有的生产功能已经外迁，旧厂房经过改造后主要功能是为鞋业设计提供时尚、文化、创意的交流空间，以及新产品研发、发布和展示的平台。更新改造 2012 年完成，占地面积 12000 多平方米，建筑面积 9000 多平方米，年税收总额约 1000 万元，整个园区共 8 栋建筑，全部为旧厂房改造。

汇创意园区土地权属单位为萧岗经济联社第 1 社，改造实施单位为广州市汇创意置业发展有限公司，园区成立于 2012 年，占地面积 5hm²，建筑面积 10 万 m²。园区拆掉 1 万多平方米的连片厂房，用来进行园区道路与绿化建设，总改造成本为 1.3 亿元，现出租建筑面积为 6 万 m²，共 30 栋。目前年税收 800 万元保留厂房 30 栋，旧建筑重复利用率 60%。通过拆迁改造，降低了容积率，提高了道路通行能力、改善绿化环境。

嘉溢科技企业孵化器在建筑改造的艺术性上不及前面三个园区，但在企业孵化服务方面有独到之处，为入孵企业提供创业辅导、创业扶持资金对接、风险投资对接等服务。园区成立于 2008 年，占地面积 50 亩，建筑面积 3.57 万 m²，也主要依靠旧厂房改造，包括建筑物立面改造与内部装修、消防系统、路面、绿化、智能监控系统建设；改造建筑重复利用率 100%，包括旧厂房 7 栋及宿舍楼 2 栋，通过滚动开发的方式逐步改造，至今已投入改造资金共 3500 多万元。通过创新企业孵化，目前园区总产值 3.5 亿元，税收总额 3000 万元。

2. 旧村改造

相比旧厂改造的显著收益，"三旧改造"项目中的难点是旧村改造。目前广州形成了全面改造、滚动改造和环境整治三种基本模式（以下典型"城中村"改造案例的区位参见图 3-6）：

（1）全面改造模式。以"猎德模式"最具代表性。猎德村是广州市为配合亚运会建设而实施的三旧改造的第一个试点项目。该项目于 2007 年拍卖融资 46 亿元启动改造，通过引入地产公司，对原村域范围的旧房进行了全面的拆迁、规划和重建。通过城市再开发的增值，实现各利益相关方的收益平衡。建成的新猎德村（安置区），由 37 栋高层住宅、一所九年制义务教育学校和一所幼儿园组成，总建设用地 13.1 万 m^2，总建筑面积约 68.7 万 m^2，改造资金高达 38.6 亿元。因此对于整体改造项目，改造后的潜在经济收益是保证项目能否启动的一个重要条件，而这与旧村的区位条件紧密相关。以同样实施整体改造的天河区林河村为例，这里因为靠近广州火车站，区位条件优越。改造前农民自建房屋，一套 80m^2 的房子租金大约为 1200 元/月。改造后一套 75m^2 的房子租金就达 6000 元/月，114m^2 的租金可以达到 8000 元/月。在开发利润最大化的驱动下，林河村改造区域范围内本村居民不过 723 户，2416 人。改造竟复建 6 栋 50 层的村民安置房和 1 栋 21 层商务办公楼作为村集体物业，总建筑面积超过 20 万 m^2。

（2）滚动开发模式。对于城市新开发区域，在村域范围内分步实施拆迁改造，可以有效降低再开发的成本。例如，位于荔湾区芳村片的花地村，属于广州市 2008 年确定的中心城四个重点发展地区之一的白鹅潭经济圈的核心地带，村户籍人口 3366 人，改造用地面积 44.4hm²。花地村采取的是"搬积木"式的滚动开发模式，分 19 个地块依次开发建设，用 5 年时间在内部实现逐步搬迁改造，计划总投资约 20 亿元。

（3）人居环境建设综合整治模式。这种模式不以整村拆迁改造为最终目标，而是在较多保留原有建筑基础上，进行环境治理和改善。例如，位于荔湾区芳村地区的裕安围，是西塱村 8 个自然村之一，也是广州起义的策源地，原有公共服务设施较为完善。裕安围采用综合整治方式进行改造，纳入环境整治的面积 13.67hm²，改造保留 6.34 万 m^2 的原有建筑，打通消防通道、富余地块建设旧村改造安置房、改善居住环境，改造总投入约 2.5 亿元。

相比中心城区位条件优越地点再开发巨大的收益保障，位于城市边缘地区的再开发则面临很多困难。白云区 2009 年就开始启动"城中村"改造，共有 5 个城中村被纳入广州市"三旧改造"重点区域。但直到 2016 年，没有一个村完成改造。三元里、萧岗、棠下等多个城中村的改造方案，早在 2010 年就已获正式批复，但推进速度均相当缓慢。小坪村、陈田村和永泰村的改造规划过程反映了一些普遍性的问题。这三个村都位于白云区的南部，靠近市中心。原本都有 5%以上的建设用地用于厂房、仓库的出租，村民则在自家宅基地上建了多层楼房用于出租经营，形成典型的高密度的城中村景观。随着地铁通车，这些村的区位条件将有显著改观，但具体的改造路径却迥然不同。

小坪村的改造是彻底的腾笼换鸟。小坪村的位置横跨京广铁路，村域总面积 112.91hm²，其中集体用地 98.07hm²，国有用地 14.84hm²。现状建筑面积 110.22 万 m^2（其中村民住宅 33.23 万 m^2，村集体经济物业 75.02 万 m^2，国有建筑 1.97 万 m^2）。铁路东边为村民居住区，西边为厂房和仓库，原有企业主要是制衣、制鞋等劳动密集型加工业，工厂多，规模小，厂房也比较陈旧。村社两级的收入主要来自厂房、仓库租金，村民则以出租屋为主，每年租金收入 4000 万元左右。未来广州地铁八号线北延段将在这里设站，到市区的时间缩短到 15 分钟左右，区位条件将有极大改观。2010 年 7 月，小坪村与佳兆业签订《旧村改造框架协议书》，从而引入地产公司对旧村进行整体拆迁改建。全村规划改造区域 94.35hm²，拆迁面积近 110 万 m²。改造后规划复建面积 168 万 m²，新增幼儿园三所、小学 2 所、中学 1 所，还有老人活动中心，以及 3000m² 的社区卫生中心、20000m² 街心公园。改造设计中保留了村里的祠堂及部分有特色的古建筑。并为村集体保留了一定比例的物业，其中写字楼、商业中心村民可以参与分红，公寓则分给村民使用或出租。按照规划估算，改造后村民收益可以增加 1 倍。改造方案得到了大部分村民的认可。2016 年，小坪村已完成改造范围建筑物入户测量，拆迁补偿安置方案已获得 75% 村集体经济组织成员同意。

陈田村按照规划也希望是彻底的腾笼换鸟。陈田村的改造地块属于白云新城发展带内，按照规划改造的设想，整体改造为商住区。但这里原本的产业比较有特点，20 世纪 90 年代开始发展汽配行业，2001 年湛隆汽配城从广州最大的汽配集散地广园迁来，与村委会签了为期 18 年的承包合同。租金最开始每月每平方米为 5~6 元，后来逐渐涨到 10 元多，每 3 年递增 5% 左右。随着汽配业的发展，这里逐渐形成全国最大的小车拆车件商圈，聚集了千余家的拆车件卖家，大部分卖家租用汽配城的门店，每家面积在 20~30m²，除 3~5 家经营国产车拆车件外，大部分都是经营进口小车配件，其中包括大量的进口拆车件。其中有 500 多家经营的是特定车系的全车件，可以提供 30 多个车系品牌的全车件，包括欧美国家或地区、日本、韩国的大多数主流车系。此外，有 50 多家专业服务的物流公司[①]。整个商圈有从业人员约 7000~8000 人。这种已经成型的产业给当地村民带来比较稳定的收益。规划中也考虑在重建时更新现有业态，将小规模的拆车件厂，替代为大型的 4S 店，但 4S 店的经营模式与现有商圈完全不同，客户群、经营规模都可能受到比较大的影响。因此村民、村集体管理层以及开发商对如何改造并未达成一致意见。

永泰村则选择了旧厂房改造与社区整治相结合的模式。永泰村与陈田村相邻，村域原来有 5.6km²，广从公路修建征用了部分土地，目前全村面积 3.8km²，村民 5000 多人，90% 以上还住在村里。1996 年全村做了一次宅基地分配，每个成家的男丁 117m²。全村对道路、房屋布局进行了整体规划，但各户自建房屋出租，逐渐形成了高密度的城中村，2015 年外来人口达到 8.5 万。宅基地以外的集体用地被出租给外来人建厂，工厂每平方米每月租金已经升至 10 多元，但与同地段的办公商业租金相比仍然太低。2008 年，广州市启动"三旧"改造。当时永泰村就达成普遍共识，希望对村里的集体老厂房、危旧房进行改造，重新布局，改造方案得到 95% 以上村民签名同意。但永泰村自行拆除了 10 万 m² 的厂房后，由于集体建设用地政策和规划控制等诸多原因，再建项目却迟迟没有动工。直到 2016 年才被作为白云区危旧厂房改造试点，启动了茶山庄地块的商业综合体项目。同时对永泰村其他区域开展环境整治，重点完善消防、用电、给排水、环境卫生等基础设施，以及改善街道环境，并对社区实施网格化管理。

---

① AC 汽车，广州陈田村拆车件商圈经营车系（品牌）的调研报告，http://www.acqiche.com/archives/13126.

3. 企业自主改造

在 20 世纪 90 年代，企业普遍租用村镇集体建设用地自建厂房（或直接与村镇签署购买土地的协议），由于此后土地管理制度的不断变化，此类协议有些由于土地征用手续、权属转让等不完整，在新的土地制度下变成了不合法的状态。很多企业在多年的市场竞争中渐渐被淘汰掉了，也有部分企业成长壮大，土地权属不清给企业资产运营带来较大的困扰。特别是企业融资抵押，土地权属不明确，进一步影响到土地上的厂房、建筑的抵押价值。此外，由于集体建设用地再开发的种种限制，企业很多扩建改造的决策也无法实施。

从本质来说，城市周边的土地价值在提升，城市政府、原有的土地所有者和企业对土地未来的收益产出预期变了。工业用地单位面积的租金收益难以与商业住宅相比，因此在三旧改造中，将工业用地改造成商业住宅用途的阻力较小。但从地区的长远发展来看，没有就业，就谈不上可持续。白云区针对一些有自主投资改造能力的企业，提出由企业作为土地的使用者，来主导升级改造过程，给企业升级改造中涉及的土地利用调整提供一定的灵活性。但由于工业用地与其他商住功能用地的租金存在如此大的差距，工业用地逐渐被挤到更加偏远的地方。在生产被不断边缘化的趋势下，企业自主改造的潜力进一步受到土地用途管制的限制。

3.4.2 边 缘 之 困

竹料–良田工业区又名云竹工业区，是白云区 20 世纪 90 年代末规划建设的八大工业园区之一，也是广州郊区典型的村镇开发的工业区。工业区位于钟落潭镇西部，由于历史行政隶属关系沿革的影响，实际分为竹料工业区和良田工业区两部分。109 国道（广从公路）与 304 县道交汇于工业区内，交汇点西北部为竹料工业区，东南部为良田工业区。目前广州市的城市总体规划中，竹料工业区所属的地块未来用地性质将转变为商业居住，而良田工业区作为保留的工业用地，纳入白云机场空港工业区的范围之内。规划用地性质的不同对两个工业区内的企业投资决策行为已经产生比较明显的影响（图 3-7）。

竹料工业区西濒 307 县道，西南抵竹料大道，南邻 109 国道，东北大致以 304 县道为界，304 县道以北尚有小块工业区。总占地面积约 98.8 万 m^2。工业区南部为竹一村村域，土地利用现状大部分为村属村庄建设用地，此外尚有零星的基本农田保护区分布；北部为红星村村域，土地利用现状大部分仍为村属村庄建设用地，在 304 县道两侧为非建设用地。目前竹料工业区进驻企业约 65 家，行业主要包括橡胶和塑料制品、通信设备及其他电子设备、家具制品、日用化学制品等。此外，在 109 国道北侧还分布一定规模的商业住宅区，主要分为钟落潭镇小贩中心和星月湾广场两部分，内有肉菜市场、服装商场、餐饮业、零售业等。

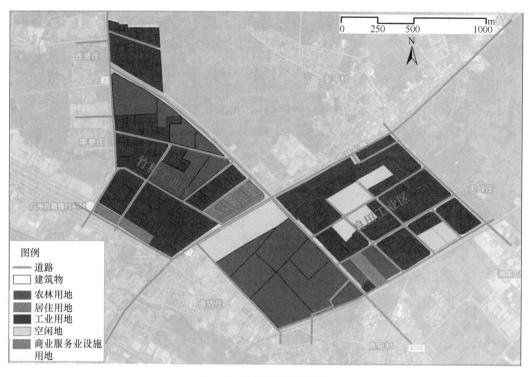

图 3-7　示范区用地现状图

良田工业区大致呈矩形，西南濒 304 县道，西北邻 109 国道，东北至 101 乡道，东南以河为界。总占地面积约 78.6 万 m²。良田工业区在良田村域范围内，东北侧为东山工业区，是越秀区属的国有建设用地。其余为村庄建设用地。工业区进驻企业约 56 家，主要行业有纺织服装、家具制造、文教用品制造、橡胶和塑料制品、日用化学产品等。

2005 年以前，竹料-良田工业区曾以家具制造业为主，但随着工业外迁，仅在竹料剩下 2 家较大的企业。家具业以外的纺织服装、电子、日化用品、橡胶和塑料制品等产业在经历了 2008 年全球金融危机以后，企业也大量流失。原有企业厂房被分散的小规模加工企业化整为零，临时分割租用。企业流动性大，企业之间本地物质流关联较小，在明显的去工业化的趋势下，缺少在工业园内部建立循环经济产业联系的机会。

珠江三角洲老的村镇有职住混合的特色。居住区一层往往做成门脸房，前店后厂的小作坊，里面就是加工生产的场所。小加工厂的工人（很多就是老板的家人和亲戚）和老板就住在楼上。稍大规模的工厂则建在工业区内，一般也都配套建有职工宿舍。厂房与职工生活区的占地比例大部分在 10∶1 左右。厂房一般为 2 至 3 层的标准厂房。职工宿舍则为多层楼房。2000~2007 年间珠江三角洲制造业最兴旺的时代，职工宿舍往往 4~6 人同住。但云竹工业区内的很多宿舍都处于空置的状态。由于厂区内的宿舍条件比较简陋，很多工人也宁愿到周边的城中村租房居住。良田工业区由于上位规划定位未来继续作为工业开发区，并且土地权属也做了相应的清理，因此建了一些新的厂区。这些新建厂区基本上都是纯粹的生产空间，不再在厂区内配建职工宿舍。在良田工业区以外，根据土地用途管制，未来都不再继续发展工业，但具体改造的方式，尚未进入议事日程。

针对上位城市规划对竹料和良田片区的不同发展定位，采用循环经济预评估指标体系对调研项目的循环经济发展机遇进行识别，结果如表 3-5 所示。

表 3-5 循环经济机会识别

类别	内容	潜在机遇
土壤	污染土地	竹料工业区将从工业用地转为商业居住用地，需要将土壤修复作为前置审查之一
建筑	建筑重用	竹料的工业厂房以简易厂房为主，不具备改造为商住用途的条件 良田工业区由于纳入空港保税区的范围，新建项目均采用较高的建筑标准
	容积率调整	竹料良田片区的控制性详细规划正在修编中，未来参考修编后的容积率
工业活动	大宗原料	针对企业自主改造项目，重点分析拟改造企业弘洋纺织的改造活动对区域塑料物质流的影响
	环境敏感物质	针对企业自主改造项目，重点分析立华汽配的改造活动对区域环境敏感物质排放的影响
	资源循环服务	上述两个改造项目均面向区域资源循环和环境改善目标
生活居住	有机垃圾	未分离
	可燃垃圾	未分离
	可回收垃圾	由非正式的拾荒群体分类回收

1. 土地集约

立华汽配原来是广东省交通委员会下属的国有企业，主要生产汽车制动刹车片。2002 年改制为私营企业。目前立华汽配的客户主要为广州市公交公司，产品 70%左右销往公交公司。由于产品大部分销往公交公司，且价格不高，所以利润较少。因此公司计划扩大产能将产品销往其他市场，特别是海外市场，以提高利润。立华汽配内部的物质流如图 3-8 所示。

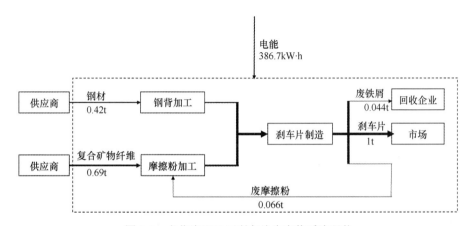

图 3-8 立华汽配工厂刹车片生产物质流现状

图 3-8 中虚线框内是立华汽配的生产制造过程。钢铁的质量占到物料总质量的 40%，每个月用钢铁 300 余吨，钢铁废屑全部由钢铁企业回收。其余的物料主要是复合矿物纤维，复合矿物纤维的主要成分为：铁、铜及其合金的纤维和粉末质量占 40%~70%，黏结剂（酚醛及其树脂）质量占 5%~15%，石墨粉等减摩剂占 10%~20%，其余为橡胶粉、腰果壳油等增摩剂。每月用矿物纤维 500 余吨，产生的废屑由厂内全部回收再利用。

2010 年，为了提高企业生产的生态环境效益，立华汽配进行了一次技术升级。原来的生产工艺中的石棉纤维被替代为较为环保的金属纤维。以石棉在摩擦粉中最小质量占比 40%计，每月可以少使用石棉 200 余吨。

立华汽配的改造升级目标主要是提高土地利用效率和生产效率。首先，对现有厂房进行升级改造，将单层简易厂房改建为四层厂房，在不同楼层间优化生产线组织，预计生产效率提升，可以使产值从目前的 2000 多万元/a 提升到 2 亿元/a。同时提升生产线自动化水平，从业人员将从目前的 200 多人下降到 100 多人。改造升级的土建成本约为 4000 多万。

2. 材料循环

弘洋化纤是良田本地企业，2005 年以前就在该厂址从事复合板材家具生产，随着家具业外迁，2005 年企业转产为化纤纺织厂，主要生产 PP（聚丙烯）编制地毯。通过从中石化采购 PP 原粒，经拉丝后编制地毯，目前地毯业务比较稳定，每月产量为 800~1000t。2014 年起，企业开始涉足利用改性塑料聚乙烯（PE）生产人造草坪，市场增长迅速。

弘洋化纤所从事的塑料加工业务，加工链条很短，与周边企业也没有物质交换联系，但企业改造方向与区域循环经济体系构建有密切关系。广东省是我国塑料制品生产制造大省，2014 年全省塑料制品总量达到 979.3 万 t。同时，广东省也是我国废旧塑料进口量第一大省，2014 年，广东省废旧塑料进口量占全国 26.88%，共进口废旧塑料约 221.9 万 t。图 3-9 是广东省塑料行业的物质流图示。

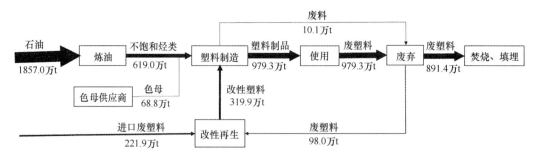

图 3-9　2014 年广东省塑料物质流图示

塑料的循环再利用在区域循环经济体系中具有非常重要的意义，2012 年以前，广东省废塑料进口一直呈不断上升的趋势，但由于废塑料进口中的环境污染问题比较突出，近年来政府加大了对废塑料进口的限制（图 3-10）。与此同时，随着国内塑料消费量的不断提升，本地废塑料的产生量激增。在广东这样的塑料制品生产规模较大的区域，提高本地再生塑料的消纳，对于降低资源消耗，减少对进口废塑料的依赖，都很有帮助。为此，我们在区域塑料循环体系的背景下评估弘洋化纤改造的循环经济效果。

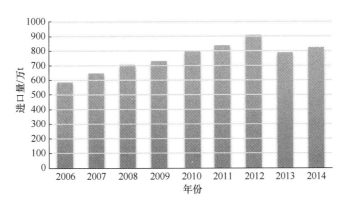

图 3-10　2006~2014 年广东省进口废塑料图示

弘洋化纤在上述行业物质流图示中所处的位置是"塑料制造"。该公司曾经进行过一次产品转型。第一次是利用 PP（聚丙烯）制造地毯，产品的原料全是新料，不包含再生料。此时的物质流图如图 3-11 所示。

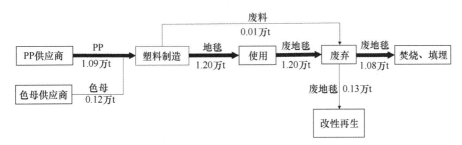

图 3-11　弘洋化纤地毯生产物质流图示

弘洋化纤在产品转型到人造草坪之后，大宗物质流的原料发生改变，从原生 PP粒转变为改性的再生 PE 粒。其中，再生塑料 50%来自进口，50%来自国内改性再生。目前年产量为 0.6 万 t。仍然按照目前的废塑料回收比例，得到改造升级以后的物质流如图 3-12 所示。

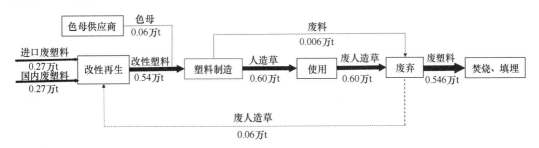

图 3-12　弘洋化纤人造草生产物质流图示

弘洋化纤为了解决产能不足的问题，拟在现有厂区范围内进行厂房改造，将单层简易厂房改建为多层厂房，建筑面积从 2 万 m² 扩大到 9 万 m²。改造升级以后，公司预计利用改性塑料年产人造草 10 万 t 左右，编织草坪 600 万 m²。改造前后变化如表 3-6 所示。

表 3-6　估算弘洋纺织改造前后对比

项目	现状	改造后	规划新增量
占地面积/m²	14210		0
建筑面积/m²	27350	84200	56850
人造草产量/（万 t/a）	0.6	10	9.4
产值/（亿元/a）	1.8	30	28.2
再生 PE 消耗量/（万 t/a）	0.54	9	8.46

3. 垃圾处理

在良田工业区之外，工业生产活动基本上都处于逐步调整压缩的状态。与良田工业区一路之隔的竹料工业区也是 20 世纪 90 年代逐步发展起来的，在村集体土地上开发建设的工业小区。但是由于未被纳入工业用地的范围，这里的工厂未来都面临逐步拆迁的命运，工厂的任何改扩建设想都无法得到城建和土地管理部门的批准。由于合法性缺失，现有工厂所有者和使用者都没有投资改造的动力。以往规模较大的工厂已经逐渐压缩生产规模、关闭或搬迁，房主则仅仅维系现有设施的基本功能，将大工厂的空间分割成小单元，零零碎碎的出租给不同的租户。租户的流动性非常高。

根据目前白云区控制性详细规划的设想，竹料工业区未来要改造成为商业居住空间。针对竹料工业区改建规划，我们建议在新建居住小区内开展垃圾分类试点，建立社区循环经济体系。根据规划居住规模，我们估算新社区开展垃圾分类回收可取得的循环经济效果。该地块总占地面积为 98.8 万 m²，根据改造规划，改造后的居民数为 9880 人。同时，根据白云区第六次人口普查的数据，全区平均每个家庭户的人口为 2.55 人，因此预计改造后的居住户数为 3874 户。按照我们的社区实验统计数据，参与垃圾分类回收的活跃度为 50%，每月户均垃圾回收量为 8kg，新社区各类可回收垃圾比例如表 3-7 所示。

表 3-7　估算竹料工业区改造后居民可回收垃圾月回收量

类别	数量/kg	所占比例/%
纸类	5423.6	35
玻璃	929.76	6
织物	2479.36	16
塑料	1859.52	12
金属	619.84	4
混合	4183.92	27

然而，当我们尝试在白云区的示范点引入垃圾分类时，却遇到很大的困难。外来人口与本地社区高度分隔。本地居民拥有房屋出租的稳定收益，对参与垃圾分类毫无兴趣。

而外来人口流动性非常高，很难建立有效的沟通与合作机制。

在调研的过程中，竹料当地的一位自发开发生活垃圾自动化分选处理技术的企业家引起了我们的关注。这位企业家就是竹料本地人，20 世纪 80 年代初，因为看到商场里面使用的塑料袋市场潜力很大，就在亲戚朋友中间筹资购买了塑料袋生产设备，很快赚到了第一桶金。此后，他不断根据市场需求的变化，从塑料袋业务转向皮具、五金等加工工业，在竹料工业区里开办了一家小五金厂。

2000 年前后，一次偶然的机会，他接触到中国科学院广州分院一位研究者研发设计的自动化生活垃圾分选设备，对此项目非常感兴趣。于是开始在自家的小五金厂里进行仿制开发。在他看来，城市生活垃圾的增长是无可避免的趋势，让城里人自家分类投放短期来看没有可能，只有自动化设施才是出路。正如 30 年前从农民到小工厂主的跃变，知识、技术方面的不足丝毫没有阻挡这位企业家涉足这一全新的业务领域。2016 年，设备研制完成，这位企业家用了不到科学院专家 1/10 的成本，制作出具有同样分拣效果的设备。谁知设备开发完成，才是真正困难的起点。

首先，新设备建在小工厂里，面临土地利用方式改变的质询。由于广东省对村镇建设用地开发利用的严格限制，小五金厂超过原来的土地经营范围，建立一套两层楼高的垃圾处理设施，引来土地管理部门的质询，要求其立刻拆除，恢复原样。这一要求在企业家的坚决抵制下，最终没有付诸实施。

其次，新设备如何才能得到实验运行。小五金厂的对面不远处就是竹料镇的生活垃圾转运站，可是生活垃圾清运为城市管理和环卫部门所控制。垃圾处理清运的工作是由全市统一规划管理的，空间上的临近并不能帮助技术得到应用实验的机会。为了获得实验机会，这位企业家找到城市管理部门，希望在白云区的李坑垃圾填埋场安装他的实验设备，检验垃圾自动化分拣的效果。然而，中国当前在城市生活垃圾处理的技术路线上还存在很多争议，对自动化垃圾分拣设备的分拣效果、分拣产物成分认定、进一步处理处置的要求等方面都存在很多不同的意见。要想获得设备实验运行的许可，非常困难。

最后，最终分拣产物的循环利用市场也存在很大的不确定性。这位企业家在自家工厂院子里实验废物分拣设备。为了给分拣产物寻找下游用户，他四处走访，并在这一领域结下了不少同行。尽管技术应用的道路困难重重，这位企业家在调研中却表现得非常乐观。一方面相信自己的市场判断，设备未来一定会有很大的市场需求；另一方面对自己设备的技术表现也特别自信，反复强调经过自动化分拣，现有的城市生活垃圾基本上不会剩下多少需要填埋的废物。

尽管我们并没有针对技术本身对这位企业家的设备进行权威性的评估和检验，但是这个案例使我们看到珠江三角洲农村在改革开放过程中所形成的敏于市场变化，勇于探索开拓的企业家精神并未随着生活富裕而流失。这种从民间自发产生的，以可持续发展为目标的创新动力，才是可持续转型最根本的原动力。然而这种原动力却因为土地制度的城乡分割而被压抑了。

第 4 章 为融合建立桥梁

2016 年一部 80 后女作家的科幻作品——《北京折叠》获得第 74 届雨果奖。由于手机微信的快速传播，作品在公众中引起关注。其中所反映的新时期城市社会分层固化，不同阶层的人面临各自的人生困境，引起很多读者的共鸣。《北京折叠》中的社会空间分层可以形象的投射到城乡结合部的多样化空间之中。在过去 30 年北京城市扩张的进程中，城乡结合部成为城市化的前沿，这里既有新富阶层的高尚别墅区，也有为普通城市中产兴建的大规模居住区，更有容纳了众多底层外来打工者的高密度城中村社区。而其中穿越不同空间沟通消息的主人公——老刀，其身份被设定成垃圾场的分拣工。这一设定意味深长。

改革开放以来，为了避免发生各国快速城市化过程中普遍出现的大城市病，北京市的城市规划和管理一直强调控制人口规模。然而由于政治经济中心的吸引力，人口控制的目标一再被突破（胡兆量，2011）。人口增长带来城市空间不断外扩，一方面中心城高密度的居住人口向郊区扩散；另一方面大量外来人口涌入，主要集中在中心城和近郊区（冯健和周一星，2008）。在市场经济条件下，这些外来人口奔着首都的发展机会而来，各种层次的就业市场在外来人口中形成多样而变动的社会分层，包括拥有较强经济实力的企业家阶层，也有软件、设计、文化等各类专业技术阶层，还有普通的街边小贩、家政、餐饮服务、建筑工人等低收入的群体，乃至拾荒者等社会底层。各种各样的就业机会主要集中在城市中心，而居住空间则逐渐向郊区扩散，就业空间与居住空间分离加剧，带来交通、街区活力等诸多问题（宋金平和王恩儒，2007）。

由于城市规划、基础设施建设和社会福利体系等主要依靠公共部门规划决策的系统都需要根据规划人口增长目标来建设，大量涌入的外来人口往往未被纳入这一公共服务提供的范围之内。很多收入不高的外来打工者尽管在北京获得就业的机会，却只能在城中村非正规的居住点寻找落脚的居住空间。从早期的生产和生活融为一体的"浙江村"（王春光，1995；项飚，2000），到后来仅为低收入就业者提供廉租房功能的唐家岭、史各庄（盛明洁，2016），城市郊区的村庄在快速城市化的过程中，经历了多样而剧烈的变化过程，形成外观各异的社区空间。本地村民和外来租房者在这个过程中都面临着是否能被城市接纳的困境，而各自又有不同的价值追求：本地村民纠结于本村集体土地从农业用途的转变为城市建设的过程中，权属和增值分配，而外来租客则在经济性、便利性与舒适性之间权衡寻找漂泊中的落脚之地。在这些新涌现的社会分层中，城市拾荒者的无疑处于最底层。但同时，垃圾作为城市公共管理中的重要议题，又与每个人的生活息息相关。一方面，生活水平的提升，又带来生活垃圾的快速增长；另一方面正规化的城市垃圾处理成本越来越高，而相关的处理设施又因日益高涨的邻避问题而难以规划建设。生活垃圾的确成了一条串联了社会底层与城市中产，乃至高层决策者的桥梁。

4.1　首　都　近　郊

4.1.1　悄　然　转　型

1. 消费型城市

北京自元代建都以来，到新中国成立前，一直是作为政治中心的消费城市，为了维系庞大的官僚集团的生活，需要从南方运送粮食及各种生活消费物资。新中国成立以后，北京市曾经将工业发展作为城市的重要功能，建立了首钢、燕山石化、京棉等现代基础工业。然而，由于用水短缺，加上环境排放容量的限制，自 20 世纪 90 年代以来，北京的工农业生产功能都逐步缩减，水资源和环境容量重点保障城市消费需求。

图 4-1 是 1992 年和 2014 年北京市的物质流全景示意图。从图中可以看出，1992 年和 2014 年的北京市的物质代谢规模和结构发生了很大变化。常住人口从 1000 万增长到 2000 万，本地生产的物质输入却下降了超过 10%。每年从外地进口的物质输入在 20 多年间增长了近 3 倍，物质投入越来越多地依赖从其他区域调入。为了生产这些调入的最终消费产品而在其他区域带来的生产过程中的物质投入又被称为区域内的隐藏流。这部分隐藏流的规模也增加了 1 倍。北京市的物质消耗增长很大程度上给这些物质供应的区域带来生态负担（戴铁军等，2017）。

与此同时，北京市内由物质消耗最终产生的污染物排放也翻了一番。其中，大气污染物排放的比例最高，2014 年接近 1.6 亿 t，占物质排放 95% 左右。其次，是固体废物的排放，2014 年占物质排放的 4.3%（戴铁军等，2017）。大气污染和垃圾处置成为本地环境污染的主要议题。

物质流变化反映的是北京市产业结构和人口消费结构的变化。随着钢铁、纺织、化工等传统物质产品加工部门的迁出，北京市的物质消耗逐渐回到以支持当地的人口消费为主。人均的物质投入强度在 2005 年达到顶峰，人均一年直接的物质消耗量达到 16t。此后，随着产业结构的调整开始逐步下降，到 2014 年达到人均每年 10t 左右。产业结构调整完成以后，物质消耗的变化将主要受人口数量和城市生活消费模式的影响。

2. 城乡结合部

城市化发展带来变化最为剧烈的地带是城市边缘的城乡结合部。2015 年北京四环至六环间聚集了 941 万的常住人口，占全市的 43.8%[①]。人口的增长带来城市建成区的扩张，其

---

① 新华网，北京发布环路人口分布数据：半数人口住五环外。http://news.xinhuanet.com/politics/2015-05/22/c_127828750.htm。

图 4-1　北京市物质流变化全景示意图

资料来源：温铁军等，2017

中既有通过自上而下的城市规划建设的新建居住社区和就业中心，也有在规划控制之外，农村自发兴建的城中村、城边村，或小产权居住区，形成城乡结合部所特有的多样景观。

以北京北部昌平区为例。这里在 2000 年以前还以农业为主，目前北部山区和山前小平原仍然以草莓、果树种植为主，辅以采摘、观光、休闲等服务业。1999 年昌平撤县设区。由于地处北京市上风上水，昌平区在城市规划中的定位一直以农业和教育研发为主，对工业发展的限制较多。

然而尽管城市规划严格控制建设用地的扩张，城市化的进程并未因此而止步。2000 年以来，随着北京市人口快速增长，昌平区是人口流入最集中的区之一。首先，配合 1998 年开始的城市居民住房货币化改革，北京市在紧邻海淀区和朝阳区的昌平区南部地区，兴建了多个承接中心城人口疏解的大型居住社区，如回龙观、天通苑等，社区居民超过 30 万户，主要是中心城迁居的购房者，以及年轻人（冯健和吴芳芳，2017）。其次，中心城的不断扩张，郊区村镇自发兴建供外来打工者租住的房屋，由于村集体的领导力不同，村庄重建的结果存在极大的差异。在缺少村集体统一协调的村，往往以户为单位，各自在自家的宅基地上平地起楼，建起类似广州"城中村"的高密度建筑，租给外来打工者居住。房间狭小，设施简陋，社区内的公共设施严重不足。但是尽管单个房间的租金很低，由于建筑密度高，平均每平方米的租金与同样地段正规住宅小区相比却低不了多少（郑思齐和廖俊平，2011）。而对于有一定统筹能力和经营能力的村庄，则利用当地新农村建设拆旧改建的机会，按照正规城市规划建设标准建立起现代化的小区，除了安置本村村民以外，剩余的房屋出售给村外的人。然而，由于土地未经过征收过程，没有完成从农用地到城市建设用地的用地性质转换，这些房屋的土地产权处于不合法的状态，因此被称为"小产权房"，以反映房屋土地产权上的瑕疵。正因为这一产权瑕疵影响到房屋上市交易的合法性，这些房屋的价格也低于一般的城市商品房。在这样的背景下，城市的扩张与村庄的转变共同塑造了城乡结合部多样化的空间。

3. 产业空间重组

随着人口构成的急剧变化，昌平区呈现出明显的服务经济转型特点。第三产业快速增长。从 2005~2010 年的 5 年间，昌平区第三产业增加值平均增速超过 14%，成为就业的主要增长来源。图 4-2 对比了 2005 年与 2010 年昌平区相对于北京全市主要行业的区位商变化。各类服务业比例普遍上升，其中居民服务、公共管理、水利环境等公共服务，以及科技研发、教育等科技服务增长尤为显著。

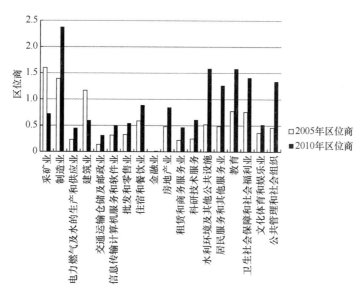

图 4-2　2005 年与 2010 年昌平区各行业相对北京全市的就业区位商对比
资料来源：北京市统计年鉴（2011 年），昌平区统计年鉴（2011 年）

这种转变一方面是政府着力推动产业转移和升级。例如，引进和扶持福田、三一重工等大型制造企业，并且着力增加研发、管理类岗位。依托高教资源优势，着力发展科研创新能力。2011 年昌平区高技术产业增加值已占 GDP 比例超过 12%，重点引进了中石油科技创新基地、中国移动数码信息港、三一北京制造中心等重大产业项目。并且配合中组部"千人计划"，集中引进 15 家央企建设未来科技城新型研发基地。

另一方面则是随着人口迁入而带动起来的相关居民服务需求增长，也带来服务业人口的增长。其中，围绕着新增的不同社会阶层的居民，服务业也呈现明显的阶层分化，既有面向城市中产阶级的大型商业中心，也有分布于城中村内针对外来低收入打工者的集市、商业街。

4.1.2　尖锐的矛盾

对上述城市化过程中进入的两种人群，城市管理者明显倾向于前者，将吸引高层次人才，发展科技创新作为经济转型的方向。然而这种政策逻辑并没有注意到当代全球化条件下，两类人群的分化恰恰是城市增长背后生产模式转型的结果。全球化将地方的经济活动卷入到更大范围的空间劳动分工和组织系统中去，地方生产面临更大的市场波动风险和技术变动的潜在冲击。为了应对竞争环境的不确定性，弹性专业化的生产方式成为与大规模标准化生产相竞争的、重要的生产组织结构转型的方向（Stoper and Scott，2009）。

1. 劳动力市场分隔

弹性生产方式的兴起给地方劳动力市场的就业结构、福利制度和劳资关系带来深刻转变。企业为了适应市场与技术的快速变动，大幅度削减常规的正式岗位，仅维持少量突出企业核心竞争力的专业化核心岗位，同时大量依靠各种弹性化的短期就业契约来降低用工成本。应对市场和技术变动的转型压力越来越多的转移到劳动者自身，这就形成了 Harvey 所观察到的后福特制下的劳动力市场结构（图 4-3）（叶奇和刘卫东，2004）。

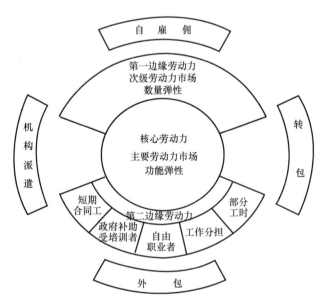

图 4-3　弹性积累条件下的劳动力市场结构图

资料来源：叶奇和刘卫东，2004

这样的劳动力市场结构不仅造就了当今全球城市之间的等级差别，也塑造着城市内部的地方劳动力市场，其特点包括：①劳动力的流动性增高，自雇佣、转包、短期劳动合同比例上升；②专业化技能劳动力与非技能劳动力之间的收入差距扩大。

昌平区的社会经济结构是上述劳动力市场结构转型的一个地方化的表现，作为承接首都人口疏解的新城，政策设计的期望是承接高收入、有创新能力和竞争力的高端人群，然而，现实是居住向郊区扩散的过程中，两类劳动力都在向郊区转移，而从人口规模上看，被分化到边缘的弹性劳动力数量更多。截至 2013 年年底，昌平区常住人口已达到 188.9 万人，其中常住外来人口超过 100 万人，占总居住人口的 53%，超过了本地的户籍人口[①]。而正式统计的城镇在岗职工不到 30 万人，除去约 20 万农业人口和 50 万非劳动人口，还有约 80 万劳动人口居住在此，或者在中心城就业，或者游离于正式的劳动市场之外。

2. 社会空间分化

昌平区的人口和就业增长速度远超 2005 年新城规划中的预期。按照城市规划的高端发展路线，昌平城市规划围绕"三城一区一基地"几个重点功能区作为转型升级的主战场。"三城"是指未来科技城、沙河大学城和昌平新城；"一区"是指北京科技商务区（TBD）；"一基地"是指国家工程技术创新基地[②]。这些规划开发的功能区体现了承接高端创新人才，促进科技研发，引领发展方式转型的政策意图（图 4-4）。

然而，在劳动力市场结构转型的大背景下，这些重点功能区的发展速度远远不及居住人口扩张的速度。由居住人口带动的建设用地需求与土地供给之间产生尖锐的矛盾。给村镇建设用地开发带来巨大的利益空间。村镇建设用地在未经过国有土地收储程序的情况下，开发建设住宅、工业、仓储、商业等项目一度脱离了城市规划管理的控制。例如，在昌平区南部五环到六环之间的区域，按照 2005 年新城规划拟保留的农业和绿地，到 2012 年大部分实际已经被各种工业和居住用地所占据，其中大部分属于村集体建设用地，并未经过正式的征地审批程序。

3. 面向消费后的循环经济转型

在这样的社会经济结构转型的背景下，昌平传统的农业生产功能在地方经济系统中的地位不断下降。制造业生产的物质加工过程也基本上依靠外地完成，当地主要的产业功能区定位发展技术研发功能，除此以外就是一些针对北京市场的最终产品组装、分散包装、仓储、运输的活动。作为以居住功能为主的区域，本地大宗的物质流主要发生在围绕居住生活消费而产生的消费后废物处理环节。而当前废物管理的困境又恰恰折射了城乡二元分隔的结构困境。

---

① 数据来源：昌平区统计年鉴 2016。
② 资料来源：首都之窗——首都政务门户网站，http://www.beijing.gov.cn/zfzx/qxrd/cpq/t1255382.htm，最近访问时间 2017-6-13.

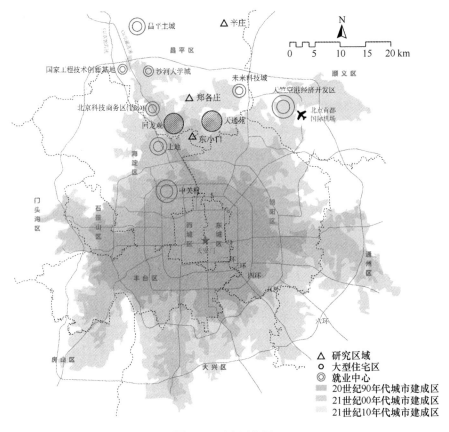

图 4-4　研究区位置

改革开放以来，我国工业化与城镇化进程快速推进，城市废物管理问题日渐突出。这一问题是与工业化以来逐步形成的大规模生产、大规模消费和大规模废弃的生产消费模式相伴生的。在解决城市废物管理的过程中，我国不断尝试引入正规化的管理体系，在技术和管理方式上借鉴发达国家经验。然而，这一方面使得我国的废物管理系统步发达国家后尘，逐渐与生产–消费活动相割裂，走上资本密集的集中化处理技术路线。这一路线在"邻避效应"下演化成各地层出不穷的针对废物处理设施选址的社会冲突。

我国城市生活垃圾属于城市固体废物管理的一部分。全国层面社区垃圾分类的实践主要受住建部和环保部两个部门管辖，分别从城市垃圾管理的基础设施和固体废物处理的环境保护两方面着眼。而与城市废物管理密切相关的再生资源回收业则随着计划经济体系下的国有供销社系统的转型，逐渐流为城市底层外来流动人员的谋生之途，依靠再生资源的市场价值，形成自组织的非正式经济体系。随着循环经济思想的兴起，社区垃圾分类作为垃圾减量化的关键环节之一早已形成共识，然而上述相互割裂的管理体系令社区垃圾分类面临诸多实施困境。自 2000 年住建部发布《关于公布生活垃圾分类收集试点城市的通知》以来，北京、上海、南京、杭州、桂林、广州、深圳、厦门 8 个城市率先开展生活垃圾分类收集的试点。试点目标是"在法规、政策、技术和方法等方面进行探索和总结，并为在全国实行垃圾分类收集创造条件。"试点城市投入了大量人力物

力，开展场地规划，配套设施建设等工作，但居民行为改变却难以一蹴而就，即使居民
开展了分类活动，也面临无法与市政废物管理体系有效衔接的问题。因此，十多年过去，
这些试点城市的分类收集普遍没有达到预期的目标。

以北京为例，社区垃圾分类的努力可以追溯到 1993 年 9 月，顺应国家的《城市市
容和环境卫生管理条例》，北京市发布实施《北京市市容环境卫生条例》，其中第 22 条
提出："对城市生活废弃物，逐步实行分类收集、无害化处理和综合利用"。这一《条例》
后来经过先后三次修订，北京市政府也在随后的 20 年中颁布了一系列政策文件，一步
步将北京市的垃圾分类工作细化。1996 年年底，北京市西城区大乘巷的居民在民间组织
地球村的帮助下，建立了北京第一个垃圾分类试点，1997 年"两会"期间，地球村又向
全国人大环资委、国家环保局、建设部等十个部委递送了有关垃圾分类的提议。1999
年，北京市宣武区白纸坊的建功南里社区建立了全国首个垃圾分类清运系统。这些民间
试点为国家的试点政策提供了探索经验，然而由于与城市整体废物处置系统不匹配，居
民的分类行为并没有产生实效，活动也渐渐不了了之。

作为建设部城市建设司第一批试点垃圾分类城市之一，北京市政府 2000 年根据
《关于申办奥运会的工作部署和北京市环卫工作"十五"规划》，制定并发布实施了
《北京市城市垃圾分类收集回收综合利用工作方案》，提出了北京市垃圾资源回收利
用率在 2000 年达到 10%，2005 年达到 30%的目标，计划通过试点、推广、完善提高
三个阶段，在垃圾的产生源头、收集运输和最终处理的全过程中开展北京市城市垃
圾分类收集回收综合利用工作。通过与社区非正式的回收业者合作，到 2008 年城区
的社区资源回收点覆盖率已经达到 70%。但这一体系依然高度依赖非正式的回收分
类网络，并且仅能针对有市场销售价值的可再生资源。在这一过程中，消费者行为
的转变则难有实质成效。

近年来，随着对废物管理困境的深入理解，以塑造可持续生产生活方式为目标的基
于社区的循环经济模式日益引发关注，其中对消费者行为习惯的重塑成为管理模式创新
的焦点。垃圾分类行为不仅仅是一种追求经济收益的活动，其本身成为唤起社区公共责
任和价值观认同的途径，因而可以构成社区公共空间的一环。

面对区域转型过程中众多的村落变迁，我们围绕推进社区垃圾分类这件事，重点讲
述东小口村、郑各庄村和辛庄村的故事，以呈现城市化进程中乡村发展路径对可持续转
型的影响。东小口村地理位置最靠近中心城区，21 世纪初逐步从乡村演变成全市最大的
废品回收业集聚区。郑各庄村则是村长带领下以村集体统一领导的方式，自主完成城市
化的独特案例，我们在这里开展了为期 3 年的社区垃圾分类实验。而在我们的实验举步
维艰，难以继续下去的时候，最北侧的辛庄村则在几位居住当地的妈妈的带领下，成功
实现了全村垃圾不落地的目标。在这三个故事中，循环经济中所关注的物质循环与社区
生活中的人的行为转变紧密联系在一起，本地人、外来居民，以及外部人之间的互动揭
示了地方机制对可持续转型落实到行动的关键作用。

4.2 京郊"废品村"

2009 年独立摄影师王久良发表了他历时数年，在京城周边拍摄的《垃圾围城》纪录片，用直观的画面展示了散布于京城郊野的数百个垃圾场上，外来拾荒者的生活以及从事垃圾分拣和回收的活动场景。触目惊心的画面激起了从政府到公众对城市废物管理的高度关注。在生活垃圾从家庭废弃到野垃圾场的路途上，其实还有更多废品村在从事着将可再生垃圾从废物流中分离出来，重新作为再生原料进入生产–消费链条。从事废品回收的"河南村"早在 20 世纪 90 年代就已为社会研究者所关注（唐灿和冯小双，2000）。废物管理作为一种存在高度外部性的城市公共产品，在市场经济环境下无法通过简单的管制而实现权力和责任的有效对价，由此产生的空间在形形色色的城乡结合部发展形态中，具有其独特形式和内涵，它承载了城乡二元发展，人地环境冲突，以及可持续发展转型的多重矛盾，成为理解乡村在城市化转型过程中的社会变迁的一个很好的切入点。

4.2.1 垃 圾 围 城

改革开放以来，我国城市生活方式出现巨变，并带来城市垃圾管理模式的改变：一方面，市场经济发展带来物质丰裕，大规模生产–消费模式逐渐兴起，居民日常消费的废物产出量激增；另一方面，传统以再生资源回收为核心目标的国营供销社系统逐步瓦解，废品作为再生资源的经济属性与城市垃圾管理的公共服务属性难以清晰划分，形成管理上的模糊地带。非正式的废品回收行业逐渐成为城乡二元结构下，缺少职业技能的农村劳动者进入城市的最底层的渠道。"废品村"正是在这一演化过程中形成的独特的城市景观：大量专门化的废品集散市场出现在城乡结合部，连接城市中走街串巷的废品收购，通过简单的分类变成有价值的再生原料，再输送到城市以外的生产区域。这些集散市场集交易、仓储、分拣和加工处理再利用等功能于一体，高度集中在城乡结合部地区，通过租用村集体的土地，自发形成专业化从事废品回收的一类独特的城中村。

与正规而昂贵的城市垃圾管理系统相比，这些"废品村"往往没有空间使用的合法地位，回收分拣都依赖劳动密集型的手工操作。劳动专业化的聚集伴随着典型的同乡同业的就业区隔——以北京为例，非正式的废品回收从业者 90% 以上来自河南固始，自 20 世纪 90 年代以来，就在京郊城乡结合部的农村，形成专业从事废品回收分类的"河南村"（唐灿和冯小双，2000）。由于其外在景观所呈现的脏乱，以及居民混杂和高流动性带来的治安条件恶化，这类空间往往成为城市管理中的"灰色地带"——其存在获得暂时的默许，但始终处于将被治理整顿或拆除的状态下。随着城市的扩展，"废品村"总是被不断拆除，又不断向新的城乡结合部寻求村庄的接纳。

这种空间的形成与变迁，既是"废品村"内部的社会变迁，也与外部城市保持着紧密的物质、经济和社会联系，是理解城乡二元对立的一面镜子。首先，现有废品集散市场在资本运动的作用下，以逐利为目的，形成废品回收产业链在"废品村"中所呈现的现实状态，这种状态受到更大区域范围的原料市场的影响，作为跨越区域的生产体系的微小环节，在市场供需和价格变动的波动中，维持自身的运作。在经济利益的趋势下，即使特定的"废品村"被整治拆除了，但同样形态的"废品村"又会在类似的空间一再重现；其次，城市管理者对高效的城市废物管理的认知，形成了城市规划和管理期望实现的废物管理系统——整齐、清洁、高效、环保（往往昂贵）的现代化回收处理设施；最后，不同主体对这种空间差异的理解对空间再生产具有决定性影响，每一种阐释的背后，往往反映不同的权力诉求，引向不同的改造行动，最终塑造不一样的社会空间。

1. 从八家村到东小口村

我们调查的两个"废品村"——八家村和东小口村，两个村均位于北京市的北部，是北京城乡结合部数量众多的"废品村"中规模较大的两个。

八家村隶属海淀区东升镇，位于北四环与北五环之间，地处海淀高校密集区，距离中关村 3km。八家村地区曾经有一家国有废品回收站，1992 年开始有回收从业者租用院落回收废品，规模日见增长，到世纪之交，因临近中关村和高校区的优势，形成了以电子垃圾为主，兼有其他各类废品的大型废品村，一度成为全北京最大的电子垃圾集散地。2009 年，八家村地区电子废旧物品收购站点 174 家，从业人员 2000 人左右。2009 年，八家村拆迁，八家村的废品集散地也随之瓦解，但时至今日，在八家村附近仍有部分残存的小型废品回收货场，八家村以东的双清路北部路段被当地人称为"废品一条街"。

东小口村隶属昌平区东小口镇，位于北五环北侧 5km，靠近北京市的出城主通道八达岭高速，南侧距离奥林匹克森林公园 2km。东小口村的起步在 2003 年，最早由中海融通再生资源回收公司向东小口村民以每亩 13000 元的价格租用了 60 亩荒地，并按照不同的再生资源类型进行空间分区，以拆迁户为单位划分成 200~300m² 的经营摊位，每个单位均建有 50m² 左右的平房和 100~200m² 的分拣场地，租住给回收经营户。这种经营模式为流浪的回收业者提供了相对稳定的生产和生活空间，吸引了大量租户。此后又有 7 家回收公司进驻，除了一家是北京本地人经营以外，其他均为资本较为雄厚的河南回收业者建立。凭借良好的交通区位条件，东小口村逐渐形成规模庞大的废品回收集散地，回收纸张、塑料、金属、木材、家具、家电等各类再生资源。2009 年时，东小口共有 8 个废品回收公司（站），1000 多个商户，从业者 3 万人（河南人为主），年营业额达到数亿元[①]。东小口村成为全北京最大的"废品村"，吸纳全市接近 1/3 的废品，一度在媒体话语中被称为"废城"。东小口甚至被看成是北京经济发展的晴雨表，在 2008 年全球经济下滑时，其回收品贸易的不景气被看成经济增长乏力的某种反映。2011 年，政府下令将东小口关停，东小口启动拆迁，但直至今日，仍有部分回收活动还在东小口持续经营。

"废品村"内部的空间肌理不同于常见的住宅出租型城中村，很容易从卫星影像的图片中识别出来。后者因密集加盖板房而导致公共空间被过度挤占，居住人口密集，通

---

① "废品回收该何去何从"，见：http://www.nu.ngo.cn/xxtd/1252.html.

道狭窄。而"废品村"与早期的浙江村类似，是生产活动与居住生活杂合的空间形态。由于废品经营需要相对开敞的空间用以仓储和分拣活动，货物的运输也需要相对宽敞的通道，因而"废品村"在城乡结合部的局部空间中呈现出相当不同的空间肌理，更接近一些村办工业小区的形态。从两个地区不同时期的遥感影像中可以看到，与早期分散租住农户的八家村相比，通过改变空间经营模式，东小口村的货场分布更加集中和整齐，规模扩大了近两倍，并且与周边村庄形成了一定的区隔。

从运输方式来看，八家村由于靠近城市中心，回收业者还主要采用人力板车作为主要的运输工具，走街串巷的回收业者往往把收到的废品直接运到八家村的回收站附近分类售卖。而东小口村距离中心城更远，运输需要更多依赖机动车。在东小口村租住摊位的回收户更多的是坐地收货的中间商，往往各自还有相对固定联系的回收网络，往来于城市中心与"废品村"之间，将消费末端的废品流逐级汇集到这里。

2. 无处安放的"废品村"

八家村与东小口村的发展历程（图 4-5）折射了"废品村"在北京城乡结合部具有普遍性的时空演变模式——不断在城市建设的浪潮中，逐步向外迁移，但始终盘踞在城乡结合部的乡村缝隙中，见缝插针的寻找生存的空间。

图 4-5 北京市废品村的空间迁移与城市建成区拓展趋势

20 世纪 80 年代，北京最大的废品回收市场在现在的北四环边的海淀区二里庄村。1995 年前后，因四环路的建设需要，二里庄村被拆除，回收商户们不得不另觅他处。当时已初具规模的八家村提供了一个去处。大约在同一时期，在二里庄村的北侧，靠近北五环处，朝阳洼里乡的洼边村十四队注册成立朝阳洼边废品收购站，也吸纳了许多原二里庄村的回收商户，并逐渐发展为 90 年代末北京最大的废品回收市场。洼里作为废品村的存在时间只有短短 5 年，2001 年北京申奥成功，2002 年，奥运场馆正式选址洼里乡，洼里乡拆迁。部分商户找到了五环以北立水桥边的陈营村，但陈营村的废品市场几乎是最短命的一个，2003 年地铁 5 号线开始建设，沿线的陈营村拆迁。废品回收队伍再次北上，在东小口村驻扎下来。东小口村的特殊之处在于，最初是由几个大废品公司的老板向东小口村租下土地，统一规划建设了标准化的摊位，再出租给在洼里乡和陈营村已经建立合作关系的商户，形成了相对成熟、规范和规模化的运营。也是在这一年，海淀区将八家村划拨给清华大学作为发展预留用地，清华大学将之规划为教师住宅。2009年，八家村征地拆迁启动，2010 年完成。到 2012 年，在八家村原址上建起了作为回迁安置房的八家嘉苑。八家村拆迁后，有少部分在周边地带未被拆迁的商户仍驻守维持运营，大部分被拆迁的商户都另觅他处，其中就有一部分迁往了东小口村。

东小口村的废品回收业在 2003~2008 年得益于北京市的大拆大建而快速发展。首先，建筑拆除下来的旧建材——钢筋、木材、塑料、废杂金属等——作为新建建材的原料，供不应求，而回收业者成为从废品到产品之间的关键一环。其次，消费产品如废旧家电、废旧家具在这里也找到了更高回报的去向，涌入北京的中低收入的外来打工者所形成的租房市场，带动了二手家电、家具的需求，废旧产品在这里经过清洗、维修和简单改造，可以收购价 3~5 倍的价格销售到二手商品市场中，无法维修的产品被集中到东小口的一些专业电子废物处理商户手中，通过拆解分拣，按照废塑料、金属、线路板等类别销售到北京以外的地区。规模效应带来了专业分工的利益，东小口村在这一时期经历了高速的发展，形成内部高度专业分工、产品直销外地原料收购企业的大型再生资源集散市场。

2008 年是东小口村发展的拐点，一方面举办奥运会放缓了城市拆迁建设的速度，另一方面金融危机的冲击造成原材料市场价格的下跌，都不同程度的波及资源再生行业的效益，许多商户都感叹，"这几年废品生意越来越不好做了……"城市对外来人口的管理越来越严，而废品收购的价格却一路走低。尽管如此，真正的打击还是来自城市扩张本身，2011 年已逐渐被城市建设用地包围的东小口村也开启了拆迁进程：在政府公布的昌平区东小口镇土地利用总体规划（2006~2020 年）中，东小口村的土地都将转变为城镇用地。不过东小口村的拆迁经历了曲折的过程，时至今日仍有好几个回收站及大量商户驻守原地，但规模早已不复往昔。在拆迁中解散的回收站中，有的商户选择退出这个行业，更多的商户试图另觅他处东山再起，有就近前往西小口，有北上到北六环，也有远徙者如朝阳区沙子营，但都不复东小口村的规模和管理规范。

在"废品村"的时空演变中，形成了某种奇特的"退"与"守"的格局：不断被城市驱逐，让位于更有利可图的城市空间功能，又持续地驻扎到新的城市边界，在异地重建自身，节节后退，又步步驻守，形成了城市边缘—被驱赶—新的城市边缘的循环。每一次退守中的时空演变都是一次新的空间生产过程，在废品从业者与村委会的利益谋合下塑造了新的"废品村"空间。在这种看似重复的路径中，东小口村所呈现出来的某种自我优化和空间改良的努力，实在值得关注和反思。特别是与政府自上而下推动的循环经济型城市建设的努力相比较，东小口村所走过的现实路径更不应该被简单忽略。需要透过景观变迁的表面现象，看到推动其发展演化的深层机制。

4.2.2　"废品村"的灰色空间

1. 社会空间——同乡网络的嵌入

"废品村"的存在有其经济利益的基础，但密切的同乡网络是塑造"废品村"社会空间的重要力量。北京90%的资源回收业者来自河南的固始及周边地区，同乡网络为外来者进入城市和这个行业提供了联系渠道，同时也是市场信息的传播途径。在"废品村"中，家族经营成为最普遍的组织方式，往往串联起社区回收、分拣和销售，甚至北京以外的深加工处理厂。河南话成为村里的主流语言；同乡开办的"北京–固始"长途班车是联系北京与故乡的纽带；村里的打工子弟学校从校长、教师到学生都来自固始本乡本土。在晚饭时间，村边会准时出现河南口味的临时菜市场一条街；村边的"固始鹅块火锅城"里有地道的家乡味，这类挂着"固始鹅块"招牌的小饭馆几乎只有来自固始及周边地区的人才会光顾，也因此几乎与"废品村"相伴共生。

可以说，来自河南的废品回收从业者们在"废品村"的实体空间内再造了一个家乡，使得"废品村"呈现出更强烈的半城（北京的城）半乡（北京的乡与河南的乡）的景观，而这一景观对"废品村"的从业人员而言具有了不同的空间表征，为回收者们提供了新的身份认知与社会认同，形成一种循环的空间再生产过程。同乡网络嵌入实体空间，再造了实体空间的社会性，社会空间又反作用于同乡网络，使其通过就业、交易等种种经济联系固化了生活其中的群体的职业活动，和所属的社会等级。这个过程使得"废品村"在内部高度一致，与周围环境则形成剧烈反差，成为一种破碎的异质化的社会景观，如同一片特殊的"飞地"。

2. 理想空间——规划改善的努力与挫折

"废品村"的问题早在世纪之交就已经引起北京市规划部门的关注。"废品村"的环境质量和公共管理是其备受诟病的主要问题。废品堆放和拆解活动使得"废品村"普遍呈现出脏乱的特征，扬尘、废水、异味和潜在污染排放影响到"废品村"内和周边地区的环境质量，引起当地村民、村庄中的其他租户、周围的居民对"废品村"的反感。为了整顿城乡结合部散落着的数量惊人的"废品村"，北京市在2004年发布了《北京市再生资源集散市场发展规划》。根据当时的规划调查，北京城区周边"有再生资源集散市场121家，总面积约753亩，集中在朝阳区、丰台区、海淀区、石景山区的城乡结合部"。为了规范再生资源市场，特别是改善其中的环境卫生与治安状况，城市管理部门计划用20个集中的大规模专业化拆解场取代分散的"废品村"，通过配备自动化分拣设备，减少这个行业对劳动力的依赖。同时，在全市居住社区建设统一的回收亭，并配备再生资源回收的专业化运输体系。

然而规划改善的努力在现实中遇到巨大的阻力，正规的再生资源企业无法在市场竞争中获得优势，主要的回收市场依然依靠非正式的回收业者。真正的竞争差别在于从业者的身份，正规的再生资源企业不得不依赖非正式的回收网络。由于高福利保障和劳动力市场保护，北京本地的劳动力成本远远高于外来民工。一家再生资源企业管理者这样描述自己的市场策略"我们希望能够统货不统人"——从经营者的利益来说，控制货源才是目标，而一旦涉及正式雇员，经营成本就会大大增加。另外，从外来非正式的回收业者来看，被雇佣也并非他们所期待的，"有货在手，找到下家就能自己挣钱，……在这个行业里做久了，价钱和下家都熟悉，谁出价高就卖给谁，……来北京不为别的，就为多挣几个钱，好在老家买房子"。为自己劳动的回收业者更加能够忍受辛苦的劳动，忍受恶劣的居住和生活条件，忍受身在异乡、身处底层所面临的一切艰难。这些以家庭为单位的外来回收业者，努力看管自己的货物，搜索和挖掘货物增值的潜在机会，而这些是正规化的回收业所无法做到的。

再生资源本身的市场价值并不足以支撑其按照城市规划管理者期望的改造升级目标进行新场地建设和设备升级。拥有资本投入能力的正规再生资源企业，强调这一行业的公益性，因此需要政府授予垄断经营权。然而，政府从环境污染风险和吸纳劳动就业的角度，还是将具有一定盈利能力的资源再生行业与更加紧迫的城市垃圾处理（垃圾焚烧、填埋等基础设施）区分开来，将资源再生行业留给市场去解决。2008 年以前再生资源市场的繁荣创造了一些靠经营再生资源回收发家致富的神话，东小口村相对八家村的空间改善可以看成在这种神话的诱导下，回收业者尝试通过自组织获得城市认可的一种努力。尽管从村集体租借的土地仍然不具有合法性和长期的保障，但无论承建大规模回收场的回收公司，还是小规模租住摊位的经营户，均对生产环境和设施进行了不同程度的投资和改善。一些从业者还对政府计划兴建大规模专业化拆解场的想法很感兴趣。然而，外来回收从业者并未获得与本地再生资源主体企业同等的投资主体资格。废品回收业者初级的自组织和自我完善随着再生资源市场繁荣的结束也面临瓦解。

3. 灰色空间背后的博弈

废品村的空间塑造显示了外来的回收从业者与本地的城市管理者及居民等多重主体之间的互动与博弈。不同主体有着各自的利益诉求，因此对于空间改造的方向、目的和价值判断都存在巨大的差异甚至是对立。

塑造"废品村"的最大力量来自数量众多的外来回收从业者。他们通过"废品村"的空间选址、土地租赁、市场建设、日常运营与日常生活直接构建了"废品村"的微观空间形态与宏观空间格局。回收业者内部逐步形成了社会等级的分化，一些资本积累较为雄厚的回收业者上升为租地建场的"老板"，这些老板通过与当地村委会、工商、治安、消防等管理部门建立良好关系，维系"废品村"的生存。而更底层的商户和雇工则依靠"废品村"提供的空间庇护，靠辛苦劳作维系其在城市中的经营与生活。

城市管理者与本地居民对"废品村"的存在处于某种两难，"废品村"的环境和社会治安对所在区域来说增加了环境卫生和治安管理的成本，但其"废品村"提供的资源回收服务又具有超过再生资源价值本身的社会环境价值，包括垃圾减量和资源节约。城乡二元化的管理模式限制了地方政府对"废品村"的有效管理。村委会通过出租土地给废品市场的经营者而获得经济收益，村庄的原住民又能通过出租房屋给废品商户的雇工而获得经济收益。考虑到村民的绝对数量显著低于回收从业者，真正承担"废品村"低劣的城市基础设施、公共管理和脏乱环境的，恰恰是那些租住的外来回收从业者。

关于"废品村"的一切争议伴随地块的开发价值提升，而逐渐发酵。在 20 世纪 90 年代，城市边缘土地再开发价值尚不显著的时候，村民对城市生活抱有期待，"废品村"只不过是一些缺少其他致富途径的村庄别无选择的副业，因此其拆迁顺遂民意，也较少受到抵制。分散的回收业者更加没有发言的机会，只能选择迁移。然而，随着土地再开发价值的提升，村民对再开发补偿的期待越来越高，"废品村"成为拆迁讨价还价过程中一个等待的过渡阶段。城乡二元化的发展模式，使得城乡结合部的农村土地无法获得有效的资本投入，实现基础设施的更新改造。民间的逐利行为在知道自己只是获得短期默许的情况下，加剧了对空间的掠夺，无论村民还是回收业者都只想在拆迁前尽量多挣一点钱，没有人愿意为公共物品和环境的建设持续追加投入资本。公共环境的恶化进一步强化了再开发的正当性，然而只有在房地产市场开发的商业前景能够得到充分保障的前提下，这种正当性才足以构成"废品村"拆迁改造的理由。

正是这种权力与资本的博弈，以及特定的社会经济关系，甚至是文化与情感体验，共同塑造了"废品村"这一特殊的城市空间，而它的空间也改变了地方景观。百余个"废品村"散布在北京市的城乡结合部，实实在在地改变了城市面貌，它为城市提供公共服务，分享城市经济发展红利，同时受城市排挤，又为自身生存空间抗争。它也以一种戏剧化的方式参与到轰轰烈烈的城市化进程，也参与到城市空间的重构。它几乎是一种正式城市化的先导，因此只能是非正式城市化，或者说"灰色城市化"。

4.2.3　路在何方？

解决"废品村"的外部性问题是城市管理无法回避的任务。对于以空间分配为核心任务的传统物质规划实践来说，城市垃圾处理相关的公共设施布局，持续面临邻避（NIMBY）困境和经济效率困境。这一矛盾在过去几年中日益激化，全国有 30 多个城市发生了居民反对修建垃圾焚烧厂的事件，远有广州的 30 万番禺居民"散步"，近有北京的六里屯万人上书和阿苏卫九四事件，使得正规的垃圾处理设施迟迟难以落地。而基于循环经济理念下的系统改革构想，也同样面临实施困难。在北京市实践过的若干个循环经济试点方案中，普遍因为缺少消费者的积极参与，以及经营者经济效益低下，而难以与"废品村"的非正式回收体系竞争。

在正规化体系的建设不断受阻的同时，回收从业者们也开始为废品行业的续存谋求支持。2012 年年底，就在东小口村拆迁时，最早进入东小口的中海融通再生资源回收公司的老板与上海电视台纪实频道合作，拍摄纪录片《亿元废品村》，讲述废品回收为城市做出的贡献，以及东小口村面临的困境，并为新的废品市场选址争取民众和官方的支持。这是废品从业者第一次进入公众视线，主动为生存争取话语权。2014 年 1 月，中央电视台在此基础上播出了一部关于东小口村的纪录片《废品村纪事》，从官方角度解读"废品村"拆迁对从业者们的影响，也反映了"废品村"的转型与改造正在进入主流视野，获取社会的关注。

从以往城乡结合部发展的历程来看，被关注的效果具有两面性：一方面可能引来公共部门的强力介入，通过大拆大建快速改变旧有面貌，实现从"村"到"城"的跨越性转变；另一方面也会对当地已经形成的经济社会体系造成冲击，直接影响到当地从业者的生计。这在北京"浙江村"的发展演变历史上有过深入的探讨。借鉴"浙江村"的历史，民营的小手工业者在"浙江村"的改造过程中，实现了从边缘到主流的身份转变，"浙江村"的空间实体已经不再具有"城""乡"桥梁的社会意义。但对于"废品村"而言，这样的转变还尚未起步。从八家村到东小口村，因为废品回收行业的边缘性，"废品村"依然是特殊的"灰色"空间，承载着最底层的外来人口在城市谋生发展的绝望与希望。"废品村"的变迁所展现的灰色空间的生产过程处处展现着资本运动塑造景观实体的内在机制，交织着不同主体对这一空间的社会身份认同与想象，仅仅通过拆迁的方式来消除这样的空间是不可能的。未来的转型方向必将超越"废品村"本身，而延伸至整个城市的转型与重构，包括对资源再生活动的公共价值的再评估，生产与消费模式转变，其根本在于将最底层的外来回收业者纳入以人为核心的环境正义的城市发展诉求之中。

4.3　绿色社区实验

为了推动社区垃圾分类的活动，我们自 2013 年年底至 2016 年年底在昌平区北七家镇郑各庄村开展了绿色社区垃圾分类实验。郑各庄村北以国道温榆河为界，南到七北路，东至上承路，西至郑平路，围合范围内的郑各庄村域。其中，现状村镇建设用地包括北部的宏福苑居住社区；东南部的中央戏剧学院、北京邮电大学、北京电影学院和平西府中学教育用地；南部的温都水城文化体育用地和西南部的宏福创业园工业用地，详见图 4-6。自 20 世纪末开始，郑各庄在村集体的领导下，走了一条独特的农民主动城市化的道路，实现从乡村到城市的转型跨越（刘守英，2008）。在打开乡村，引入众多城市居民，形成新的城市社区的条件下，可持续发展的方向何在？曾经带领村民实现城市化转型的村集体，是否能在可持续转型中继续发挥有效的集体领导能力？我们的社区实验期待从个体层次的行为改变，透视社区变迁的整体进程。

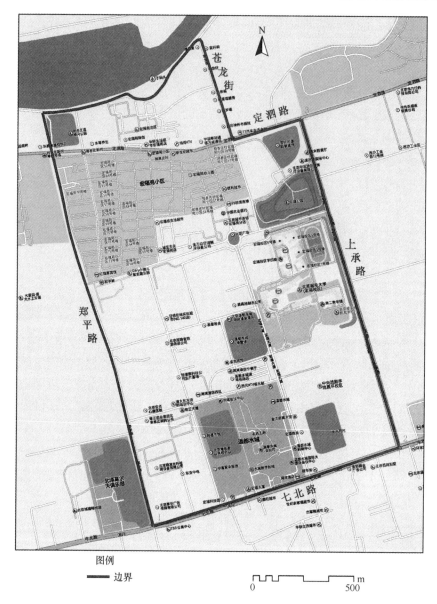

图 4-6　郑各庄村域概况

4.3.1　主动城市化之路

　　郑各庄村的支柱产业经历了从农业生产到对外建筑施工，再到本村综合房地产开发的演变过程，其中 20 世纪末，特定历史背景下的村集体土地资源价值的盘活是村庄实现主动城市化跨越的重要条件。

1. 农业生产阶段（1950~1984 年）

　　1950 年郑各庄在完成土地改革后，全村分配到户土地 165.8hm²，人均 0.23hm²，实现"耕者有其田"。1979 年，作为昌平区平西王府管理区推行农业联产承包责任制的试点村，郑各庄大队实行了承包到组，再到户的联产承包责任制。但是土地分到各户的耕种结果并不理想。1984 年，郑各庄村正式采取"大包干"的形式，将耕地从各家各户重新集中到村集体手中，采用集中化耕作的方式，耕作效率得到显著提升。同时，由于采用集约化的耕作方式，村里面不少青壮年劳动力逐渐从土地耕作中解放出来。面对土地耕作有限的产出，如何为年轻人寻求更好的创收途径？

2. 劳动力输出阶段（1985~1997 年）

1985 年，时任郑各庄生产大队长的黄福水，带着本村的一群年轻人借钱买下一台挖掘机和一台推土机，组建土石方施工队，开始进入北京建筑市场。在施工劳动的过程中，逐步积累起建筑施工的经营技能和产业资本。1996 年，昌平鼓励本地企业组建企业集团，并实行股份制改造。郑各庄就在施工队的基础上成立宏福集团，形成以村为基础、以企业为经营主体的"村企合一"经济运行机制，农民通过参股、就业等不同形式逐步进入企业。

3. 综合房地产开发阶段（1998~2012 年）

20 世纪 90 年代末，金融风暴席卷亚洲，宏福集团也未能幸免。大量工程款被拖欠，许多工程因资金问题被迫停工。1997 年，集团债权已高达 3000 万元，面对危机，决策层不得不采取以物折款的方式盘活资产，让债务单位用水泥、钢材、人工等折抵工程欠款，同时为在村集体建设用地上，为村民建了 4 栋住宅楼。由此吸收来自村民、企业员工的 500 万元购房预付款，帮助集团渡过了难关。

借此契机，郑各庄村委会委托规划专家编制了《郑各庄村 21 世纪生态庄园》规划，将村域范围划分为生活居住、科技产业、教育科研、旅游休闲、商业服务五大功能区。1998 年，修订的《土地管理法》开始施行，国家对土地实行用途管制，严格耕地保护。为了实现村庄规划，郑各庄通过在昌平区内其他村庄复垦荒滩和沟边土地的方式将村内土地置换为集体建设用地。在 1999~2000 年的两年中，村里约 100hm² 耕地陆续调整为建设用地。尽管 2003 年以后这种置换办法被禁止，但郑各庄村除保留 4.9hm² 耕地外，其他农业用地已经全部转换为集体建设用地。

房地产开发启动以后，郑各庄村通过拆除村民原有住宅，腾出 70hm² 宅基地，同时规划建设了 16.7hm² 的住宅小区，建设住房面积 60 万 m²，村民由此获得人均 70m² 住房。按全村 2000 位村民（含离开村庄，但仍保留户籍，以及为嫁娶生育预留的指标）推算用于解决本村居住的住房面积约为 14 万 m²。剩余的约 40 万 m²，先后以相当于同时期北京经济适用房的价格水平，安排供应了宏福集团及周边其他企业员工、北京邮电大学教师、周边拆迁村庄周转房等各类居住需求。居住类型涵盖单身宿舍、一居、二居、三居、四居等多种类型。不同时期销售价格从 2800~6800 元/m²。

在住宅开发之外，宏福集团也开始在郑各庄的土地上经营多种产业地产。1999 年，宏福集团和郑各庄村委联合创立宏福创业园，包含 11 个工业小院，四栋标准厂房，引进各类企业百余家。

2000 年 9 月，郑各庄村内开凿出第一眼地热井，此后围绕地热温泉资源建设温都水城，2003~2012 年建设了水空间、温泉养生馆、水城国际酒店、湖湾酒店和水城文化广场等休闲旅游项目。

宏福集团针对昌平区的产业发展定位，将未来产业转型定位为科教研发和文化创意，为此特别规划了教育科研区，逐步围绕文化创意产业的发展需要，引进了北京邮电大学，中央戏剧学院，北京电影学院等高校。

4. 转型调整阶段（2013 年~）

2013 年宏福创业园纳入中关村国家自主创新示范区昌平园政策区范围，享受中关村示范区的各项优惠政策。园区规划 200hm²，覆盖了除居住地块以外的其他各类功能用地，并规划未来建设 10 万 m² 总部基地，依托教育、科研、产业和综合城市配套的优势发展信息通信、软件技术、生物医药以及高端文化特色产业。

产业转型增加了投资风险，集团迫切希望通过土地资源的资本化，提高融资能力，但遭遇了政府对村集体建设用地非法建设的强力遏制。这一矛盾其实是中国近年来土地财政整体困境的微观缩影，对土地一次开发产出预期的过度依赖，已经严重透支了现实土地利用活动的真实收益，而土地一次开发后的长期运营维护和更新的成本被严重低估，更加复杂的城市社会协调和管理机制则远未成熟。

公共服务业是新发展阶段产业转型的重要方向，被作为跨越"中产阶级陷阱"，实现更加公平的发展利益分享机制的重要机制建设途径之一。如何通过有效的公私合作机制，将可持续发展、社会公正等公共发展目标转变为吸引企业和社会资本投入的有效需求，需要微观机制的建构激励企业家精神的发扬。

4.3.2　发展转型的努力

2014 年以来，随着外部建筑市场萎靡，本村土地存量资源也逐渐耗尽，依靠土地一次开发的暴利时代一去不复返，城市经营维护的长期成本和矛盾逐渐凸显出来，产业转型和社会发展难以协调的困境推动郑各庄寻求发展转型之路。

1. 发展踩红线

由于土地存量资源越来越少，为了提升土地开发价值，2009 年宏福集团在郑各庄北边靠近温榆河的位置，开发了"水城御墅"四合院项目。该项目占地面积 7.3hm²。其中包括 4.44hm² 集体建设用地、0.72hm² 农用地、2.07hm² 未利用地。建成的单套"四合院"售价高达 5000 万元。

然而，根据北京市总体规划，"水城御墅"所占用地属于首都第二道绿化隔离范围，温榆河绿道的组成部分。2012 年 6 月该项目被列入北京市国土局挂牌督办的两起集体土地违法建设重大典型案件之一。尽管宏福集团为项目合法化做了大量努力，最终还是于2014年2月17日，主动将"水城御墅"项目37个四合院拆除。

"水城御墅"事件凸显了单纯依靠房地产开发支持的发展模式的不可持续性。在利用土地增值进行滚动开发的过程中，各方对土地收益的期望越来越高，而维持村镇土地开发收益持续增长的市场环境已经一去不复返了。

2. 围绕主业的循环经济努力

除了房地产行业以外，宏福集团在郑各庄最大的自有产业是利用地热资源发展温泉旅游产业，并在此基础上创立了温都水城旅游休闲品牌。地热温泉水是温都水城宝贵的资源。至今开发六眼温泉井，深度达3000m，其中沙热-16井出水量可达2386m³/d，出水温度74℃，热恢复水位达到地表以上5m，属于自流井。

围绕温泉水的综合利用，温都水城建立了地热采暖、温泉旅游、人工水景观和污水处理的梯次循环体系（图4-7），包括水空间、温泉养生馆、水城国际酒店、湖湾酒店闲旅游项目，以及占地2.67hm²的水上公园和全长7km的环村水系。全村的生活污水经处理后，排放到温榆河。

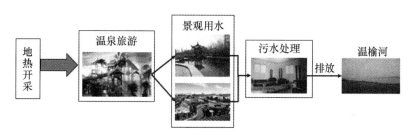

图4-7 郑各庄村地热温泉水循环示意图

随着京郊温泉休闲旅游业的竞争日趋激烈，温都水城旅游业的发展面临两个方面的限制瓶颈。一方面是北京市对地下温泉水开采的限制逐步增强，资源本身也面临不可逆转的枯竭风险；另一方面，旅游业设施很快老化，游戏项目也难以满足城市消费需求的快速变化。

3. 腾笼换鸟

2013年郑各庄村的村办工业园——宏福创业园被纳入中关村科技园昌平分园，产业发展方向调整为科技研发服务和创新孵化。宏福集团在郑各庄村域范围内，对原有建筑空间加以改造利用，建设创业孵化器。2014年12月10日被国家科技部列为2014年度国家级科技企业孵化器。宏福孵化器发展模式以旧建筑改造利用为特色，并依托综合型社区的配套优势，为创业团队提供生产、办公和居住一体化的创业空间。

针对新的园区发展定位，开展了一系列建筑更新改造项目，包括宏福创业园10号院内六层标准厂房改造为科技园综合楼，宏福苑活动中心（原村委会办公楼）改造为生物医药孵化器（派尔特国际中心），美飒格制衣厂停产车间改造为"创意空间"，以及对

"宏福大厦"进行重装改造，建立科技企业孵化器。

郑各庄还在社区居民中众筹 3000 万元，设立了孵化器基金，委托宏福孵化器管理，对孵化器内的科技创业项目进行投资。另外，社区提供 300 套"青年公寓"定向为创业骨干提供居住配套。

截至 2015 年年初，宏福孵化器吸引初创企业 67 家。其中，宏福苑及周边 10km 内社区居民创办企业 51 家，占 76%；郑各庄村域范围内北京电影学院、北京邮电大学分校师生创业项目 17 个，师生创业占 23%。社区内办公、居住、教育、休闲、医疗相互配套，入住企业员工 80%以上都在社区居住和生活。

4.3.3 社区垃圾分类

除了在产业升级方面的种种尝试，作为职住一体的城镇化社区，郑各庄村有将近50%的土地用于开发居住社区，围绕社区升级也是地方转型的努力方向。从 1998 年开始拆村重建以来，这里从原本居民不足 1500 人的小村发展成为居民超过 3 万人的城市混合功能社区。村集体在这一发展过程中发挥了关键的领导作用。随着城市化建设渐趋完成，社区进一步的可持续发展往何处去？除了在产业升级方面做的一系列努力，我们作为外来的研究者，建议郑各庄村能在社区建设方面采取进一步的行动。其中，根据"废品村"调研中所揭示的城市生活废物管理的困境，我们尝试与村委会合作在宏福苑社区开展绿色社区循环经济试点项目，在社区居民中推广垃圾分类。

宏福苑社区 2014 年生活垃圾清运量达到 8745t，居民人均清运量 350kg/a，高于北京市居民人均垃圾清运量（约 300kg/a）。宏福苑社区在 2001 年建设之初，曾经尝试过建立社区垃圾分类系统，在村北侧专门开辟了一个垃圾分类场所，由本村村民对收集的生活垃圾进行分类处理。但是这一系统由于缺少居民参与很快就难以维系了。为了解决社区垃圾管理的问题，村办物业在邻村租借了一个小院，将社区废品回收和垃圾清运一起承包给几个河南籍的拾荒者。但随着小区居住规模快速扩张，垃圾清运量越来越大，社区废品回收的收益已经远远无法支持垃圾清运的成本了。2011 年，小区物业将环卫和垃圾清运外包成立了一家环卫公司，每年需要为环卫清扫、垃圾清运等服务固定投入 160万元左右。而原本承包的几个拾荒者则在每年缴纳给物业一定数量的管理费后，获得继续在社区内收购废品的权利。宏福苑社区的废物管理演变历程折射了改革开放以来我国城市废物管理系统演变的一般历程。

1. 社区居民构成

垃圾分类实验在宏福苑社区（不含北区）开展，社区占地面积 65hm^2，住宅建筑面积 54m^2，居民约 1 万户，分为四个组团（图 4-8）。各组团居民构成存在一定差异，东区组团以村民回迁为主。西区以周边企业单位团购为主，产权性质为小产权。其中，某央企职工团购组团实行相对封闭的管理，自成一体。南区组团为面向分散购房者的商品房片区，有正式产权。

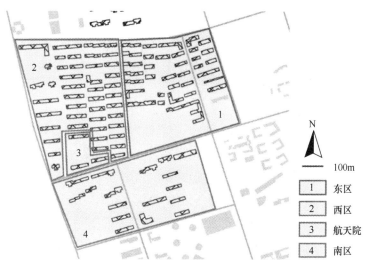

图 4-8　宏福苑社区空间结构

2. 实验过程

自 2013 年 7 月起，研究组在前期调研基础上开始筹划社区实验。发起社区行动的主体包括一家研究机构（作者所在的北京大学研究小组）、一家政府决策咨询机构（为国家发改委和工信部研究设计生产者责任制度试点方案的中国家用电器研究院）、一家代表生产者的非政府组织（中国电子节能技术协会废弃电子电器综合利用委员会），以及郑各庄村委会。此外，实验采用合作企业提供的社区垃圾分类引导技术方案，该方案采用注册用户的方式，为用户提供二维码和专用垃圾袋。只要用户将可回收垃圾分类装袋，再贴上自家的二维码，投入设于小区内的专用回收桶，或者直接交给社区回收员，再由回收员通过称量扫描，用户就可以获得相应积分，并可用积分兑换生活用品。

活动从 2013 年 12 月 21 日正式开始，至今已运行将近 3 年，运行过程可以分五个阶段：

（1）第一阶段：启动期，2013 年 12 月底至 2014 年 2 月，共两个多月。主要开展了覆盖整个社区的海报宣传和最初两个周末的四次现场活动，居民在现场活动中可以主动注册参与我们的活动。期间在东区组团投放了一个专用回收箱。这个阶段募集了 143 户参与家庭。

（2）第二阶段：密集宣传期，2014 年 3 月。这一阶段开展了密集的现场推广，每周末都在小区的不同地点开展活动，实验家庭募集的范围和回收箱的布置也扩展到西区和南区，到 3 月底注册用户 512 户，超过了实验预设的第一阶段募集注册用户 500 户的目标（图 4-9）。第一阶段和第二阶段都没有提供经济激励，而是以宣传为主，并且告知参与用户回收积分将折算成金钱捐献给北京的一个农民工疾病救治慈善基金。第二阶段结束的时候，活动组织了一次"百日回馈"活动，对前两阶段积分最高的 20 户发放奖品。并以展板等形式展示活动成果。

（3）第三阶段：运行模式调整期，2014 年 4~6 月。停止现场活动，这一阶段实际上面临社区活动难以常态化运行的困境，不过在活动期间结识的社区废品回收人员冯师傅，最终为我们解决了困境。我们调整了社区活动经费的分配，由冯师傅替代原先环卫公司安排的工作人员进行现场维护和服务。

（4）第四阶段：常态化运行期，2014 年 7~12 月。这一阶段基本上完全靠冯师傅维持现场活动，虽然消费者的积分仍然可以通过技术支持企业的官网兑换奖品，但是由于积分数量太少，网络快递成本太高，经济激励事实上处于虚设的状态。

（5）第五阶段：有现场激励的常态化运行期，2015 年 1 月至今。这一阶段，冯师傅一方面开始为用户提供上门回收服务；另一方面每周六在社区内固定地点为用户现场兑换礼品。此外，研究组在 4 月 25 日和 10 月 31 日，在社区开展了两次较大规模的现场活动，主题都是积分兑换有机蔬菜。大型活动前，研究组利用电话通知用户的机会进行了问卷调查，活动中则与居民进行了现场访谈。

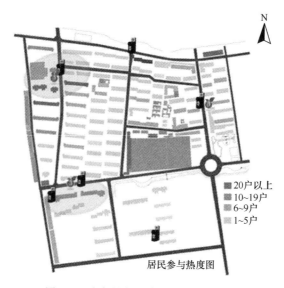

图 4-9　参与垃圾分类实验的住户分布

3. 实验效果

第一，活动的总体参与情况。图 4-10 展示了系统记录的实验过程中注册用户人数，以及实际参与垃圾分类投放的人数变化。尽管注册用户都是志愿参与的家庭，相对来说环境保护观念较强，但实际的行动参与度并不高。整个过程中，有投放行为的家庭数约占注册家庭总数的 40%，形成并维持投放习惯（半年内每月都有投放记录）的用户累计超过 15%。

第二，不同激励方式的效果。第一阶段仅有海报宣传和设施布置的情况下，居民行动参与非常低。第二阶段增加了密集的现场宣传，尽管没有提供经济激励，但投放次数和重量都显著增长，且远远超过注册用户数量的增长。第三阶段开始，活动承诺提供经济激励，系统记录的参与热度在 2014 年 4 月达到最高。但此后，随着现场活动趋冷，用户投放行为不断减少，到第三阶段已经降到和第一阶段差不多的水平，尽管第四阶段建立起常态运行机制，居民也几乎没有什么行动反馈了。第五阶段实施现场奖品兑换以后，用户活跃程度有所增加，此外冯师傅提供上门回收的服务，也对提高用户参与有一定帮助。总体来看，现场互动对行为的激励作用是非常明显的。

第三，参与者的行为动机。通过电话调查和现场访谈，我们了解到参与者的行为动机及其对活动态度。90%以上的受访者都认可活动本身的价值。对于形成行为习惯的个体来说，内在动机发挥主要作用，"给不给奖品其实并不重要，活动本身有意义，所以参与"。外在动机包括社会行为规范和经济激励，密集的现场活动有助于塑造社会行为规范，但短期活动仅仅给用户提供了某种"蜜月期的新鲜感"，在活动停止后，用户的投放行为迅速减少，以至于当现场活动减少后，用户觉得"没什么动静，我都以为没人管了"。现场活动重启以后，通过引入积分兑换有机蔬菜的活动，重新激发了消费者的参与意愿。很显然，经济激励虽然有促进作用，但要在内在动机和外在行为规范的基础上才能发挥效果。图 4-10 显示了当月参与投放的家庭户均月投放量的变化，常态化运行以后，坚持参与的家庭投放量总体上趋于稳定，体现了习惯建构的长期效果。

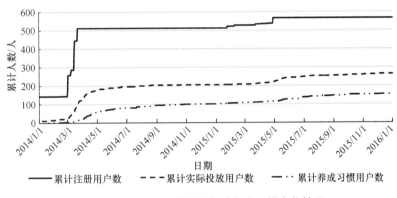

图 4-10　注册用户数量和投放行为习惯变化情况

4. 治理机制反思

宏福苑社区的垃圾分类实验开展了 3 年，从行为习惯塑造的目标来看，实验效果并不理想。研究组在最初发起社区行动的时候，非常希望能通过一年左右的小规模试验，积累经验，然后将实验行动扩展到整个社区，并且希望垃圾分类的内容能超越可再生资源，覆盖餐厨垃圾等其他品类。然而，这一想法在现实条件下却始终难以达成。这促使我们从治理机制的角度，重新反思整个活动的设计和演化过程。

首先，参与主体对行动的落实至关重要。四家发起行动的主体中，北京大学研究组、中国家用电器研究院和废弃电子电器产品综合利用委员会三家是在电子废物生产者责任延伸制度的研究过程中形成的长期合作关系，电子废物回收机制的研究也是这个社区活动很重要主题之一，试验中还特别针对手机回收开展过专项活动。这一背景为我们提供了非常好的企业支持渠道，多家生产企业为我们提供过试验设备和奖品的支持。宏福苑社区所在村的村委会是我们多方联系找到的地方支持机构，村委会首先认可这一活动的意义；其次，对活动改善目前社区废物管理现状，降低管理成本也有一定的期待；最后，村委会对社区管理有更高的自主性，也为我们开展活动提供了很大的便利。随着活动的展开，志愿参加活动的社区居民快速增加，并且在密集的现场活动之后，将整个实验推上了一个小高潮。这个时候其实是迅速扩大活动范围，实现活动常态化的极好时机，然而也正是这个时候，治理机制中的矛盾浮现出来。

在四个发起主体中，村委会并不能充分发挥有效动员和组织居民的作用，而居民才是社区行动的真正主体。村委会对于人数数十倍于原住村民的购房居民来说，只是物业服务的提供者。既有的村庄基层民主决策机制仅限于村民内部，并不能涵盖整个社区居民。村委会（通过物业公司）将社区环卫服务外包给公司经营，从而控制环卫服务的总成本。环卫服务公司按照既定的合同内容完成垃圾清运任务，不仅对居民缺少行动干预能力，本身还需要负担村民就业安置的任务，实际上限制了环卫公司在人力配置和管理模式更新上的自主性。所以社区行动最重要的推动者实际上是我们这群外来的研究者。

由于有一定的研究经费支持，研究者负担了实验过程的主要投入，短期的小规模实验也显示出社区行动的影响力。然而，扩大试点规模需要更大的经济投入和长期运行的机构保障，此时，研究者作为行动发起主体的局限性就显现出来。在当地社区缺少持续投入和运行社区行动计划的主动意愿的情况下，依靠研究者为主的外来主体是很不现实的。

宏福苑内非正式回收业者冯师傅的加入，给原本陷入僵局的实验带来了一线希望。冯师傅不同于社区内其他回收业者，尽管他们都是来自河南的同乡，彼此还有或多或少的亲缘关系，但冯师傅进入这个行业比其他人晚。在从事废品回收之前，冯师傅在广东、上海、北京等地，有多种多样的职业经历，包括工厂生产、饭馆服务、产品销售等，见多识广。这使得他在接触了我们的活动以后，对废品回收行业可能的不同模式产生了兴趣，而不像其他人刻意躲避与我们的接触。当然，冯师傅靠一己之力在北京养家糊口，不可能以志愿者的身份参与我们的活动。由于经费有限，我们又希望能尽量长期开展试验，因此每月用于当地合作的劳务费用总额也无法达到环卫公司雇佣一个固定员工所需要支付的最低成本。在依靠村委会维系实验的希望越来越渺茫之后，我们调整了经费方案，决定与冯师傅合作。虽然来自我们的劳务补贴很低，但是冯师傅将这部分工作与他日常的废品回收活动结合起来，还是能够接受这样一种合作机制的安排。冯师傅的加入挽救了实验，但限于冯师傅非正式回收业者的身份，他能够承担的活动仅限于现有规模下的现场维护，扩大实验规模则完全不可能。

治理机制困境的根源还是经济问题。实验展示了现场活动的效果，但维系现场活动需要投入大量的精力。而且要达到更好的社会效果，就不能是一成不变的固定模式，需要不断设计对居民有吸引力的创新点子。这部分成本显然无法依靠再生资源的市场价值来承担，毕竟两年多来，再生资源价格一再下跌，现有的回收业者自身都面临着生存问题，如何有能力投入这部分人力和物力？另外，城市公共废物管理系统越来越不堪重负，成本激增，垃圾减量和循环利用又的确有着真实、紧迫且巨大的价值。问题是社区行动的相关主体如何能分享到这些价值？如何对社区行动的垃圾减量效果进行衡量和监督？一旦活动超出了研究者的实验范围，真正的相关主体之间的博弈困境就凸显出来。

4.4　"垃圾不落地"理想成真

宏福苑社区的垃圾分类实验在 3 年里一直在困境中勉强维持。然而 2016 年，就在郑各庄村北面大约 15km 处，另外一个村庄——辛庄村，却在几位外来租房的妈妈们的努力推动下，成功实现了家家户户垃圾分类，全村"垃圾不落地"，并且通过回收分拣，实现垃圾减量 80% 的目标。在垃圾分类的行动中，村庄的原有村民、外来的租户以及围绕垃圾分类行动动员起来的外部民间环保支持力量，共同实现了这个了不起的成就。

4.4.1　多 元 空 间

昌平区兴寿镇辛庄村位于军都山脚下，京密引水渠南岸。本村以草莓种植为主业，人口约 1000 人。近年来，外来人口逐渐增加，人数接近本村居民的人数。但与宏福苑不同，外来居民主要是在辛庄租房生活，包括艺术家的工作室和跟随华德福学校入住的家庭租户。辛庄村的"垃圾不落地"行动是村中居住的这三类人群的集体行动结果，体现了村民草莓种植业升级的期望、艺术家用艺术改变生活空间的理想，以及学校与家庭共同实践教育理念，三者目标和价值的融合。三种人共同构筑了京郊农村一个另类的多元化社会空间，并在改善生存环境这一基本目标上达成共识，最终落实为集体行动（图 4-11）。

1. 草莓专业村

昌平区在 20 世纪 80 年代初就开始尝试发展草莓种植。随着城市化的发展，郊区农业向高附加值农产品种植转型，2001 年草莓种植面积开始大幅增加。2006 年昌平区确立了农业升级转型的发展方向，重点发展"一花三果"（百合花、苹果、柿子、草莓）以帮助农民增收。为了配合奥运食品供应，昌平区发展了 4 万亩奥运有机蔬菜、草莓、果品种植基地，其中辛庄村所在的兴寿镇就是昌平最大的草莓种植基地（王立府，2009）。草莓增产的一个重要途径是增施有机肥，传统方法是使用鸡粪，可以有效提高土壤中有效磷的含量。当然，为了维持草莓的高产量，防止病害，常规草莓种植还需要配合化肥与农药的使用。

常规草莓种植过程存在一定的环境影响，包括种植阶段农药残留对水体的影响，化肥和有机肥所携带的重金属残留对土壤的影响（李彩恋等，2015）。相对来说，有机草莓生产的生命周期环境影响较小。且随着人民生活水平提升，城市居民对草莓的健康安全标准越来越高。有机种植草莓成为市场上的新贵，价格是常规草莓的 5~10 倍。为了增加有机肥的供应，北京市自 2007 年以来支持一些环保企业发展微生物处理餐厨废物。

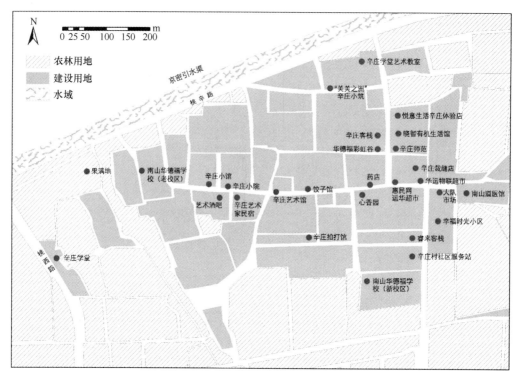

图 4-11　辛庄村社区概况

其中朝阳区高安屯建立的北京第一个大型餐厨废物发酵处理厂，主要采用集中式的餐厨废物回收处理，生产有机肥，供应草莓生产。由于餐厨废物处理成本高昂，政府对草莓种植户使用餐厨废物处理后的有机肥提供了高额补贴。

辛庄村村民大部分都从事草莓种植，全村共有 540 个大棚。过去一直以传统种植方式为主，其中也使用政府补贴的餐厨废物发酵的有机肥。草莓作为当地的支柱产业，改进有机肥的供给，并且向有机种植的方向转变，都是大家认可的乡村产业转型升级的方向。但如何实现转型，还需要从技术到市场全方位的突破。

2. 艺术家栖居

辛庄村邻近的上苑村和下苑村是京郊著名的几大艺术家聚居的村落之一。北京作为国家政治文化中心是前卫文化与"体制"的代名词。基于这种双重性，艺术家游走在其边缘，既想接近又想远离，造就了艺术村这样一种承载艺术家理想主义的独特空间，一个相对宽松的环境来进行"体制外"的、纯粹的艺术创作，又不过于远离市场和"体制"的中心（常晓攀，2011）。

从 20 世纪 90 年代中期，画家汪建中第一个来到下苑村定居。此后越来越多的艺术家接踵而至，其中包括钱绍武、王华祥、田世信、邓平祥、贾方舟、李向明、申伟光等知名艺术家。随着入住艺术家增多，居住范围扩展到周边的村落，其中也包括辛庄村。

艺术家的到来带来乡村文化的改变。由艺术家集资建设的辛庄艺术馆为村庄提供了一个公益性的艺术场馆，展示、交流艺术创作的作品和心得，提升和丰富村庄的文化艺术氛围。

艺术家们的创作活动也潜移默化的影响着周遭的村民。艺术家还组织给村里的孩子开美术班、办画展、出画册。此外，艺术家们的入住给村民也带来经济上的实惠，村庄里出现了超市、具有艺术品位的饭馆、咖啡厅。艺术家租房也给村民增加了收入。

3. 另类学区

2012 年北京南山华德福学校在辛庄开办。华德福教育是一种从国外传入的另类教育体系，倡导身、心、灵和谐发展。按照儿童的成长阶段，华德福教育在幼儿阶段注重实践和手工活动，并提供有利于创新玩耍的环境。在小学阶段重点发展学生的艺术才能和社会技能，培育创新和分析理解能力。在中学阶段注重发展批判性思维和培育人生理想。这种教育模式将学生的家庭也纳入其教育的一部分，在学业、实践和艺术能力培养中都鼓励家长共同参与。

北京市主流教育模式下，优质教育的学区竞争日趋白热化，一些不认同主流教育模式的家庭选择了这种另类教育模式。辛庄华德福学校开办吸引了 180 多个较高收入家庭，他们告别了市中心的生活方式，带着孩子住进了燕山脚下的这个小村庄，回归田园的娴静，追求自然的生活状态。

然而，田园生活并非都如想象般诗情画意。外来租户租下村民的农舍以后，首先投入力量对自己家庭生活的空间进行了升级改造，使之符合城市居民对卫生条件和生活便利的需求。但是，走出独门独院的家庭空间，整个村庄的外部卫生条件仍然比较脏乱。由于紧邻京密引水渠，可能造成水源污染的经济活动受到严格控制。然而和国内大部分农村地区一样，随着生活水平的提高，日常生活垃圾产生量不断增长，垃圾构成也逐渐转变，不能降解的垃圾比例越来越高。村东头有一座简易的垃圾填埋坑，当初选址的时候估计可以使用十多年，可是随着垃圾产生量的快速增长，预计只能再用 2 至 3 年。村庄内原本有 17 处开放式垃圾站，混合堆放村里的居民扔弃的各种垃圾，风一吹，塑料袋满天飞。公共空间的改善显然不是一家一户能够独立实现的。

4.4.2　社区集体行动

针对村庄公共卫生环境的现状，陪孩子在这里上学的母亲们率先行动了起来，并将这一改善环境卫生的活动扩展到整个村庄参与的社区集体行动，还吸引了外部环境保护、可持续社区建设、有机农业发展方面的社会支持力量。

1. 辛庄"七仙女"

"为了孩子的健康和未来"，这样一个简单直接的目标将辛庄村里的七个妈妈团结在了一起。对村庄社区的环境改善从 2014 年就开始酝酿。随着城市居民对食品安全、健康生活方式的期望越来越高，京郊各种新农村实践已经开始越来越多的吸引城市居民的参与。这其中也有怀抱乡村建设情怀的探索实验。例如，北京小毛驴市民农园的社区支持农业经验，将家庭垃圾分类、厨余堆肥与家庭种植相结合，探索绿色都市农业发展的新模式。这些经验启发了辛庄的妈妈们。茶余饭后的谈论终于引向实实在在的行动。乡村垃圾治理成了第一个入手点。而着力推动这一动议成为行动的七位妈妈就成了辛庄"七仙女"。

2016 年 3 月辛庄环保小组正式成立，并确定以"净塑"为主题的环保活动。发起者中有 6 位是由于孩子在南山华德福学校上学而搬到辛庄村。辛庄环保活动也是由于各位妈妈希望能够为孩子提供一个更好的学习成长的环境而发起的。这七位妈妈有的从国外归来，从金融白领转向环境保护；有的在高校教书，利用业余时间将社区垃圾分类变成了自己的研究主题；有的是全职妈妈，热心公益，把"净塑环保"当作修善积德的善行功课。环保话题成了建构社区公共空间的纽带，而七位妈妈成了这个公共空间的织造者。环保小组成立后，继续通过南山学校家长招募志愿者。在"七仙女"的带动下，村里越来越多的居民，包括村民、艺术家和学生家长纷纷投身到社区志愿者的队伍中来，帮助开展培训、宣传推广等活动。为了筹措垃圾治理所需要的经费，"七仙女"在朋友的帮助下发起众筹，得到村委、村民、学生家长，以及住在村里的艺术家们的支持，最终筹得近 20 万元，用于购置垃圾车、垃圾桶、环保袋等。

2. 环保社区行动

"七仙女"首先说服辛庄村的村长和村委领导，认可和支持垃圾分类的活动。在此之前，自上而下的推动，以及外来 NGO 的游说都没有给村子带来实质性的改变。村长一开始并不看好这个活动，也并不相信七位妈妈有坚持下去的决心和毅力。然而，作为村庄居民的一分子，七位妈妈通过不懈努力，终于让村委领导相信了开展这个活动的可能性。为了让全村居民达成共识，七位妈妈首先组织了多场针对全村居民的宣讲会，介绍垃圾带来的环境污染，以及分类回收的具体方法。在村长带头参与下，全村推广"两桶、两箱分类法"——村委会给每个家庭发两桶，将干垃圾和湿垃圾分开投放，另外可回收的塑料、纸张、金属等废品用一个箱子集中存放，有毒的电池、电子废物、荧光灯等用另一个箱子存放。

2016 年 6 月初，辛庄村举办了第一届环保庙会，宣布辛庄村垃圾分类工作全面启动。全村划分成四个片区，每一个片区由 1 辆村级自行设计的环卫车和 1 辆三轮车负责沿固定线路，挨家挨户回收居民分类后的垃圾。同时，配备一辆机动三轮车用于临时处理大堆的建筑垃圾。辛庄村还在村东南面的草莓种植区开辟了一个用于垃圾存放和分拣的社区环保站。每天上午 8:00~9:00、下午 5:00~6:00，环卫车放着辛庄村艺术家创作的村歌《辛庄人》走街串巷进行垃圾收集，运送到环保站。分出的四类垃圾中，厨余垃圾用作堆肥和制作环保酵素，可回收的废品卖给废品回收站，有毒垃圾定期交给专业的机构处理，最后不可回收的垃圾由镇环卫中心拉走（韩慧，2017）。

辛庄还建立了垃圾处理台账，将每天收集的垃圾和最终依靠市政清运的垃圾称量记录，跟踪垃圾分类和减量化的效果。通过不断的反思和实践，垃圾分类的精细程度不断提升。原来粗分为不可回收部分的垃圾在环保站进行二次细分。志愿者们通过各种途径，为每一种废物寻找可以再生利用的途径，从最终不可回收的废物中分出来可以再生利用的废物的种类越来越多。在参与废物分拣回收的过程中，大家也开始反思消费过程中如何可以减少废物的产生，改善回收利用环节的难度。为了减少垃圾的产生，社区不断劝大家养成出门带"五宝"的习惯：水杯、手绢、饭盒、环保筷和环保袋。

3. 初见成效

实施"垃圾不落地"以后，最直观的成效就是村里的环境卫生得到明显改善。街道上没有垃圾桶、垃圾站，夏天垃圾堆放产生的臭味没有了，苍蝇蚊子也少了，街道干净整洁了。居民看到实实在在的生活环境的改善，对活动也更积极了。

环保行动成了辛庄村的一个新名片。2017 年 4 月开始，辛庄村围绕降塑环保的绿色活动开始组织每月一次的环保庙会。庙会以本村居民和南山学校的家庭为主体，组织表演、环保宣传、绿色商品集市等各类活动。活动吸引了来自北京其他地区以及京外的许多环保组织和绿色产品生产商的关注，慕名而来的游客也越来越多。

餐厨垃圾堆肥是与辛庄村支柱产业升级密切相关的项目。堆肥与酵素制作的试点从垃圾分类活动开展之初就启动了。在环保小组的努力下，村里有六个草莓大棚开展了使用餐厨垃圾堆肥发展有机种植的尝试。垃圾分类和堆肥试验的效果得到区政府农委的肯定，并开始规划扩展堆肥设施，采购合适的技术装备。

辛庄村的垃圾治理成效也让周边的村庄看到了希望。附近的一些村主动前来要求环保小组能到他们的村子里也开展类似的活动。在环保小组的努力下，2016 年 12 月辛庄隔壁的桃林村也开始推广"垃圾不落地"工程。

4.4.3　长效机制之困

辛庄的"垃圾不落地"工程开展一年，成功动员了全村本地和外来居民的积极参与，在垃圾减量和环境美化方面都得到取得显著的成效。但是，这一模式的持续运行也面临新的挑战。

首先，是如何将依靠志愿者服务的非正式管理模式转变成能持续运营的长效管理机制。发起行动的母亲由于常年居住在村中，能够积极投入到垃圾分类循环利用的活动中去，对整个动议的成功推行起到了关键作用。但是，这些就学的家庭仍然不会永远住在这里，因此也不可能永远作为项目的核心管理成员。建立长效的管理机制需要有不依赖特定个人的正规化管理机构。活动的核心成员对建立一个什么样的管理机构展开了积极的讨论，但并未形成最终的解决方案。

其次，支持正规化管理机构运行的一个关键因素是有稳定的资金来源。目前垃圾分类回收的可再生资源的销售并不足以产生稳定的收益，用来支持一个正规化的管理机构运行。事实上，辛庄垃圾分类在如何为可再生垃圾找到合适的去向上也面临很多困难。很多分拣出来的可再生垃圾由于价值很低，在数量不足的情况下，很难找到回收的下游用户。而随着材料分选的精度越来越高，对下游用户的专业性要求也不断提升。仅仅依靠消费环节的努力，很难有效提升可回收物的回收利用价值。

最后，最有经济发展前景的有机草莓种植还存在一系列技术瓶颈。发展有机草莓种植，提升辛庄村草莓产业的品质，是村庄支持垃圾分类，特别是餐厨垃圾堆肥的一个主要的经济动力。然而，从堆肥到有机种植的整个过程，都还存在很多现实的技术难题，包括有机肥的稳定供应，成分控制，以及有机种植中的病虫害防治等。

所幸的是，辛庄村的"垃圾不落地"工程吸引了众多致力于推动可持续发展实践的民间组织的关注，带来不同的经验和技术，以及市场资源，帮助辛庄村摸索解决活动中面临的各种问题。也许最有效的长效机制就是不断在探索中推进，摸着石头过河。

第 5 章　地方可持续转型

城市化本质上是生产生活方式的转型。工业化过程用流动的资本和商品交换打开了传统较为封闭的自给自足的地方社区，改变了人们的生活方式和社会交往途径。本书所呈现的这几个大城市近郊的村镇变迁恰好用现实展示了这种从封闭走向开放的过程。村庄不再是农夫一生生老病死的固定场所，在工业化驱动的城市化进程中，小小的村落社区里从最基本的日常物质流构成和人员结构，到深层次的社会关系，以及村庄的外在景观，都在加速变化。在这种变迁中，无论是江南水乡，还是岭南基塘，抑或京郊村社，进入工业化生产的分工网络重新定义了村庄的生产与生活，以及村落的空间形态。在"无工不富"的年代，物质产品的生产就是这种转型的中心，在人们涌入工厂，被组织进入高效的生产加工流水线时，无论本地的村民，还是外来的打工者，彼此之间的差异被刻意的忽视了。商品生产的价值超过了其他情感和社会交流体验的意义。

然而，工业化的浪潮在很多村落如同一股旋风般刮过，短短 30 年间，我们已经看到一个个村庄实际上又从工业化的边缘走到了后工业化社会的拼图中央。村庄一方面重新开始承载人们关于安稳平静生活的想象，吸引着城里的人们或长或短的来到乡间寻找身心的栖居之所。另一方面，在城与乡的融合中，村庄又越来越为不同人群对田园生活的不同想象所塑造。村庄在接纳新来者的过程中，自身经历着非常不同的转变过程。如何理解这样一个转变过程，对于我们如何走进这样的空间，如何观察和理解这样的地方，如何参与转型的过程，都至关重要。

本书所展现的中国从南到北的不同村镇的开放和转型的路径，反映了当代中国的两个重要的宏观背景：一个是后工业化转型中的生产与消费关系；另一个是从物质分配到风险分配中的基层社会治理。前者使物质生产在社会经济系统中的地位有所下降，为发展与物质消耗脱钩提供了可能。而后者则集中反映了后工业化社会分工协作机制的变化，围绕物质生产的工作效率提升逐渐让位于不同社会群体之间的相互沟通，增进社会整体对发展风险的认识和理解，并对未来行动方向形成社会共识。这种共识无疑需要将封闭社会基于地方的自然社会认同延伸到开放流动的多样化人群之间。村庄社区在人日常生活的空间尺度上，为我们提供了观察、理解这种开放社会，并付诸行动的立足点。

5.1　后工业化社会拼图

20 世纪 70 年代，来自法国和美国的两位社会学家阿兰·图雷纳和丹尼尔·贝尔分别撰文预言人类将进入后工业化社会（Touraine，1971；Bell，1974）。这一社会转型过程被社会学建构成诸多相互联系的概念，如后现代、后福特制、信息社会、网络社会等，总体上反映了随着工业化发展将人类社会从物质短缺的限制中解放出来，人们的价值追求呈现出更明显的多元化趋势，多元与流动已经成为后工业/后现代社会的典型特征。观察当代中国城市周边村落的变迁，无疑需要放在后工业化社会转型的大背景之下。

5.1.1　经济活动去物质化

简单来说，后工业社会最突出的特点就是整个社会大多数劳动力不再从事农业或制造业，转而从事服务业。物质生产不再是社会财富创造的中心。一方面，随着物质产品生产效率的提升，市场从卖方主导转向买方主导，能及时针对消费者的需求改变产品，进行小批量多品种的生产，比大规模生产标准化无差别的产品更有竞争力。这种物质层面从生产主导到消费主导的转变，给社会阶层和人际关系也带来深刻的改变。以知识生产、创新创意为核心的生产活动逐步占据了就业的中心地位。这个过程中，专业技术的分工也更加精细，专业技术知识以碎片化的方式分散在复杂的分工网络之中，围绕生产过程不断加速重组，生产出新的知识、技术和产品。精细的专业化分工，不断通过创新、试错开拓新知，可以说是开放社会繁荣的基础。

1. 产业升级

钱桥镇钢铁产业集群的演化路径，从某种意义上说，为我们呈现了这种后工业化的具体后果。钱桥镇原本已经形成了围绕钢铁冶炼、轧钢的完整产业链。仅仅从物质流的表象来看，锡兴钢铁厂作为钢铁集群的锚企业，是构建当地生态工业系统的关键。然而，早在锡兴钢铁厂停产以前，当地的中小轧钢企业已经不再局限于当地的钢铁原料供给，而是针对不同客户的需要，在全国采购合适的钢铁原料。企业通过专业化分工，努力提高单位产品加工的附加价值。随着锡兴钢铁厂的关闭，钱桥镇的钢铁企业无论原料和产品都依靠外部市场，当地只是从事冷轧加工。与外部产业链的专业化协作比，当地的上下游供应关系更为重要。这样的转型是当地进一步去工业化的过渡，还是有可能在转型升级中保留和更新当地的产业竞争力？

针对这个问题，珠江三角洲作为外向型出口加工基地，其创新转型的路径也许提供了某种地方后工业化转型的启示。作为全球工厂，珠江三角洲的制造业原料和市场两头在外，相对低价的土地和劳动力成本是出口加工业进入全球分工体系的主要优势来源。但是在经历了 2008 年全球经济危机之后，珠江三角洲的出口加工业在内外双重转型的压力下，同样呈现出明显的去物质化特点。创客空间和大芬村油画社区的产业变迁凸显了这种从依靠大规模标准化生产向小批量灵活创新转变的特征。这种转变立足于本土生产与全球创新网络的有效链接，从而为地方生产系统在全球生产网络中寻求重新定位。珠江三角洲的案例似乎展现了地方在转型中升级的可行道路。在地方层次，去物质化有可能与去工业化脱钩，在后工业化的经济系统里，继续维持非物质化的价值创造能力。

2. 去物质化的局限

然而，纵观所有研究区域，在产能收缩的情况下，成功依靠产品的价值增值实现转型升级的地方仍然是少数。从生产系统的全局来看，单个地方的生产去物质化未必带来整个系统资源消耗的减少。正如在国际层面，去物质化研究长期以 OECD 国家的资源消耗变化作为佐证，认为经济发展带来宏观经济系统的去物质化是实实在在发生的（Schipper et al.，1996；Wernick et al.，1996）。但事实上 OECD 国家整体的去物质化趋势存在很大的不确定性（Cleveland and Ruth，1998）。尤其是这种去物质化是建立在物质加工部门向非 OECD 国家转移的背景之下的。伴随生产的转移，快速工业化地区的社会组织和生活方式也在发生深刻改变。由此，在全球尺度上，资源消耗的绝对量总体上持续增长。

因此，经济活动的去物质化不能仅仅局限在对地方生产环节的考察上，资本积累和价值增值的关键已经转向了消费环节。终端消费可以透过全球生产网络影响相互联系的遥远地区的资源开采和物质加工过程。在后工业化社会的复杂分工系统里，全球尺度上的劳动地域分工映射在一个个局部的城市–区域单元之中，其差异与变动在快速城市化的发展中地区呈现出高度分异的地方格局。

5.1.2　生产–生活的空间博弈

在后工业化社会，经济活动去物质化的一个重要结果是生产空间的压缩。生产与消费的关系发生了转变。埃文·托夫勒在 20 世纪 80 年代出版的《第三次浪潮》中提出了"生产消费者"的概念，认为信息技术的发展使得生产和消费的界限有逐渐模糊的趋势。标准化大规模生产的产品只能满足用户的基本需求，随着产能不断扩大，市场趋于饱和，这样的产品在市场上的价格只能不断下降。企业为了保持利润的增长，就需要针对消费者的个性化需求，生产差异化的产品。在这种差异化产品的生产中，消费者参与了生产的过程，特别是对产品提出设计的要求，从而抑制过度生产，提高单位产品的价值增值。珠江三角洲的创客空间正体现了这样一种转型升级的特点。

1. 消费空间的兴起

资本增值和产业价值创造的关键环节转向消费领域改变了城市经济的基础。工业化时代，生产功能是城市的支柱。然而在后工业化时代，城市作为消费中心对经济的意义逐渐超越了其作为工业生产中心的功能（Glaeser et al.，2001）。工业化过程中逐步建构起来的，在城市–区域尺度，生产空间与消费空间依照城市功能进行分区，再以通勤将两者联系起来的空间组织模式，让位于在更大的区域空间尺度上的地域劳动分工。城市作为消费中心，控制和主导居于从属地位的专业化生产区域。因此，地方的转型升级需要从生产与消费整体的视角来考察。

在生产生活方式转型的大背景下，生产活动的价值增值到底从何而来？无论无锡钱桥镇，还是珠江三角洲的城中村，生产企业都在努力争取生存的空间。这种竞争不再是本地企业之间的竞争，而是面向更大区域乃至全球市场的竞争。这种竞争体现了某种不同于福特制积累方式的灵活积累模式，通过更加片段化的生产，竞争附加价值较高的专业环节。但这种竞争的本质仍然来自资本增值的驱动，如果不从整个生产消费系统的逻辑出发，这种"升级"只能是一种"暂时的修补"。在哈维看来，这种修补将发展的不平衡重新带回工业化的中心（哈维，2003）。而在发展中国家的快速城市化地区，这种不平衡则一直尖锐的呈现在世人的面前。

2. 乡村分化

相对于哈维所看到的后现代社会的内在断裂，我们发现"乡村"在后工业化的城市郊区以一种强调消费体验的空间组织方式被重新建构。无论田园风情、古朴民风、有机生活、耕读劳作都成为某种供城市休闲消费的商品化服务的内容。北京郊区的郑各庄村和辛庄村代表了不同时期希望逃离城市的人们对乡村的不同想象，以及乡村针对这种想象的自我改造。前者是大众休闲时代的作品，村庄在提供休闲服务功能的过程中，也将自己从里到外彻底变成了城市，仅仅保留了村集体这个历史遗留的组织形态。而辛庄村则因为特定的区位条件，走了另外一条小众的与城市中产结合的道路。其中，城市中产对乡村的想象占据了主导地位，但这种乡村仍然是艺术家和追求健康生活的城市中产对乡村的想象。正因为真实的乡村与外来者的想象并不一致，才会有后来的种种以城市中产为主力的自发的对农村社区的改造。这种通过塑造地方空间而创造价值的过程正体现了空间生产在当代资本积累过程中的核心地位（列斐伏尔，2002）。

然而在这些看似成功转型的经验之外，像钱桥镇多数挣扎在转型边缘的企业、竹料等待拆迁的旧厂房、东小口村已经消失的废城，则构成后工业化转型的另外一面。这些在城市化有序推进之外的空间，构成了社会转型的裂缝。仅仅依靠资本增值的逻辑，并不足以弥合不平衡发展的裂缝。正如哈维（Harvey，1974）等指出的那样，环境问题是自然与社会交织的结构问题。重要的是围绕现有生产系统和社会治理能力，采取行动有效改善经济活动（包括生产和消费）的环境表现，同时支持更广泛的社会目标，促进包容性的增长。那么行动从何入手呢？

5.2　可持续转型治理与行动

2015 年 9 月 25 日，联合国可持续发展峰会在纽约总部召开，联合国 193 个成员国在峰会上正式通过了 17 个可持续发展目标，用以在千年发展目标到期之后继续指导2015~2030 年的全球发展合作。联合国可持续发展目标体现了以综合方式解决社会、经济和环境三个维度的发展问题，将全球社会引向可持续发展道路的基本思路。其中，"可持续的城市和社区"与"负责任的生产和消费"将地方行动与全球治理机制连接起来。在一个日益依赖高度分工的全球生产网络支持的生产消费系统中，重新建立生产与消费之间的连接体现了可持续转型在全球尺度的行动方向（Stern et al.，1997）。然而，恰恰是跨国生产的竞争、流动与片段化加剧了地域分异，使得在地方社区尺度，实现这种连接面临诸多的挑战。联合国在确立全球可持续发展目标的过程中，采用了自下而上的目标建构方法，以增加广大发展中国家在全球事务中的话语权和行动力。这种转变体现了国际社会在可持续转型治理机制上的探索，某种程度上也折射了村落社区可持续转型实践的方向。

5.2.1　开放社会的挑战

20 世纪 40 年代，卡尔·波普尔用开放社会的概念来表达在现代化的进程中，面对矛盾对立的现实，保持多元包容的重要性（波普尔，1999）。正是这种对多样性和矛盾的包容，让社会和个人可以拥有多种选择，让社会在选择试错的过程中，有机会根据现实的变化逐步改良。相反，封闭的社会，无论基于多么内在自洽的一致性和道德优越性，总是力图禁锢变化，反而使社会失去活力。由此，波普尔提出了一种"零星社会工程"的主张，用来替代理想世界的乌托邦社会工程。也就是针对具体问题，承认价值观和目的的多元性，从实际出发，开展分散的、小规模的改进。但这种"零星社会工程"仍然处于特定的宏观社会背景之下，无法脱离时代的烙印。

波普尔阐述其开放社会的思想正值第二次世界大战刚刚结束。他从思想根源上批判了西方工业化进程所追逐的单一化的人类发展进程。从历史发展的实际过程来看，开放兼容的社会的确给创新和改善提供了更多的机会。但随着人类进入后工业化社会，社会治理机制面临新的挑战，波普尔的"零星社会工程"所期望的行动者的价值中立和效率优先，越来越面临现实的困境。从本书中所呈现的这些村庄的多样化发展路径中，也可以看出，地方成功的经验很难在更大尺度加以复制和借鉴。更重要的是，村庄之间，以及村庄内部，不同群体对于行动的目标和路径往往意见不一。对于这种价值观的分歧，外来的研究者，或者自上而下的政策干预，并不具有先验的优越性，或无可置疑的价值中立性。

1. 从物质分配到风险共担

开放社会所面临的挑战从根本上来说反映了人类自身的认识局限。人类在漫长的进化历程中，形成了对自身生存环境的总体性的模式认知，并用来指导自己的行动。物质生产直接来自所生活的土地，消费过程也扎根当地。生产与消费过程紧密联系，彼此制衡。然而，工业化发展打破了这样一种地方化的生产消费系统。生产过程与消费过程割裂带来个体认知决策上的困境。生产消费通过高度细密的分工网络将不同地方的人们连接起来。每个人只在生产和消费的链条上的局部片段根据自己的知识、偏好和情景做出决策。而决策的汇总结果带来的问题往往不能被个体很快觉察，或者即使觉察，也往往对改变无能为力。在贝克看来，正是这种处理风险的困境，造成了后现代社会的核心矛盾（贝克，2004）。

正如在珠江三角洲和长江三角洲20世纪80年代初，改革开放之处，当地的桑蚕生产就敏锐的感受到工业活动对环境的影响，然而这种影响在相当长的时期被追逐增长的主流所掩盖，直到世纪之交，环境污染透过大气、水和土壤全面威胁居民的生存与健康，环境保护才变成发展中需要优先解决的议题。

即便如此，环境风险在不同区域、不同人群之间的分配仍然是不平衡的。现代城市公共管理中的难点之一——垃圾处理问题，在三个区域都演变成某种公共事件。围绕着垃圾处理设施的"邻避难题"，牵扯出污染责任划分的难题，与行动主体缺失的困境。同样，在工业废弃地的重复利用中，如何有效治理历史积累的土壤污染，如何分担治理的成本，也成为困扰空间再开发和产业转型的重要障碍。

废物管理领域有污染者负责的原则引申到生产者责任延伸，将上述问题的解决方案引向生产者负责。其出发点就是，现代城市废物管理制度将废物成本外部化，是生产者和消费者在决策中不考虑废物处理成本的根本原因。只有将废物管理的外部成本内化到生产消费的交易决策中去，才能从源头实现废物的减量和无害化。生产者责任延伸制度的提出有一个重要的假设前提，就是生产者在整个生产消费链条中处于支配地位。然而，正如前面已经提到，后工业化转型中生产与消费的关系发生了根本性的转变。在大多数消费品的全球生产体系中，生产者（特别是物质产品实际的加工组装者）很大程度上并没有太大的主导权。顺应并且推动消费主义成为企业扩大市场的基本武器。

结果，法律的侧重点又重新回到消费者，希望通过信息公开，影响消费者的意识和行为决策，进而影响整个生产系统。当研究的关注点转向消费者的行为决策的时候，越来越多的研究发现消费者的行为并不能仅仅从单个个体的层次加以解读。消费者生活在特定的社区和邻里之中，日常生活的空间很大程度上塑造着消费者的行为意义和规范（Nigbur et al.，2010）。而社会转型常常带来传统行为规范的失序，新的规范如何在流动与多元化的人群中建立起来？消费者对风险的意识又如何能够转变为促进生产者进行技术改变的动力？

2. 从物质流优化到价值认同

产业生态学重视物质流分析，认为各种环境污染的风险都与人类生产–消费系统中的物质代谢直接相关，优化物质流结构是技术上解决环境污染问题的有效方法。然而，物质流分析所揭示的物质代谢过程只是一种表面现象。在我们所观察到的物质流格局背后，有着决定其集中或者分散的技术、社会、经济和组织等结构性成因。产业生态学期待从系统角度全面降低生产消费的环境影响，但系统并非只是物质加工生产和消费的过程，还包括这一过程中人的行为模式、价值判断和自我反思的复杂因素。风险社会的困境在于，人群对于风险的认知，以及防范风险的价值取向并不相同。而进一步从意愿到行动，则涉及到更多地方文化和社会传统的影响因素。

比较文化研究通常认为东方社会相比西方社会更强调集体观念（Hofstede，2001），也就是说个体更愿意服从集体利益，而牺牲一定的个体自由。这种牺牲当然包含了个体对集体身份和价值的认同。但是针对工业化国家的研究也指出，与其将个人主义文化看作西方社会的特质，不如将其看作工业化进程中的某种发展特征（Inglehart，1997）。工业化一直强调劳动分工和以私有产权为基础的商品交换，生产与消费的割裂是这种分工发展的后果。个人主义文化某种程度上也是这种分工合作机制的一部分。埃文·托夫勒的"生产–消费者"概念强调了后工业化社会消费者在生产过程中的影响力。但本质上这种后福特制的灵活积累仍然是在利用大规模生产时代塑造的个人的消费主义倾向来推动生产的持续扩大，实现资本的不断增殖。在这样的背景下，优化物质流的措施即使得到普遍的价值认同，在现有的市场经济逻辑下却难以落实在行动上。我们在郑各庄的实验凸显了这样一种困境，各种相关主体都认可垃圾分类的价值，但是从废物管理系统，到个体生活方式都难以支持合作行动的展开。

由此，辛庄村的案例提供了地方层次超越个体消费主义倾向的可能路径。尽管发起村庄垃圾不落地行动的城市中产的出发点还是个人对理想生活空间的想象，但是这种动议能够激起村民的集体响应，反映了社区层次不同人群之间形成共同行动的价值认同的可能性。这其中既有双方对清洁的生活环境的共同期待；也包含了草莓消费者对食品安全的期待，与草莓种植者针对消费者的需求寻求产业升级的努力之间的一拍即合。在社区尺度，生产与消费真正实现了有效的连接，促成了一场包含本地村民与外来住户的共同的集体行动。

因此，反观本书开头所讨论的"集体"这个维度，即使在村落这个尺度，集体也并非固定不变的群体概念，其内涵在发展中不断演变。在工业化转型和后工业化转型两个不同阶段中，乡村原本的社会关系面临的冲击是不同的。在工业化阶段，乡村的土地成为原有村民最基本的共同财产。针对共有资产的合理管理成为村民之间相互合作的主要出发点。此时，外来居民与村民之间是土地资源的市场交易关系，土地出租也好，入股也好，经济产出的最大化是合作的根本动机。在这个过程中，大部分村集体最终分解成了单个农户的个体决策，无论是各自在自家的宅基地上建房，还是成立股份企业，将集体财产量化到每家每户身上，都强调赋予个体独立开展经济决策的权力。与之相对应，个体也需要承担决策带来的风险。在市场竞争中，村庄之间出现了明显的分化，因为地域劳动分工的差别，村庄土地的增值能力存在显著的差别。这种差别也直接影响到后工业化转型阶段，村庄发展的方向。

后工业化转型中，村庄处于生产–消费的不同环节。其中工业生产活动由于土地再开发的限制，面临去工业化的压力特别突出，生产功能逐步退出。在塑造消费空间的过程中，村庄的自我管理功能很难扩展到新进入的外来居民之中。彼此对空间的需求和价值的认知存在很多矛盾。商品生产的功能让位于日常生活的建构，关于日常生活的合理状态，以及生活空间的意义，都难以在不同的人群之中维系基本的合作共识。正如在市场经济改革之初，中国农村大多数社队集体都走向了瓦解，回归一家一户的个体经济。只有少数村集体在新的市场经济环境下，将村民组织起来，建立起有效的集体协作机制。这种协作机制一直在经受市场竞争的考验。无论苏南的集体企业，还是珠江三角洲的社队经济，在这种市场竞争面前，都不断进行着自我调整，以适应新的市场环境。这样的过程实际上是一个普遍的理性化的过程。有意思的是，恰恰是现代化过程给予个体选择的自由以后，从广泛的样本和较长的时间里，反而可以发现立足地方的传统价值的持久生命力（Inglehar and Baker，2000）。

5.2.2　自下而上的社区合作行动

新古典主义自由经济模型在一系列假设前提下，建立起一种基于自发竞争条件下，应用市场价格实现资源最优配置的市场经济理论体系。然而，在可持续发展领域，许多环境产品和服务却因为缺乏有效的市场和价格而难以得到积极发展和利用。这类产品具有某种公共产品的特性，因此需要特殊的机制加以保护和利用。20 世纪 70 年代以来，社区行动研究方法在地方公共资源管理中得到广泛应用。这一方法挑战了主流经济学关于公共治理的一系列教条，也催生了地方化社区理念的复兴，社区在英文中又是共同体的意思，反映了一种基于共同价值观的群体，一种"亲近、温暖、和谐的人际关系"（Hoggett，1997）。这个词最早就是用来描述围绕某个市场中心形成的乡村交换和服务的特定地域范围（Harper and Dunham，1959）。其中既包含地方尺度的共同生活的地域空间；也包含拥有相似特征的人群集合。

在主流经济学看来，地方公共资源无法摆脱"公地的悲剧"。解决途径无非依靠清晰的产权界定来利用市场机制实现资源有效配置，或者引入外来的公共干预限制个体的短期行为（Ostrom，1990）。但社区行动研究用大量案例揭示出，在一定的地方环境下，通过社区成员之间有效的信息分享和平等的参与机制，可以促使成员为了保障集体的长远利益而自觉规范其行为。并且在集体行动过程中，形成动态的治理机制，以应对不断变化的现实情形（Ostrom，1990；Poteete et al.，2010）。然而，此类研究在从地方尺度跨越到更大的空间范围，乃至全球尺度时，面临着一系列挑战，其中最大的困境恰是在全球化背景下主动适应地方环境的制度多样性，渐渐被简单的市场/政府的二分法所取代。因此，在方法上此类研究强调以社区作为可持续转型的行动尺度，同时将地方性的行动与更大尺度上的社会生态系统变迁联系起来。

1. 零废弃运动

零废弃运动是从通过地方废物管理入手，旨在促成整个生产–消费链条可持续转型的尝试之一。零废弃运动提倡将废物在多个层面上进行资源化处理，使其得以充分的再循环利用，从而减少直至杜绝废物填埋和焚烧等不利于环保的处理方式的环保运动（Palmer，2005；Connett and Irons，2013）。

　　零废弃运动的行动着眼点在家庭，通过家庭消费源头对纸张、纸板、玻璃、塑料、蔬菜、食品垃圾，以及有机废水的分类回收，以实现最大限度的循环利用。因为消费者需要在末端考虑每种材料废弃后的循环利用和处置过程，相比于仅仅关注末端处理的焚烧和填埋，零废弃运动将关注点上溯到上游从生产到消费的转变，包括材料的选择，产品的设计，消费模式的重构等诸多方面。

　　零废弃的理念肇始于 20 世纪 90 年代，目前不仅在欧美等发达国家有不少拥趸，而且也扩展到许多发展中地区，成为可持续发展实践中的行动纲领之一。正因为零废弃理念的着眼点并不局限于消费后的末端废物处理，因此其废物减量化的目标不仅仅旨在降低地方废物管理的公共成本，更强调为地方创造新的劳动就业机会。将改善当地的环境质量的努力变成值得社会广泛投入的价值创造过程。

　　这种出发点的不同在国家之间已经形成很明显的效果差异。以瑞典和英国在推广垃圾分类中的策略为例，两国都在 20 世纪 70~80 年代开始推动城市废物管理的改革，希望能降低废物管理成本，有效保护资源和环境。但在改革的策略上，英国更强调提升公共管理的经济效益，降低公共开支，因此着力推行垃圾处理设施和服务的私有化。而瑞典则更偏重公民教育，政府作为积极的参与者，从教育环节入手，要求公民保护大家共享的环境，积极参与垃圾分类，支持垃圾减量与循环利用（Wheeler，2014）。结果英国的垃圾分类推行越来越艰难，而瑞典不但实现了广泛参与的垃圾分类，而且其垃圾处理和资源循环行业逐渐成长为国家优势产业。随着各国对负责任的垃圾处理标准越来越高，瑞典成熟的循环经济产业链不仅仅服务于本国，而且越来越多的为周边其他国家服务。

　　零废弃运动提供了将本书分散在生产–消费链条不同环节的村镇案例串联在一起的故事线。大规模生产、大规模消费和大规模废弃的生活方式带来的废物问题，如果仅仅局限在末端寻找解决方案，只能陷入越来越困难的处境。而需求疲软、增长乏力又成为区域发展不能承受之重。循环经济看上去是针对资源和材料的循环利用，但仔细审视循环经济产业链上的价值再创造，真正宝贵的实际上是产品中所包含的劳动价值。一件产品原生材料的价值在产品价格中的比例远远比不上经过层层分工协作的劳动所叠加上去的附加价值。在减量化、再利用、再循环和最终处置的梯次中，材料流本身也许没有太大的变化，但产品中所包含的劳动价值却面临截然不同的命运。在所有的地方产业升级的努力中，对劳动价值的认同无疑是最普遍的升级动力，而地方社区行动正是要将对自身劳动价值的认可延伸到对商品中被异化的他人劳动价值的认同中去。

2. "地球村"

　　零废弃运动总体来看还局限在一系列的地方行动之中，要将废物减量化的价值变成广泛的市场机会，无疑需要更高层级的改变为地方转型提供外部支持。如果把工业化社会看作没有环境约束的"牛仔经济"（Boulding，1966），后工业化社会无疑已经成为深刻体验到增长局限的"地球村"。乡村是典型的基于共同生活的地方而形成的共同体。因为共同的生活经历，人们彼此熟悉而形成共同的知识背景和价值观。加上各种亲缘关系，增进了彼此的了解和信任，形成长期的互惠互助关系。这种地方社区的合作关系成为理解可持续发展行动中超越市场经济中简单的商品交换关系的社会合作系统的原形。

全球环境治理领域所面临的问题已经日益超越地方性的共享资源，跨尺度的治理机制需要连接大尺度的科学研究与小尺度的行动反思，充分利用不同尺度上的行为主体的优势资源，并且能够容纳不断试错的弹性管理机制（Cash and Moser，2000；Berkes，2006）。以城市废物管理系统为例，废物问题在空间尺度上远远超出居民的社区生活空间。消费模式和废物处置习惯无疑受到更大尺度的城市废物管理系统和生产–消费模式的影响。在废物管理领域，不同时期以及不同国家和地区完善废物管理系统的目标侧重点不同，在城市尺度主要关注公共卫生和健康。而在全球尺度，气候变化和资源耗竭都成为废物减量/资源再生的重要驱动力。这些目标落实到微观行动层次，制度设计者所设想的行为逻辑往往与个体的真实动机相距甚远。社区作为个体日常生活的空间层级，在建立知识共享，发起集体行动，塑造行为模式方面具有明显的优势，但是如果没有其他层级相关主体的参与，社区行动也很难持续开展下去。社区行动如何有效纳入外部的关键行为主体，既是突破地方行动尺度局限的需要，也是模式创新的重要切入点。

反思乡村开放的过程，并非让人放弃与外部世界的分工合作，而是在更大的空间尺度，建立社区价值共享的基础，并对分工合作的关系加以重新定义。在简单地围绕物质生产过程的商品交易中，融入更多基于相互理解、沟通和互助的分享与协作。这种分享与协作关系在传统的乡村社会中是广泛存在的，在很长的历史时期也是人类社会日常合作的主导形式。社区合作意味着个体的决策嵌入在社会互动的网络之中。村庄在开放的社会联系中重建外来者与本地居民之间有效的沟通协调，针对社区空间的提升和转变建立平等的协商与参与机制，促使成员为了保障集体的长远利益而自觉规范其行为。这些行动往往根植于特定的地方文化背景，而呈现出复杂的多样性。尊重地方的多样性，是探索这种机制扩大与复制的前提。

参 考 文 献

Hawken P, Lovins A, Lovins H. 2000. 自然资本论: 关于下一次工业革命. 上海: 上海科学普及出版社.

阿尔弗雷德·韦伯. 2010. 工业区位论. 北京: 商务印书馆.

埃比尼泽·霍华德. 2010. 明日的田园城市. 北京: 商务印书馆.

贝克 U. 2004. 风险社会. 何博闻 译. 北京: 译林出版社.

庇古 A C. 2006. 福利经济学. 北京: 商务印书馆.

波普尔. 1999. 开发社会及其敌人. 北京: 中国社会科学出版社.

布罗代尔. 1997. 15 至 18 世纪的物质文明、经济和资本主义: 日常生活的结构: 可能和不可能. 顾良, 施康强译. 北京: 三联书店.

常晓攀. 2011. 北京艺术家村:中国当代艺术遭遇"现代性"的缩影. 美术教育研究, ((4)): 23-24.

陈长乐. 1986. 大气氟化物污染对蚕桑的危害. 江苏蚕业, (1): 22-26.

陈倩倩. 2006. 我国画家村现象研究——关于创意产业的区位特征探索. 北京: 北京大学硕士学位论文.

陈玉娟, 温琰茂, 柴世伟. 2005. 珠江三角洲农业土壤重金属含量特征研究. 环境科学研究, 18(3): 75-77+87.

陈忠. 2014. 城市权利: 全球视野与中国问题——基于城市哲学与城市批评史的研究视角. 中国社会科学, 25(1): 85-106+206.

崔功豪. 1999. 中国自下而上城市化的发展及其机制. 地理学报, 54(2): 106-115.

戴铁军, 刘瑞, 王婉君. 2017. 物质流分析视角下北京市物质代谢研究. 环境科学学报, http://kns.cnki.net/kcms/detail/11.1843.X.20170401.0936.001.html.[2017-05-01].

董雅文, 夏豪淇, 汪祖强. 1986. 苏南太湖地区典型县、乡镇工业和农业对水体污染的预测及控制研究. 环境科学, 11(4): 75-82+101.

杜赞奇. 1994. 文化、权力与国家:1900-1942 年的华北农村. 南京: 江苏人民出版社.

厄恩斯特·冯·魏茨察克, 等. 2001. 四倍跃进. 北京: 中华工商联合出版社.

方显廷. 2011. 中国之棉纺工业. 北京: 商务印书馆.

费孝通. 1984. 小城镇 大问题(续完). 瞭望周刊, (5): 24-26.

费孝通. 1985. 乡土中国. 北京: 生活·读书·新知三联书店.

费孝通. 1995. 农村、小城镇、区域发展——我的社区研究历程的再回顾. 北京大学学报(哲学社会科学版), 41(2): 4-14+127.

费孝通. 2002. 江村经济. 北京: 商务印书馆.

冯炳文. 2011. 地域文化的产业之路——关于深圳大芬油画村发展形态的调查报告. 美术学报, (4): 74-79.

冯健, 吴芳芳, 周佩玲. 2017. 郊区大型居住区邻里关系与社会空间再生: 以北京回龙观为例. 地理科学进展, 36(3): 367-377.

冯健, 叶竹. 2017. 基于个体生命历程视角的苏南城镇化路径转变与市民化进程. 地理科学进展, 36(2): 137-150.

冯健. 2012. 乡村重构: 模式与创新. 北京: 商务印书馆.

冯健, 周一星. 2008. 转型期北京社会空间分异重构. 地理学报, 63(8): 829-844.

富兰克林·H·金. 2011. 四千年农夫 中国、朝鲜和日本的永续农业. 北京: 东方出版社.

高成康, 董辉, 蔡九菊, 等. 2010. 钢铁综合企业用水网络优化及其评价指标体系. 东北大学学报(自然科学版), 31(8): 1133-1136.

高海硕, 陈桂葵, 黎华寿, 等. 2012. 广东省农村垃圾产生特征及处理方式的调查分析. 农业坏境科学学报, 3(17): 1445-1452.

古诗韵, 阎小培. 1999. 珠江三角洲乡镇企业发展的时空变化特征. 中山大学学报(自然科学版), 38(5): 92-97.

顾慧君. 2009. 区域产业空心化成因探析:以珠江三角洲为例. 产业经济评论, 8(4): 117-125.

顾松年. 2005. 从苏南模式的创新演进到新苏南模式的孕育成型. 现代经济探讨, 12(4): 3-6.

郭云波. 2009. 梁漱溟乡村建设实践对社会主义新农村建设的启示. 理论月刊, (4): 172-174.

哈维 D. 2003. 后现代的状况. 阎嘉 译. 北京: 商务印书馆.

哈维 D. 2006. 希望的空间. 胡大平 译. 南京: 南京大学出版社.

哈维 D. 2017. 世界的逻辑. 周大昕 译. 北京: 中信出版社.

韩慧. 2017. 昌平 垃圾不落地 减量资源化——以兴寿镇辛庄村垃圾分类情况为例. 北京人大, (4): 24-25.

洪银兴, 陈宝敏. 2001."苏南模式"的新发展——兼与"温州模式"比较. 宏观经济研究, 32(07): 29-34+52.

胡兆量. 2011. 北京人口规模的回顾与展望. 城市发展研究, 18(4): 8-10.

黄国强. 1988. 试论明清闭关政策及其影响. 华南师范大学学报(社会科学版), 18(1): 48-53.

黄自然, 方菲芳, 陈风珍. 1981. 工厂废气污染桑叶中氟的测定. 广东农业科学, (04): 35-37.

黄宗智. 2000. 长江三角洲小农家庭与乡村发展. 北京: 中华书局.

蒋省三, 刘守英. 2003. 土地资本化与农村工业化——广东省佛山市南海经济发展调查. 管理世界, 19(11): 87-97.

凯文·林奇. 2001. 城市意象. 北京: 华夏出版社.

蓝宇蕴. 2005. 都市村社共同体——有关农民城市化组织方式与生活方式的个案研究. 中国社会科学, 26(2): 144-154+207.

勒·柯布西耶. 2009. 人类三大聚居地规划. 北京: 中国建筑工业出版社.

李伯重. 2010. 江南的早期工业化(1550-1580). 北京: 中国人民大学出版社.

李彩恋, et al. 2015. 华北地区有机及常规草莓生产对环境影响的生命周期评价. 中国农学通报, 31(23): 102-108.

李郇. 2000. 珠江三角洲镇域城市化特点——以广东省顺德市伦教镇为例. 小城镇建设, (10): 43-45.

李丽娟, 朱鸿伟. 2009. 城中村改造的利益相关者分析——以广州猎德村为例. 特区经济, (10): 146-147.

李培林. 2002. 巨变——村落的终结. 中国社会科学, ((1)): 168-179.

李培林. 2010. 村落的终结: 羊城村的故事. 北京: 商务印书馆.

李强. 2012. 中国城镇化推进模式研究. 中国社会科学, (7): 82-100.

李小建. 2009. 农户地理论. 北京: 科学出版社.

李有润, 沈静珠, 胡山鹰. 2001. 生态工业及生态工业园区的研究与进展. 化工学报, 52(3): 189-192.

梁漱民. 2011. 乡村建设理论. 上海: 上海人民出版社.

列斐伏尔. 2002. 空间: 社会产物与使用价值. 空间的文化形式与社会理论读本. 夏铸九, 王志弘编译. 台北: 明文书局.

列斐伏尔. 2002. 现代性与空间的生产. 包亚明 译. 上海: 上海教育出版社.

林瀚. 2006. 清代广州十三行在中西交流中的历史地位. 广州大学学报(社会科学版), 5(8): 61-64.

刘洁, 陈方. 2009. 珠江三角洲地区农民收入结构及影响因素分析——以东莞市凤岗镇雁田村为例. 河北农业大学学报(农林教育版), 11(4): 497-501.

刘盛和, 陈田, 蔡建明. 2004. 中国半城市化现象及其研究重点. 地理学报, 59(s1): 101-108.

刘守英. 2008. 集体土地资本化与农村城市化——北京市郑各庄村调查. 北京大学学报(哲学社会科学版), 45(6): 123-132.

刘守英, 蒋省三. 2005. 土地融资与财政和金融风险——来自东部一个发达地区的个案. 中国土地科学, 19(5): 3-9.

刘天觉. 1990. 中小电炉–连铸–热送–连轧生产线的实践和探讨. 江苏冶金, (1): 20-24+45.

刘伟文. 2003. "城中村"的城市化特征及其问题分析——以广州为例. 南方人口, (3): 29-33.

刘易斯·芒福德. 2005. 城市发展史——起源、演变和前景. 北京: 中国建筑工业出版社.

刘永德, 何品晶, 邵立明, 等. 2005. 太湖流域农村生活垃圾产生特征及其影响因素. 农业环境科学学报, 24(3): 533-537.

卢体祥. 1991. 试论珠江三角洲土壤受重金属污染对农业生产的危害与防治措施. 中国地质灾害与防治学报, 2(4): 91-95+98.

陆钟武. 2008. 穿越"环境高山": 工业生态学研究. 北京: 科学出版社.

罗小龙, 张京祥, 殷洁. 2011. 制度创新: 苏南城镇化的"第三次突围". 城市规划, 35(5): 51-55+68.

马克思. 2013. 资本论. 朱登编译. 北京: 北京联合出版公司.

曼瑟尔·奥尔森. 1995. 集体行动的逻辑. 上海: 上海三联书店.

孟德拉斯. 1991. 农民的终结. 北京: 中国社会科学出版社.

欧阳南江. 1996. 珠江三角洲工业地域分工研究. 地理学报, 51(1): 44-50.

彭慕兰. 2003. 大分流: 欧洲、中国及现代世界的发展. 南京: 江苏人民出版社.

秦晖. 2007. 农民需要怎样的"集体主义"——民间组织资源与现代国家整合. 东南学术, 20(1): 7-16.

权小娟, 王宏波. 2007. "城中村": 断裂社会的连接带. 中国社会科学院研究生院学报, (157): 128-132.

瑞吉斯特, 理查德. 2002. 生态城市——建设与自然平衡的人居环境. 北京: 社会科学文献出版社.

沈静等. 2014. 环境管制对珠江三角洲污染产业空间分布的影响研究. 地理科学, 34(6): 717-724.

沈延生. 1998. 村政的兴衰与重建. 战略与管理, (6): 1-34.

盛明洁. 2016. 北京低收入大学毕业生就业空间分异——来自史各庄地区的实证研究. 城市规划, 40(10): 52-58.

盛世豪, 张伟明. 2016. 特色小镇: 一种产业空间组织形式. 浙江社会科学, (3): 36-38.

盛世豪, 郑燕伟. 2004. "浙江现象"——产业集群与区域经济发展. 北京: 清华大学出版社.

石磊, 陈伟强. 2016. 中国产业生态学发展的回顾与展望. 生态学报, 36(22): 7158-7167.

石磊, 王震. 2010. 中国生态工业园区的发展(2000~2010 年). 中国地质大学学报(社会科学版), 10(4): 60-66.

顺德县均安区. 1984. 土窑及轮窑砖厂对蚕桑生产影响的调查. 广东蚕丝通讯, (4): 35-38.

宋金平, 等. 2007. 北京住宅郊区化与就业空间错位. 地理学报, 63(8): 387-396.

孙立平, 等. 1994. 改革以来中国社会结构的变迁. 中国社会科学, (2): 47-62.

谭志红. 2011. 大芬画博会 促深圳文化产业再腾飞. 中国文化报, 2011-10-31(8).

唐灿, 冯小双. 2000. "河南村"流动农民的分化. 社会学研究, (4): 72-85.

陶然, 汪晖. 2010. 中国尚未完成之转型中的土地制度改革: 挑战与出路. 国际经济评论, 33(2): 93-123+125.

陶然, 王瑞民. 2014. 城中村改造与中国土地制度改革: 珠江三角洲的突破与局限. 国际经济评论, 37(3): 26-55+24-25.

田丰. 2015. 敢为人先——改革开放广东一千个率先. 北京: 人民出版社.

田金平, 刘巍, 李星, 等. 2012. 中国生态工业园区发展模式研究. 中国人口·资源与环境, 22(7): 60-66.

田敬龙. 2008. 十大钢电力消耗分析及节电对策. 冶金能源, 27(3): 3-9.

仝永娟, 蔡九菊, 王连勇. 2016. 钢铁综合企业的水流模型及吨钢综合水耗分析. 钢铁, 51(6): 82-86.

王春光. 1995. 社会流动与社会重组: 京城 "浙江村" 研究. 杭州: 浙江人民出版社.

王国斌. 1998. 转变的中国——历史变迁与欧洲经验的局限. 南京: 江苏人民出版社.

王汉生, 阎肖峰, 程为敏. 1990. 工业化与社会分化:改革以来中国农村的社会结构变迁. 农村经济与社会, (4): 1-11.

王缉慈. 2010. 超越集群. 北京: 科学出版社.

王缉慈, 李鹏飞. 2008. 珠江三角洲产业面临 "空心化". 中国报道, (05): 48-49.

王缉慈, 童昕. 2001. 论全球化背景下的地方产业群——地方竞争优势的源泉. 战略与管理, 9(6): 28-36.

王立府. 2009. 北京市昌平区草莓生产状况调查. 农业工程技术(温室园艺), (2): 26-27.

王兴玲, 亢庆. 1997. 遥感技术在珠江三角洲基塘用地变迁调查中的应用——以顺德、南海基塘区为例. 国土资源遥感, 3(32): 8-14.

王颖. 1996. 新集体主义:乡村社会的再组织. 北京: 经济科学出版社.

隗瑞艳. 2004. 大芬村: 打造油画产业基地. 艺术市场, (7): 81.

乌尔里希·贝克. 2004. 风险社会. 北京: 译林出版社.

吴建新. 2011. 明清民国顺德的基塘农业与经济转型. 古今农业, (1): 96-104.

夏家淇, 张永春. 1992. 苏南太湖地区乡镇工业水污染综合防治研究. 长江流域资源与环境, 1(1): 71-76.

项飙. 2000. 跨越边界的社区. 北京: 生活·读书·新知三联书店.

熊培云. 2011. 一个村庄里的中国. 北京: 新星出版社.

徐新吾. 1990. 中国近代缫丝工业史. 上海: 上海人民出版社.

许学强. 1986. 城市化空间过程与空间组织和空间结合. 城市问题, (3): 2-6.

许学强. 1988. 对外开放加速珠江三角洲市镇发展. 地理学报, 43(3): 201-210.

许学强, 李郇. 2009. 珠江三角洲城镇化研究三十年. 人文地理, (1): 1-6.

许学强, 周春山. 1994. 论珠江三角洲大都会区的形成. 城市问题, (3): 3-6.

许振成, 陈铣成. 1990. 珠江三角洲城市供水与水污染整治战略研究. 环境科学研究, 3(6): 43-50.

薛德升, 陈文娟, 候启章. 1998.有关 "乡村城市化" 和 "城乡一体化" 等几个概念的辨析. 城市问题, (1): 14-16.

薛凤旋, 杨春. 1997. 外资 : 发展中国家城市化的新动力——珠江三角洲个案研究. 地理学报, 52(3): 3-16.

雅各布斯, J. 2006. 美国大城市的死与生. 南京: 译林出版社.

闫小培, 魏立华, 周锐波. 2004. 快速城市化地区城乡关系协调研究——以广州市 "城中村" 改造为例. 城市规划, 28(3): 30-38.

颜文, 池继松, 古森昌, 等. 2000. 珠江三角洲工业区土壤(沉积物)重金属污染特征及防治对策——以石龙和容桂工业区为例. 土壤与环境, 9(3): 177-182.

颜文, 池继松. 2000. 珠江三角洲工业区土壤(沉积物)重金属污染特征及防治对策. 土壤与环境, 9(3): 177-182.

姚伟, 曲晓光, 李洪兴, 等. 2009. 我国农村垃圾产生量及垃圾收集处理现状. 环境与健康杂志, 26(1): 10-12.

姚洋. 2000. 中国农地制度: 一个分析框架. 中国社会科学, 21(2): 54-65+206.

叶奇, 刘卫东. 2004. 西方经济地理学对劳动力问题的研究进展. 地理学报, 59(suppl): 191-197.

伊丽莎白·伯顿, 琳内·米切尔. 2009. 包容性的城市设计——生活街道. 北京, 中国建筑工业出版社.

易全. 2007. 大芬油画村: 美国行画市场最大提供者. 国际商报, 2007-05-14(2).

袁增伟, 毕军. 2010. 产业生态学. 北京: 科学出版社.

曾思坚. 1995. 珠江三角洲经济区农业生态环境现状与对策. 热带亚热带土壤科学, 4(4): 242-245.

张建君. 2005. 政府权力、精英关系和乡镇企业改制——比较苏南和温州的不同实践. 社会学研究, 20(5): 92-124+244-245.

张茂元, 邱泽奇. 2009. 技术应用为什么失败——以近代长江三角洲和珠江三角洲地区机器缫丝业为例 (1860-1936). 中国社会科学, (1): 116-132+206-207.

张敏, 顾朝林. 2002. 农村城市化: "苏南模式"与"珠江模式"比较研究. 经济地理, 22(4): 482-486.

张强, 邹华, 张涛, 等. 2012. 无锡某钢铁厂土壤污染现状及评价. 城市环境与城市生态, 25(06): 25-30.

折晓叶. 1997. 村庄的再造: 一个超级村庄的社会变迁. 北京: 中国社会科学出版社.

郑思齐, 廖俊平, 任荣荣, 等. 2011. 农民工住房政策与经济增长. 经济研究, (2): 73-86.

中共无锡市委研究室. 1988. 无锡县钢铁厂技术进步取得新进展. 江苏冶金, (1): 61-62.

钟功甫. 1980. 珠江三角洲的"桑基鱼塘"——一个水陆相互作用的人工生态系统. 地理学报, 35(3): 200-209+277-278.

钟琴道, 姚扬, 乔琦, 等. 2014. 中国生态工业园区建设历程及区域特点. 环境工程技术学报, 21(5): 429-435.

锺功甫. 1958. 珠江三角洲的"桑基焦塘"与"蔗基鱼塘". 地理学报, 24(3): 257-274.

周海乐, 周德欣. 1996. 苏锡常发展特色研究. 北京: 人民日报出版社.

周静, 杨桂山. 2007. 江苏省工业污染排放特征及其成因分析. 中国环境学科, 14(2): 284-288.

周沛. 2000. 农村社区发展道路与模式比较研究——以华西村、南街村、小岗村为例. 南京社会科学, (10): 59-66.

朱永官, 陈保冬, 林爱军, 等. 2005. 珠江三角洲地区土壤重金属污染控制与修复研究的若干思考. 环境科学学报, 25(12): 3-7.

诸大建. 2000. 从可持续发展到循环型经济. 世界环境, 18(3): 6-12.

Angel S, Parent P, Civco D L, et al. 2011. The dimensions of global urban expansion: Estimates and projections for all countries, 2000–2050. Progress in Planning, 75(2): 53-107.

Bell D. 1974. The Coming of Post-Industrial Society. New York: Harper Colophon Books.

Berkes F. 2006. From community-based resource management to complex systems: The scale issue and marine commons. Ecology and Society, 11(1): 45.

Boons F, Spekkink W., Jiao W. 2014. A process perspective on industrial symbiosis. Journal of Industrial Ecology, 18(3): 341-355.

Boulding K E. 1966. The Economics of the Coming Spaceship Earth. In: Jarrett H. Environmental Quality in a Growing Economy, 3-14. Baltimore: Resources for the Future/Johns Hopkins University Press.

Boulding K. 1966. The Economics of the Coming Spaceship Earth. Environmental Quality in a Growing Economy. H. Jarrett. Baltimore: John Hopkins University Press.

Brunner P H, Rechberger H. 2004. Practical Handbook of Material Flow Analysis. Boca Raton, Florida: CRC Press LLC.

Buchanan J M, Craig S W N. 1962. Externality. Economica, 29(116): 371-384.

Cash D W, Moser S C. 2000. Linking global and local scales: Designing dynamic assessment and management processes. Global Environmental Change, 10(2): 109-120.

Chertow M R. 2000. Industrial symbiosis: Literature and taxonomy. Annual Review of Energy and the Environment, 25(1): 313-337.

Chris A. 2012. MAKERS: The New Industrial Revolution. New York: Crown Business.

Cleveland C J, Ruth M. 1998. Indicators of dematerialization and the materials intensity of use. Journal of Industrial Ecology, 2(3): 15-50.

Coase R. 1960. The problem of social cost. Journal of Law and Economics, 3: 1-44.

Connett P. Irons J. 2013. The Zero Waste Solution: Untrashing the Planet. Chelsea Green Publishing.

Daly H E. 1991. Steady-state economics: Second edition with new essays. Washington D.C: Island Press.

Despeisse M, Baumers M, Brownc P. 2017. Unlocking value for a circular economy through 3D printing: A research agenda. Technological Forecasting and Social Change, 115: 75-84.

Drake G. 2003. 'This place gives me space': Place and creativity in the creative industries. Geoforum, 34(4): 511-524.

EPA. 2009. Sustainable Materials Management: The Road Ahead. US EPA https://www.epa.gov/sites/production/files/2015-08/documents/sustainable_materials_management_the_road_ahead.pdf .[2017-09-06].

Freeman C. 1974. The Economics of Industrial Innovation. Harmondsworth: Penguin.

Frosch R A. 1995. Industrial ecology: Adapting technology for a sustainable world. Environment, 37(10): 16-28+34.

Geddes P. 1968. Cities in Evolution: An Introduction to the Town Planning Movement and to the Study of Civics. New York: Harper and Row.

Geels F W. 2002. Technological transition as evolutionary reconfiguration processes: A multi-level perspective and a case-study. Research Policy, (31): 1257-1274.

Geissdoerfer M, Savaget P., Bocken N., et al. 2017. The circular economy——A new sustainability paradigm. Journal of Cleaner Production, 143: 757-768.

Gereffi G, Korzeniewicz M. 1994. Commodity Chains and Global Capitalism. Westport: Greenwood Press.

Glaeser E L, Kolko J, Saiz A. 2001. Consumer city. Journal of Economic Geography, 1(1): 27-50.

Graedel T, Allenby B R. 2004. 产业生态学. 北京: 清华大学出版社.

Hardin G. 1968. The tragedy of the commons. Science, 162(3859): 1243-1248.

Harper E H, Dunham A. 1959. Community Organization in Action. Basic literature and critical comments. New York: Association Press.

Harvey D. 1974. Population, resources, and the ideology of science. Economic Geography, 50(3): 256-277.

Hawken P., Lovins A., Lovins L.H. 2000. Natural Capitalism: The Next Industrial Revolution. New York: Little, Brown and Company.

Hofstede G. 2001. Culture's Consequences: Comparing values, behaviors, institutions, and organizations across nations(2nd ed.). Thousand Oaks, CA: SAGE Publications.

Hoggett P. 1997. Contested Communities. Experiences, struggles, policies. Bristol, Policy Press.

Inglehart R, Baker W E. 2000. Modernization, cultural change, and the persistence of traditional values. American Sociological Review, 65(February): 19-51.

Inglehart R. 1997. Modernization and Postmodernization: Cultural, Economic and Political Change in 43 Societies. Princeton: Princeton University Press.

Jackson T. 2009. Prosperity without growth. The transition to a sustainable economy, Sustainable Development Commission.

Lieder M, Rashid A. 2016. Towards circular economy implementation: A comprehensive review in context of manufacturing industry. Journal of Cleaner Production, 115: 36-51.

Lindhqvist T. 2000. Extended Producer Responsibility in Cleaner Production. Lund, IIIEE, Lund University.

McDonough W, Braungart M. 2002. Cradle to Cradle: Remaking the Way We Make Things. New York: North Point Press.

Ministry of Environment. 2010. Establishing a Sound Material-Cycle Society. http://www.env.go.jp/en/recycle/smcs/a-rep/2010gs_full.pdf.

Nelson R, Winter S G. 1982. An Evolutionary Theory of Economic Change. London: Belknap Press of Harvard University Press.

Nigbur D, Lyons E, Uzzell D. 2010. Attitudes, norms, identity and environmental behaviour: Using an expanded theory of planned behaviour to predict participation in a kerbside recycling programme. British Journal of Social Psychology, 49(2): 259-284.

OECD. 2001. Environmental Strategy for the First Decade of the 21st Century. Paris, OECD.

OECD. 2014. The State of Play on Extended Producer Responsibility(EPR): Opportunities and Challenges, http://www.oecd.org/environment/waste/Global%20-Forum%20Tokyo%20Issues%20Paper%2030-5-2014.pdf.

OECD. 2016. Extended Producer Responsibility: Updated Guidance for Efficient Waste Management. http://www.oecd.org/environment/waste/extended-producer-responsibility-9789264256385-en.htm.

Ostrom E. 1990. Governing the Commons: The Evolution of Institutions for Collective Action. Cambridge, UK: Cambridge University Press.

Palmer P. 2005. Getting to Zero Waste. Purple Sky Press.

Pearce D, Turner R. 1989. Economics of Natural Resources and the Environment. Baltimore: Johns Hopkins University Press.

Polanyi K. 2001. The Great Transformation: The Political and Economic Origins of Our Time, 2nd ed. Boston: Beacon Press.

Poteete A R, Janssen M A, Ostrom E. 2010. Multiple Methods in Practice: Collective Action and the Commons. Princeton, NJ: Princeton University Press.

Saich T, Hu B. 2012. Chinese Village, Global Market: New Collectives and Rural Development. New York: Palgrave Macmillan US.

Schmidheiny S. 1992. Changing course: A global business perspective on development and the environment. Cambridge, MA: MIT-Press.

Scott A J. 2000. The Cultural Economy of Cities. London: Sage.

Seto K C, Güneralp B, Hutyra L. 2012. Global forecasts of urban expansion to 2030 and direct impacts on biodiversity and carbon pools. Proceedings of the National Academy of Sciences, 109(40): 16083-16088.

Shipper L, Ting M, Khrushch M, et al. 1996. The Evlolution of Carbon Dioxide Emissions from Energy Use in Industrialized Countries: An End Use Analysis. Berkeley: Lawrence Berkeley National Laboratory.

Spengler O. 1991. The Decline of the West. New York: Oxford University Press.

Stahel W R. 2010. The Performance Economy. New York: Palgrave Macmillan.

Stern P, Dietz T, Ruttan V, Socolow R, Sweeney J L. 1997. Environmentally Siginicant Consumption: Research Directions. Washington: National Academy Press.

Storper M, Scott A J. 2009. Rethinking human capital, creativity and urban growth. Journal of Economic Geography, 9(2): 147-167.

Touraine A. 1971. The Post-Industrial Society. Tomorrow's Social History: Classes, Conflicts and Culture in the Programmed Society. New York: Random House.

Turner K R. 2000. Markets and Environmental Quality. The Oxford handbook of economic geography. In: Clark G L, Feldman M P, Gertler M S. New York: Oxford University Press, 585-606.

UN_DESA. 2015. World Urbanization Prospects: The 2014 Revision. New York, United Nations, Department of Economic and Social Affairs, Population Division.

UNEP. 2011. Decoupling natural resource use and environmental impacts from economic growth, A Report of the Working Group on Decoupling to the International Resource Panel.

UNEP. 2013. Guidelines for National Waste Management Strategies. United Nations Publications.

UNEP. 2014. Decoupling 2: Technologies, opportunities and policy options. A Report of the Working Group on Decoupling to the International Resource Panel. United Nations Publications.

Van Berkel R, Fujita T, Hashimoto S, et al. 2009. Industrial and urban symbiosis in Japan: Analysis of the Eco-Town program 1997–2006. Journal of Environmental Management, 90(3): 1544-1556.

Wernick I K, Herman R, Govind S, Ausubel J. 1996. Materialization and dematerialization: Measures and trends. Daedalus, 125: 171-198.

Wheeler K. 2014. Nice save: The moral economies of recycling in England and Sweden. Environment & Planning D Society & Space, 32(4): 704-720.

Wilson D C. 2007. Development drivers for waste management. Waste Management & Research, 25: 198-207.

Yap N T, Devlin J F. 2017. Explaining industrial symbiosis emergence, development, and disruption: A multilevel analytical framework. Journal of Industrial Ecology, 21(1): 6-15.

Zhou Y, et al. 2011. De-centering 'spatial fix'-patterns of territorialization and regional technological dynamism of ICT hubs in China. Journal of Economic Geography, 11(1): 119-150.